企业合规与法律风险防控研究

许泽杨 / 著

中国商业出版社

图书在版编目（CIP）数据

企业合规与法律风险防控研究 / 许泽杨著 . -- 北京 : 中国商业出版社 , 2022.7
ISBN 978-7-5208-2135-3

Ⅰ . ①企… Ⅱ . ①许… Ⅲ . ①企业法－研究－中国 Ⅳ . ① D922.291.914

中国版本图书馆 CIP 数据核字 (2022) 第 126327 号

责任编辑：袁　娜

中国商业出版社出版发行
（www.zgsycb.com　100053　北京广安门内报国寺 1 号）
总编室：010-63180647　编辑室：010-83128926
发行部：010-83120835/8286
新华书店经销
福建省天一屏山印务有限公司印刷
*
710 毫米 ×1000 毫米　16 开　12.25 印张　240 千字
2022 年 7 月第 1 版　2022 年 7 月第 1 次印刷
定价：68.00 元
****
（如有印装质量问题可更换）

前 言

企业合规是指企业为实现依法依规经营、防控合规风险所建立的一种治理机制。企业合规只有在法律确立了行政监管激励机制和刑法激励机制的前提下，才能得到有效的实施。在国际经济法律体系中，一些国际组织也将企业合规作为对违规企业解除制裁的前提条件。企业合规是为保护企业利益而设置的风险防控机制，它所要防控的不是企业的经营风险和财务风险，也不是一般意义上的法律风险，而是因可能受到行政处罚或刑事追究而承担的合规风险。企业合规发展到今天，已经不再仅仅属于企业所要承担的道德义务，而变成了一个涉及多个法律领域的重要法律问题。

基于此，笔者撰写了《企业合规与法律风险防控研究》一书。全书在内容安排上共设置六章，其中：第一章是绪论，内容包括企业合规的基本理论、跨学科视野下的企业合规机制、我国法律体系引入合规机制的设想；第二章解读企业合规管理与风险识别评估，内容涉及企业合规管理的原则与体系、企业合规管理的组织架构、企业合规管理的实施机制、企业合规风险识别与评估分析；第三章是企业内部控制与合规管理的整合，围绕企业内部控制的理论透视、企业内部控制与合规管理的关系、内部控制与合规管理整合的必要性、内部控制与合规管理的整合策略展开论述；第四、五章探讨企业法律风险与管理实施、企业法律风险管理体系的建设；第六章从企业治理、企业合同、企业知识产权、企业劳动用工四个方面探索企业法律风险防制。

全书在内容布局、逻辑结构、理论创新诸方面都有独到之处，对企业合规与法律风险防控的相关内容进行详细论述，注重理论与实践的结合，使读者能够从理论上获得指导。

笔者在撰写本书的过程中，得到了许多专家学者的帮助和指导，在此表示诚挚的谢意。由于笔者水平有限，加之时间仓促，书中所涉及的内容难免有疏漏之处，希望各位读者多提宝贵意见，以便笔者进一步修改，使之更加完善。

目 录

第一章　绪论

在法律法规逐步建立健全的现代社会中，企业的发展也需要符合法律法规的要求，进而在社会发展的规律中向前推进。因而在企业的发展中，企业合规管理也逐渐受到了企业管理者的重视。本章以企业合规的基本理论、跨学科视野下的企业合规机制为切入点，展开我国法律体系引入合规机制的设想。

第一节　企业合规的基本理论

一、企业合规的相关概念

(一)“规”的含义

当我们谈到“规”时，最容易想到的一句俗话就是“没有规矩不成方圆”。这句话常用来强调做任何事都要按照一定的规矩、规则、方法来做，否则事情很难成功。

从“规”的起源来看，“规”来自木匠术语，指的是圆规。木工在干木工活时会碰到打制圆窗、圆门、圆桌、圆凳等工作，古代工匠早已知道用“规”画圆了。“规”可作为礼法与法度来解释，《史记•礼书》记有：“人道经纬万端，规矩无所不贯，诱进以仁义，束缚以刑罚。”“规”也可作为标准、规则来解释，《韩非子•解老》记有：“万物莫不有规矩。”

在本书中，合规中的“规”作为法规、规制和规范来理解。它包含以下三个方面的含义：一是法规，即企业总部所在国和经营所在国的法律法规及监管规定；二是规制，即企业内部规章，包括企业的商业行为准则；三是规范，即职业操守和道德规范等。

(二) 合规的含义

“合规”一词是由英文“compliance”翻译而来。它通常包含以下三方面内容：① 遵守法规；② 遵守规制；③ 遵守规范。

第一，从遵守法规角度来看，合规就是企业要遵守经营活动所在地的规则性法律，确保企业的经济活动符合“公共利益”[①]。如果企业能按照法律的规范要求行事，企业在投资所在地的经营就有了合法性，企业的经营行为也将受当地地方性法规的保护。

第二，从遵守规制角度来看，合规就是企业要遵守内部的规章和制度。不同的企业会根据外部环境和内部管理的需要，制定出企业内部的规章和制度，以此来约束企业的商业行为，引导企业的各层级员工按照规制开展经营活动，保证各项行为达到企业规制的要求。

第三，从遵守规范角度来看，合规就是企业在遵守法规与规制的同时，还要求员工遵守相应的职业操守和道德规范，这对企业的员工行为提出了更高的要求，即要求员工在工作中形成规则意识，做到行为自觉，形成很好的自律。

另外，合规有广义的合规与狭义的合规之分。广义的“合规”泛指企业应当遵守各种法律和监管规定，包括社会、环境、反垄断、反欺诈等各个方面。狭义的“合规”主要指强化合规经营、反对商业贿赂。

（三）员工的合规意识

企业的规章制度是企业的公共制度，属于企业全体员工共有。对于全体员工而言，合规就是要形成规则意识，能发自内心地相信规则，并能够以规则为准绳开展商业活动。

对于企业来说，需要培育和教育员工，让员工树立起规则意识。这就要求在一个企业中，从最高层管理者到最底层员工都对规则发自内心地认同，自觉地以规则意识来指导和参与企业的经营活动。因此，一个有规则意识的员工能够在工作和生活中形成合规意识，把合规理念融入企业文化中。规则意识植入每一位员工的心中，会对员工的世界观和思维方式产生积极的影响，我们可以从以下三个方面来看员工是否具有合规意识。

第一，具有合规意识的员工会以规则来判断自身的行为是否符合合规企业的要求。规则具有指导性，对员工行为具有指引作用。规则本身告诉员工可以做哪件事、不可以做哪件事。有规则意识的员工在做事之前，会以规则进行判断。当他们合规地做了某事时，即使不会被嘉奖，但是他们的心里会感觉到自然舒坦；当他们违规地做了某事时，即使其行为没有被公开批评和谴责，但是他们会感到难受和不安。

第二，具有合规意识的员工愿意以规则来指导和选择自己的行为方式。企业的

① 王志乐．企业合规管理操作指南 [M]. 北京：中国法制出版社，2017.

规则具有规范性，对员工行为具有一定的约束力。当员工进入一个正规的企业时，要接受企业的各种培训，包括企业文化、规章制度、行为礼仪等。员工经历了这些培训，他们的行为就会受到企业各种规则的影响，他们会在某种程度上去理解和认同企业的各种规则。有了这样的培训，当员工在以后的从业过程中面对商业机会要做出两难的选择时，他们往往能够按照企业的期望做出正确的选择。

第三，具有合规意识的员工会形成较强的自我“意愿”来遵守规则。无论是企业培训引导还是员工自我修养，规则意识的建立都离不开员工的自觉与自愿。通过企业培训，对规则接受意愿较强的员工，相对来说更容易形成良好的合作精神；通过提升个人修养，形成较强规则意识的员工，往往会有自己的价值观和强烈的合规动机。

(四) 企业形成的合规文化

企业形成的合规文化是该企业长期传承、沉淀出来的以规则为导向的行为规范、思维方式和价值观的总和。一个企业之所以重视合规，是因为该企业认可合规以及与合规具有相同性质的要素（如诚信）的价值和作用，从而树立了正确的合规价值观、道德准则和信仰，并与组织的结构和控制系统相互作用，从而产生合规的行为规范。

首先，具有合规文化的企业以合规作为企业的价值观。价值观是人在一定的思维感官之上作出的认知、理解、判断或抉择，也是人认定事物、辨明是非的一种思维或取向，从而体现出人、事、物一定的价值或作用。合规价值观是指合规主体对合规所做出的认知、理解、判断或抉择，并就是否要合规、合规是否有价值等大是大非问题所做出的判断和抉择。不同的合规主体具有不同的合规价值观。

其次，具有合规文化的企业以合规作为企业的信仰。致力于长远发展的企业需要维护诚信和合规文化，并考虑利益相关方的需求和期望，因此，诚信和合规不仅是企业成功和可持续发展的基础，也是机遇。企业要以合规为信仰，当不合规时就是合规信仰缺失，而我们在平常所看到的种种不合规、违规以及违法等现象，其实也就是不诚信或者欺骗的集中表现。当一个企业习惯于用行贿的手段去获取或维持业务时，那么它的合规文化将因为诚信的缺失而荡然无存。

最后，具有合规文化的企业树立了合规道德准则：价值观、道德准则和信仰存在于整个企业中，并与企业的结构和控制系统相互作用，从而产生出符合合规结果的行为规范。当我们提到合规时，后面往往跟着一个道德，合规与道德是两个分不开的概念。如何使公司的运作既符合法律规范，又合乎道德标准，这是一个合规项目最重要的两个任务。

二、企业合规的概念界定

企业合规，从字面上看就是合乎法律规定的意思。这里的法律规定大体上分为以下四大类。

第一，国家法律法规，包括法律、行政法规、行政规章、地方性法规、司法解释等，所有具有法律渊源资格的规范文件都是需要遵守的对象。

第二，商业惯例，既包括成文规范，如各行业协会颁布的行为准则等，也包括不成文的商业习惯和伦理。

第三，公司内部制定的规章制度，违反自定的规章制度同样会成为企业受到制裁的理由。

第四，国际组织条约，如世界银行等国际组织，也设置了合规管理和制裁体系。世界银行可以通过附解除条件的制裁，为企业设置若干年考验期，要求其重建合规计划。

当然，这些只是基于“合规”字面意义的解读，企业合规是围绕合规风险而展开的，因此，一定要深入合规风险的层面加以理解。所谓企业合规，是指企业为有效防范、识别、应对可能发生的合规风险所建立的一整套公司治理体系。

第二节　跨学科视野下的企业合规机制

随着全球经济一体化的逐步推进，我国一些企业为了适应国际、国内市场经济环境的变化，已经逐渐意识到合规管理的重要性。“合规管理能够提高企业的市场竞争力，促进企业资产保值增值，完善我国市场经济结构组成，保障我国社会经济持续稳定增长。”①

一、作为公司治理方式的合规机制

合规首先是一个公司治理问题。众所周知，公司治理是经济学的研究对象，进入法学领域后就成为广义的经济法的研究对象，尤其是企业法和公司法，此外还包括政府对企业监管领域的法律，如证券法、金融法、反不正当竞争法、知识产权法、环境法等。如今，合规已经成为公司治理的有机组成部分，在传统所有权和管理权

① 王珍．企业合规管理运行机制建设研究 [J]. 会计师，2021(18)：92-93.

双重组合的公司治理结构内部增加了一种新的治理方式——合规治理。

在我国，合规治理是在几大外在因素和内在因素的共同推进下得以兴起的。其中，外在方面主要有三大影响因素。第一，国际公司治理格局变化的结果。自20世纪80年代以来，合规管理机制的引入，尤其是合规激励机制的确立，极大地推动了合规制度的发展。第二，在“一带一路”背景下中国大量企业走出国门，到海外经营、投资、上市，要遵循所在国和有关国际组织的法律制度和商业惯例，建立合规计划成为必然要求。第三，国家发展改革委、国务院国资委、中国证监会等行政监管部门考虑到对外开放和海外投资的战略需要，大力推广合规治理，形成独具特色的行政主导型合规推广模式。除此以外，合规治理的兴起还有三大内在原因，即前述可持续发展理论、公司的社会责任理论、无辜第三人保护理论。这三大内在原因也被作为合规治理的三大正当性价值理论提出和广泛传播。

合规治理与企业内部其他治理方式之间的关系是首先要研究的议题。以国有企业合规部门的设置为例，目前这一问题非常混乱：有的国有企业将合规部门置于纪律检查部门中，作为广义的监察机构，至今仍有人将合规部门称为公司内部的“经济纪委”；有的将其置于审计部门中，在一定程度上被视为财务监督部门；有的将其归于风险控制部门，认为合规是风险防控的一部分；有的将其归于法务部门，作为公司法律风险防控的组成部分。我国国有企业的治理结构十分独特，在政府作为企业实际大股东的情况下，将合规引入国有企业的公司治理中，如何摆正企业合规部门的位置，就成为一大难题。

综合来看，如何在企业内部由股东大会、董事会、高级管理层、监事会等组成的公司治理结构中引入合规部门，实践中做法不一，逐渐出现了四大机构。第一，合规管理委员会。一般要求其设立在董事会之下，由公司高管担任委员会成员，例如，中兴集团的合规委员会由副董事长担任主席，湖南建工集团的合规委员会主席则由企业纪委书记担任，只有最高层重视的合规才有真正的价值。第二，首席合规官（以下简称CCO）。国际惯例要求CCO具有企业高级管理人员的地位，目前中国的CCO有副总裁兼任、公司法务总监兼任、董事会秘书兼任三种模式。第三，合规部。如前所述，有的公司单独设立合规部，有的公司将合规部与法务部门合并成立法律与合规部，有的公司与审计部门合并设立审计与合规部，还有的公司在企业内部的纪律检查委员会下设合规部。无论部门如何设置，合规人员必须独立，既不能从事经营活动，也不能从事财务管理活动，这是有效合规的前提。第四，企业所有的部门，以及分公司、子公司等分支机构内都要设置合规部门与合规团队，即使是在最小的部门中也要设置合规专员。

二、作为行政监管激励机制的合规

合规还是行政法学研究的范畴。“刑事合规”这个词经常为人们所提到，有人甚至认为没有刑法的介入，合规将是毫无意义的。但是刑法只能作为国家治理社会所采用的最后手段，绝不能将合规等同于刑事合规。相较而言，行政监管合规才是合规最广阔的领域，美国处理企业涉嫌违法违规行为的案例大多来自行政监管部门。例如，美国证券交易委员会（The U.S. Securities and Exchange Commission，SEC）对于企业涉嫌违法违规的案件，95% 都是以行政和解的方式处理的。行政和解除了要求缴纳高额的罚款（和解金）外，还要附加合规计划的实施，也就是给企业设置一段时间的考验期，在此期间企业要重建合规计划，证交会还可以派驻合规监督员加以督促。经验收符合要求之后，证交会就不再对该企业进行民事起诉或严厉的行政处罚，而以轻缓的方式处理，避免企业受到如经营资格的剥夺等更大的损失。

在世界合规浪潮的影响下，作为行政监管激励机制的合规已经引入中国，主要标志有以下三个。

第一，我国反不正当竞争法在公法领域第一次引入严格责任原则。企业的工作人员只要实施了商业贿赂行为，就应当认定为经营者的行为，推定企业承担行政责任，但是有证据证明工作人员的行为与为经营者谋取交易机会或者竞争优势无关的除外。严格责任原则引入后，合规不再只是一种公司治理方式，而是开始进入行政监管领域，企业可以用合规作无责任抗辩，只要建立合规体系，就可以免除单位的责任，合规就成为切割员工责任和单位责任的事实依据，成为无责任抗辩事由。

第二，2015 年，中国证监会颁布了《行政和解试点实施办法》，被认为是我国第一次在行政监管和行政执法中引入行政和解。此前，行政和解主要发生在行政复议和行政诉讼阶段，属于行政救济和争议解决过程中的和解。2015 年最大的突破是在行政执法和行政监管调查阶段引入行政和解，证监会在调查期间发现企业违规的，只要符合法定条件，双方就可以达成和解协议，由企业方缴纳行政和解金，证监会对其中止调查。与此同时，企业必须对涉嫌违法行为和不合理的规章制度进行全面整改和消除。行政和解这种新模式其实包含了合规机制，企业只要改变过去的商业模式、管理方式、治理结构，就进入了合规的世界。因此，《行政和解试点实施办法》在行政监管和行政执法领域中引入行政和解的同时也引入了合规机制，并将其作为行政和解协议的有机组成部分，从而彻底改变过去行政监管机关动辄严厉处罚的局面，通过督促企业建立合规机制进行整改、堵塞制度漏洞的方式来帮助其改善公司治理结构，防止再次出现违规行为。2019 年 4 月，证监会出现第一起行政和解案例，高盛（亚洲）有限责任公司、北京高华证券有限责任公司及其 7 名相关工作人员由于涉嫌证券交易违规，与中国证监会达成行政和解，缴纳行政和解金 1.5 亿元人民币，并进行合规整改。

第三，在行政监管领域还引入了行政主导下的强制合规制度，目前由国务院国资委和国家发展改革委这两个部门起主导作用。2018 年可以称为中国的合规元年，在这一年中，我国共有三个合规指引文件发布或实施：中国国家标准化管理委员会制定的《合规管理体系指南》，该文件虽然不具有行政约束力，但成为合规的第一个国家标准；具有行政强制力的文件是由国务院国资委颁布的《中央企业合规管理指引（试行）》和由国家发展改革委会同七部门联合发布的《企业境外经营合规管理指引》。以上三份文件标志着合规正式进入中国，成为中国企业建立合规管理体系的直接法律依据。如今，国家监管部门一般通过三种手段来推进合规体系建设。一是合规考核。由国有企业"一把手"担任合规体系建设的第一责任人接受考核，在规定的时间内考核不合格的立即予以免职，这是用行政考核手段推进合规。二是合规处罚。如果未按要求建立合规体系，直接对企业本身和企业高级管理人员施加行政处罚，对人员采取免职、降职等处罚手段，对企业则采取罚款、限期整改等处罚手段，将行政处罚手段作为推进强制合规的举措。三是全行业合规制度。作为推进合规最严厉的手段，中国证监会自 2017 年起强制要求全行业建立合规制度，即所有证券公司和证券投资基金管理公司都必须建立合规制度，否则将强制取消其证券营业资格。取消一个企业的经营资格，是对企业最严厉的处罚方式，意味着企业存在的基础已丧失。行政主导下强制合规制度的建立，使合规成为一种行政监管的激励机制。

三、作为刑法激励机制的合规

尽管合规并不等同于刑事合规，但合规显然与刑法具有极为密切的关系。合规纳入刑法的范畴肇始于《美国联邦量刑指南》，该指南是以自然人为基础的量刑规范。1991 年，该指南针对企业的量刑指南增加了独立的一章——《组织量刑指南》。《组织量刑指南》第一次把合规体系的建设和有效的合规计划作为减轻刑罚的重要情节，可谓合规领域的一场革命。美国刑事司法近年来的案例显示，通过建立合规体系、配合调查、自我主动披露等方式，企业罚金最多可以减少 90%。即使在一般情况下，企业通过建立合规计划也可以将罚金减少 1/3，这意味着合规已经成为法定减轻处罚的量刑情节，并在实践中卓有成效。

刑事司法领域的另一场革命发生在 1999 年。美国联邦司法部发布《联邦起诉商业组织的原则》，规定联邦检察官在决定对企业是否提起公诉时要考虑九个因素，比如犯罪的性质、公司类似违规行为的历史、是否及时配合调查、是否有整改方案、是否有合规计划等，其中有三个因素与合规有关。至此，美国司法部所主导的联邦检察机关开始把合规计划的建立作为是否提起公诉的依据。除此以外，检察机关还需要考虑在起诉企业之后，是否会导致公司员工、股东、投资人、养老金领取者、上下游第三方乃至社会公众的利益受到严重损失。这涉及企业合规中的一个重要理论——公司犯罪刑罚中的“水波理论”，即惩罚企业以后，就像水波扩散一样，会导致很多无辜第三人受到波及。因而，美国的起诉政策开始考量，尽量避免让无辜第三人受到损失，甚至可以因此而不起诉。

由此可见，一个有效的合规在刑事司法中所带来的最大影响就是暂缓起诉协议（DPA）和不起诉协议（NPA）。暂缓起诉协议和不起诉协议没有本质区别，只是所处诉讼阶段不同。被指控构成犯罪的企业，只要被起诉到法院，在审判阶段经过法官批准所达成的和解协议称为暂缓起诉协议，还未起诉至法院时检察官与企业达成的协议称为不起诉协议。NPA 和 DPA 是合规计划的激励机制，只有具备合规计划的基础，且承诺完善合规计划、接受合规监管、配合调查等，才能够达成 DPA 或者 NPA，协议约定的三年到五年的考验期结束后，只要经考核合格，就不再进行起诉。所以 DPA 和 NPA 的本质是一种暂缓起诉，甚至相当于附条件不起诉，最后获得的是无罪的处理结果。

英国的《2010 年反贿赂法》创造了一个世界领先的先例，通过设立“商业组织预防贿赂失职罪”，改变了刑法的基本原理，将严格责任原则引入刑法。当员工构成贿赂犯罪时，单位不一定构成贿赂犯罪，但推定单位在预防员工贿赂方面有失职行为，并可构成这一独立的罪名。设立该推定型犯罪的后果是，单位要做无罪抗辩就需要承担举证责任，证明已经建有良好的合规计划，因而不构成失职行为。由此，合规在英国成为无罪抗辩事由，这是一种全新的模式。2017 年，英国又增设“商业组织预防逃税失职罪”，其归责模式和“商业组织预防贿赂失职罪”如出一辙，分公司、子公司、第三方或者员工有逃税行为，只要没有建立合规计划，就推定构成本罪，合规计划同样成为无罪抗辩的法定事由，英国刑法的基本面貌发生了改变。

于是，“刑事合规”开始出现，合规成为刑法上的激励机制。顾名思义，一个企业涉嫌犯罪后，只要具有或者承诺建立有效的合规计划，就可以得到不起诉处理，或者定罪后被宽大量刑，或者以其作为无罪抗辩事由，或者与检察官达成 DPA、NPA，最终也能获得不起诉的结果。如此宽大的刑事处理结果，必然对企业产生极大的激励效果，在国外的中国企业愿意建立合规体系，根本原因就在于此。建立合规计划成为中国企业走出国门到海外进行经营、投资、并购、上市的必然要求，它源于这些国家成熟发达的合规制度对中国企业的外部压力机制。综观世界成功建立完善合规计划的企业，几乎都有被刑事追究和被行政监管处罚的经历，这种外部压力机制甚至成为德国、法国等诸多国家引入合规制度的原始动力。目前，中国的国有企业建立合规的最大教训就是由于缺乏激励机制，大多沦为应付行政监管的表面工程，当合规不带来任何价值时，注定流于形式，企业就难有建立合规计划、改善公司治理的积极性。好在如今以行政机关主导推进为表征，促使企业建立合规计划成为中国的国家战略要求，我们有理由对合规在我国刑法中被真正确立持乐观态度。

四、作为律师业务的合规

辩护制度是刑事诉讼制度的重要组成部分，律师提供合规业务也是合规制度不可分割的一部分。通常而言，律师的合规业务主要包括打造有效合规计划、三项合规调查、行政监管和刑事调查的应对业务三大板块。

(一) 打造有效合规计划

相关业务形式可以包括两种：一是从无到有帮助制订合规计划，二是完善已有的无效或存在漏洞的合规计划。有效合规计划的几大要素其实就是合规计划打造的基本标准。与此同时，在打造合规计划时一定要考虑企业的性质、产品、运营范围、合规风险类型。例如，对于商业银行，反洗钱业务和公民信息保护业务是首要的两个业务板块。相应地，要针对特定企业不同的风险点和风险领域建立不同的员工手册和行为准则，避免面面俱到，指令模糊；还要注意吸取已被处罚的同类企业的经验教训，并将其作为风险防控的重中之重，写入合规计划。总之，打造合规计划的关键不在于形成合规规范文件，而在于使书面的合规文件被激活，成为有效的合规计划。

(二) 三项合规调查

所谓三项合规调查，是指合规尽职调查、合规内部调查、反舞弊调查。而其所形成的合规尽职调查报告、合规内部调查报告、反舞弊调查报告就成为律师提供合规服务的产品终端。但报告本身只是合规业务的表现形式，合规业务的实质要件是帮助企业规避行政监管和刑事处罚的风险。

1. 合规尽职调查

企业外部律师进行合规尽职调查具有独特的优势，因为律师独立于公司，没有利益冲突，而且具备专业能力，可以得到财务、审计等专业人士的协助展开调查。合规尽职调查是律师合规的黄金业务，其种类非常多，常见的有面向第三方的尽职调查，如上游的供货商，下游的经销商、代销商、代理商等，公司中大量的违法违规行为，如内外勾结的舞弊行为等都与第三方有关。因此在与第三方建立合作关系前要对其进行尽职调查，以防范合规风险。

除此以外，在投资并购过程中，被投资、被收购的企业实施违法违规行为的后果要由母公司承担，因此也需要对关联企业进行合规尽职调查。合规尽职调查的目的只有一个，就是防控合规风险，将企业责任与员工责任、第三方责任、被并购方责任进行有效分割，以避免母公司受到牵连。合规尽职调查的主要内容包括对方企业的性质、背景，因违规违法被处罚的经历，面临的风险点和重点风险领域，以及该企业现有的合规框架结构是否能有效防范风险。最终需要在合规调查报告中对被调查公司评定风险等级，有的律师事务所在开展该项业务时将合规风险划分为五级，第五个等级为最高风险等级，代表建议公司立即取消与该企业的商业合作，还有两个等级为严重警告和一般警告，随即对相关企业开展限期整改、定期审查、整改不合格后更换风险等级三项工作，可见尽职调查报告具有管理合作伙伴的功能。合规尽职调查已被写入美国、英国、法国等国家的刑法体系里，成为有效合规的组成部分，当然也成为一项重要的律师合规业务。

2. 合规内部调查

合规内部调查是应对体系的一部分，是在违法违规行为发生后、监管部门和刑事侦查部门介入的前后，企业聘请律师事务所进行的独立的内部调查，有时为增强权威性，还会事先征得监管部门和司法机关的同意。合规内部调查目的在于最大限度地获取行政监管部门的宽大处理，争取行政和解，同时避免案件恶化，尽最大努力防止被刑事侦查机关立案。

合规内部调查的功能包括：第一，系统性查清违规行为、制度漏洞、违规原因。此调查耗费时日，需要团队介入。第二，发现违规责任人。对于监管部门发现的责任人，要全面调查其违规行为，只有查清自然人的违规行为，并将其送交司法机关，才会被认为是配合调查，赢得监管部门的谅解；对于没有被发现的责任人，需要承担自我主动披露义务，这可以得到额外的奖励。第三，制定整改方案，完善合规计划。

由于具有以上三个功能，合规内部调查又被视为企业内部治理的一种手段。通过这种手段，国家在企业治理上节约了大量资源，改变了企业的治理结构，消除了企业再犯罪的基础，排除了隐患。因而，合规内部调查也被写入多国法律，作为有效合规计划的一部分，成为律师合规业务的第二个黄金板块。

3. 合规反舞弊调查

合规反舞弊调查是由合规内部调查发展而来的合规调查。由于公司内部人员众多且关系复杂，对企业内部人员的调查就逐渐独立出来，形成合规反舞弊调查。所谓反舞弊调查，是指企业一旦因违规行为接受监管调查之后，在外部律师的帮助下对公司内部负有责任的自然人进行的有针对性的调查。其目的包括查清自然人的违规行为和责任情况，并收集证据，对责任人进行内部处理或者将其提交监管部门或司法机关。相对于企业内部人员组织的调查，外部律师进行调查的巨大优势在于律师享有职业豁免权，对客户掌握的商业秘密有保密特权。如果由内部人员进行合规调查，则不享有职业豁免权，需要披露企业的全部违法违规事实，这将给企业带来无法估计的损失。因此，企业只能选择聘请没有利益冲突的独立外部律师介入，律师的这项业务得以在欧美大规模兴起。于是，律师的合规业务，尤其是最重要的尽职调查业务、内部调查业务、反舞弊调查业务，就成为有效合规计划的组成部分。

(三) 行政监管和刑事调查的应对业务

该项业务集中于两个环节：一是公司正在接受行政监管部门调查之时，二是侦查机关的初查阶段。

第一，应对业务应高度重视行政监管阶段，由于大多数案件都消化在行政监管环节，最好的应对业务应是在这个环节经过律师的介入后，阻止案件进入刑事诉讼程序，得到宽大的行政处罚。

第二，应对业务的关键在于提交有效的合规计划，以证明消除再犯同类违法违规行为的可能性，并愿意缴纳高额罚款，积极配合调查，绝对不能实施销毁账目、证据、与员工建立攻守同盟等行为。不仅如此，还要慎用行政复议和行政诉讼手段，因为这些手段只会加速案件进入刑事诉讼程序。

第三，如果案件有较大可能被刑事侦查，就需要立即进行商业模式诊断，发现可能构成特定犯罪的，则通过改变商业模式以消灭相关犯罪构成要件，从而转化为行政违规行为，争取宽大的行政处罚。这背后蕴藏着行政不法事实与犯罪事实的层次性理论。

第四，要提供一些必要的服务，如提前帮助收集、固定证据，必要时对相关专业问题委托鉴定，避免将来接受调查时处于被动。

通过上述分析可以得出结论，合规是一个跨学科的研究对象。合规发端于公司治理，是公司治理方式的有机组成部分。合规构成了行政监管和刑法上的激励机制，同时也成了刑事诉讼法上协商性司法的两大模式之一，导致与控辩协商相并列的暂缓起诉协议在全球范围内兴起。合规作为律师业务与有效的合规计划密切相关，企业要想打造有效的合规计划，就必须聘请外部独立的律师介入，提供尽职调查和内部调查。随着民法责任原则的引入，合规还将改变法人刑事责任理论的基本面貌。

第三节 我国法律体系引入合规机制的设想

有效合规体系的建立需要一套涉及多个法律部门的制度保障，对我国立法提出了全新的要求。只有对我国法律制度进行全面修改，才能为合规机制的引入创造良好的制度环境。

一、我国行政监管制度的改革方向

经济法主要是指国家监管经济活动的法律，又可以称为经济行政法，目前经济法学研究和行政法学研究的相对分离，不利于在经济法领域开展行政监管方式改革。未来，在以下几个领域需要进行行政监管法律的重大改革，包括反洗钱领域、反商业贿赂领域、反不正当竞争领域、出口管制领域，以及海关对走私的监管领域、税务部门对涉税案件的监管领域、国家市场监督管理总局对市场违规行为的监管领域等。这些领域监管方式的改革包括三个基本方向。

第一，改变原有的严刑峻法治理方式，全面引入行政执法和解制度。经验表明，以严刑峻法作为监管方式收效甚微，尤其对于通过违规行为可以获得高额违法利益的企业来说，罚款对其威慑力极低。要想从根源上治理企业违法，就需要引入行政和解机制。2015 年中国证监会初步建立行政和解办法，但是直到 2019 年在高盛集团案件中才出现第一个行政和解协议。行政和解应扩展到所有监管领域，所有涉及企业行政违规的行为都可纳入行政和解领域。这种行政和解建立的机制是监管部门和被处罚的企业经过妥协、协商和讨价还价达成协议，与行政救济和行政诉讼中作为矛盾化解机制的行政和解有本质区别。行政监管领域的行政和解是以和解换取宽大的行政处罚，在所有以企业为对象的行政执法中，只要有合规的空间，就可以与其签订和解协议。

第二，和解协议的主要内容应包括缴纳和解金和重建合规计划。和解协议虽然以缴纳和解金为前提，但一定要同时引入合规计划，没有合规计划的和解将是毫无意义的。缴纳和解金和按照有效合规的标准重建合规计划，应成为和解得以达成的两个基本条件。

第三，和解协议中要设置考验期。行政和解只是承诺在一年到三年的考验期内不处罚，如果不建立有效的合规计划，期满后照样要严厉处罚。因此，行政机关督促企业打造合规计划的前提是要在相关法律中建立具有强制力的合规计划的国家标准，以作为企业建立、完善合规计划的基本标准。同时要有合规计划的监控机制，参照国际惯例，可以引入合规监督员制度，由行政监管机关聘请合规监督员来监督企业建立或完善合规计划。合规监督员可以由具有合规官、合规律师从业经历，声誉良好且具备专业能力的人员担任，定期向监管部门报告合规进展情况，监管考验期结束后提交最终报告来帮助监管机关决定是否放弃处罚，以和解方式结案。

行政和解机制的确立可以改变以往单一低效的行政处罚方式，推动我国行政监管机制的完善，也能够最大限度地激励企业建立有效的合规计划。同时，在中国经营的外国企业也要受到中国行政监管和解机制的约束，这样就可以在外国企业中引入中国的合规治理模式，使外国企业成为中国法律监管的对象。

二、我国刑事诉讼制度的深入改革

我国刑事诉讼法目前可以考虑在认罪认罚从宽和附条件不起诉两种制度中引入合规机制，这也是合规引入刑事诉讼的两种途径。

第一，在认罪认罚从宽制度中引入合规机制。我国已经在认罪认罚从宽制度中引入了控辩协商，检察官通过与被告方及其辩护人进行量刑协商，在律师的见证下，双方签署认罪认罚具结书，检察官根据具结书商定的量刑优惠方案向法院起诉，给予被告方宽大的量刑处理。认罪认罚从宽制度取得了良好的实践效果，尤其在基层法院审理的案件中适用率达到70%左右，大大节省了司法资源的投入。有鉴于此，可以对企业犯罪的案件建立量刑协商机制，只要企业承诺整改，并按照国家标准建立有效合规计划，就可以对企业进行宽大的刑事处理，仍然可以对其进行罚金等财产性的处罚，但不再吊销其营业执照或取消其特许经营资格。

第二，在附条件不起诉制度中引入合规机制。我国目前的附条件不起诉制度只适用于可能判处一年有期徒刑以下刑罚的未成年人，范围太过狭窄。不妨考虑将一些企业也纳入附条件不起诉的适用范围。例如，在审查起诉阶段企业认罪，且已经建立合规计划的，就可以对其附条件不起诉。对已经建立合规计划但合规计划不完善的企业，要求缴纳特定罚款，并在三年考验期内重建合规计划，其间，检察机关派驻合规监督员督促建立合规计划，并定期报告进展。考验期满后经过审查已经建立符合标准的有效合规计划的，随即作出不起诉决定。而企业认罪，但没有建立合规计划的，可以对其适用认罪认罚从宽制度，在定罪的基础上责令其重建合规计划。只有在这些强力激励机制的刺激和推动下，企业才会真正重视合规计划的建立。

三、中国版有效合规计划标准的颁布

目前，合规计划标准的颁布主体还存在一定的争议，但最终的合规标准应被纳入国家基本法律体系之中，以便加强合规在行政监管和刑事诉讼中的法律地位。建议由全国人大及其常委会通过专门法律，按照有效合规计划的基本要求来制定具有

强制力的企业合规的国家标准，并定期更新。该部法律的出台，意味着合规作为行政监管中的行政和解制度、刑法中的刑事宽大处理制度、刑事诉讼法中的附条件不起诉和认罪认罚从宽制度等法律制度中的激励机制，具有了强制性的国家标准。而目前国有资产监督管理委员会、国家发展和改革委员会、国家标准化管理委员会等部门出台的合规文件，都只具有规范性文件的性质，甚至连行政规章的效力都不具备。建立更高法律效力的国家合规标准是未来合规立法的一大重点工作。

综合来看，企业合规是一场公司治理方式的革命，涉及多个法律部门。首先，企业合规是一个公司的治理问题，涉及企业法、公司法中的公司治理结构的重新整合问题。其次，企业合规是一种新的行政监管方式，涉及行政监管部门从原来的严刑峻法转变为通过提供合规激励机制，来吸引企业建立自我监管、自我披露、自我报告的机制，从而加强对违法违规行为的预防、监控和应对，实现企业的长远发展。再次，作为一种刑法上的激励机制，企业合规还涉及刑法和刑事诉讼法的革新问题，对那些建立合规计划或者承诺完善合规计划的企业，司法机关要么作出不起诉的决定，要么减轻刑事处罚，要么达成暂缓起诉的协议，从而督促企业在一定期限内重建合规计划。最后，合规是律师的一项业务，这就涉及律师法的修订，律师的职业伦理、律师的责任等问题都要进行大幅度的调整。可以说，合规问题是多学科交叉的最前沿课题，要将企业合规体系引入中国，就需要在改变公司治理方式的前提下，对中国相关法律做出全面的修改。对此，我国立法机关应予以高度重视，加快立法进程，为合规全面进入中国创造良好的制度环境。

第二章　企业合规管理与风险识别评估

合规管理是指企业通过制定合规政策，按照外部法规和企业自身经营目标的要求，统一制定并持续修改内部规范，监督内部行为规范的执行，以实现增强内部控制，对违规行为进行持续监测、识别、预警，及时对合规管理制度进行修订和完善，达到防范、控制、化解合规风险等一整套管理活动和机制。本章内容包括企业合规管理的原则与体系、企业合规管理的组织架构、企业合规管理的实施机制、企业合规风险识别与评估分析。

第一节　企业合规管理的原则与体系

社会经济步入了高速发展阶段，市场体系也在快速发生变化，企业合规管理体系建设工作逐渐受到社会各界的广泛关注。“随着企业规模的不断扩大，衍生出来的部门也越来越多，因此，对企业进行合规管理是非常必要的方式，对企业的稳定发展与成长有着极为重要的意义。”①

一、企业合规管理的基本原则

有效的合规管理有助于企业应对不确定性、风险，并发现机会；有助于保护和增加股东价值，降低未预期的损失和声誉损失的可能性。

为了确保合规管理的实用性，企业做好合规管理需遵循以下原则。

(一) 有效性原则

对于一个企业来说，推动一个合规管理项目应该把有效性放在首位。正常情况下，一个有效的合规管理项目应该包括：① 一名首席合规官，直接向董事长或董事会报告；② 清晰准确的合规政策（而非含混和有目的性的）；③ 充足的预算和人力资

① 张宝增．企业合规管理体系的建设探究 [J]. 中外企业家，2020(10)：41-42.

源；④ 经常定期发布报告；⑤ 针对董事会、高级管理人员和业务部门总监进行培训；⑥ 定期进行风险评估；⑦ 调查和纪律程序；⑧ 业务骨干的甄选程序；⑨ 来自独立的外部组织的监督。

（二）前瞻性原则

合规管理要走在法律法规管制的前面，企业不是简单地应对法律法规，不是被动地守法，而是要主动地以超越法律的要求来要求自己，不因触犯了法律被惩罚以后才去做合规。因此，企业在做合规管理项目设计时，要把前瞻性作为原则之一。

前瞻性合规管理项目的重要性体现在两个方面：一方面，面向未来，它能够帮助企业应对未来的挑战；另一方面，企业经历了数年的发展，回顾企业的发展历程，会发现过去所做的前瞻性合规管理项目在帮助企业应对法律、法规的变化方面起到了巨大的作用，让企业避免了一些错误。

因此，在解决合规问题时，更多的是依靠经验做决定，经理们更需要不断练习并提高自身以及对他们职员的预见能力。

（三）一致性原则

企业作为一个整体，组织中发生不合规的事如同组织中存在着毒瘤。如果有员工做了不合规的事，这样的行为没有得到有效的遏制，那么这个毒瘤就会在组织中扩散与蔓延，最终可能让整个组织受到伤害，甚至摧毁整个组织。因此，合规管理必须强调组织实施的一致性，要能够贯穿到整个企业组织中，实施“横向到边，纵向到底”的合规管理。

从横向来讲，合规管理要对各个业务部门和职能部门等进行全面的覆盖，包括各个分公司、子公司等，有海外公司的企业还需要结合海外业务的情况，推进合规管理，当海外公司所属地对企业的合规要求低于公司的合规管理标准时，企业要坚持高标准在海外开展业务；当海外公司所属地对企业合规要求高于公司的合规管理标准时，企业要在当地提高标准，同时根据实际情况考虑把高标准引入母公司。

从纵向来讲，合规管理要对组织各个层级的员工进行覆盖，从公司的最高管理层到公司的最基层员工都应该纳入合规管理体系中，从而实现企业全员参与。实践表明，只有当企业文化强调诚信与正直，并且董事会和高级管理层作出表率时，合规管理才是最为有效的。

（四）适应性原则

各个企业因其行业、规模等不同，自身的风险管理战略、组织结构的差异、企业资源的实力也不相同，企业要根据自身的情况设定企业合规管理目标，做到量力而行，使得自身的实力与合规管理目标相适应。

从各个跨国公司具体的合规管理制度和组织方式来看，具有较大的灵活性。基本上它们是以与自身风险管理战略和组织结构相吻合的方式展开合规工作的，并为合规风险管理设定优先考虑的事项。

在规模较大的公司，合规管理人员一般深入各营运业务线，有些跨国公司还设有集团合规官和本地合规官；在规模较小的公司，合规管理人员由部门其他岗位人员兼任。有些公司还为数据保护、反洗钱及反恐怖融资、诚信反腐等专业领域设立了单独的管理部门。一些公司考虑到合规风险与操作风险的某些方面有着密切的关系，因而在操作风险部门内组建合规部门，还有些公司分设合规部门和操作风险部门，但两个部门之间在合规事务方面密切合作。

(五) 透明性原则

现代通信技术让信息快速传递，组织中的信息已经从过去的只能在“小圈子”内传播的信息很容易就扩大到“大圈子”的信息分享，时间也变得非常短暂。如果企业合规管理缺乏透明性，往往会给合规管理工作带来挑战。如企业在人事安排上的流程不够合规，不合规的人事任命信息会被迅速地传播到整个组织中，企业在人力资源合规管理工作上就很容易失去员工的信任。

从正面来看，如果企业能提高透明度，就能提高企业全体员工的参与感，因为人们能够更好地理解不同选择和决定背后的原因。提高组织合规管理的透明性也增加了全体员工的信任，这是改善合规管理氛围的关键。因此，合规管理要实现企业全员参与的目标，企业的管理制度、流程等的透明性就变得非常重要。

(六) 独立性原则

合规部门在组织原则上应该保持独立性，无论一家公司如何组织其合规部门，该合规部门都应该是独立的。以何种方式实施独立性原则取决于多种因素，如公司的规模、业务的性质、经营的复杂程度和业务的区域分布，以及公司营业所在地的法律框架和监管框架。

独立性包括合规部门在公司内部享有正式地位、由一名集团合规官或合规负责人全面负责协调公司的合规风险管理、在合规部门职员特别是合规负责人的职位安排上避免他们的合规职责与其所承担的其他职责产生利益冲突、合规部门职员为履行职责能够获取必需的信息并能接触到相关人员。

独立性并不意味着合规部门不能与其他业务单元的管理层和职员共同工作。实际上，合规部门与其他业务单元之间相互合作的工作关系有助于早期识别和管理合规风险。然而，无论合规部门与其他业务单元之间的工作关系如何紧密，各要素都应被视为有助于确保合规部门有效性的保障措施。内部审计部门应定期、独立地审查合规部门的工作。

二、企业合规管理体系的建立步骤

一般来说，一个企业建立健全合规管理制度体系分为六个步骤，分别是：① 调查研究，识别合规风险；② 风险导向，健全合规制度；③ 管理协调，强化合规职责；④ 保障运行，完善合规机制；⑤ 效果评审，推进持续合规；⑥ 持之以恒，形成合规文化。

第一，调查研究是识别合规风险、明确企业合规管理目标的前提。企业要通过外部环境和内部因素进行分析，识别企业在经营过程中可能面临的合规风险。根据合规的定义，一般来讲，合规风险包括行为不合伦理道德规范承诺风险、行为不合业务沟通和专业技术承诺风险、行为不合国家法律法规社区规定要求风险。根据可能发生的地方，合规风险可分为发生在岗位上的合规风险和发生在流程上的合规风险。

第二，识别合规风险后，需要以风险为导向，健全合规制度。合规管理制度为组织及其成员提供行为上的指引和规范，是落实合规管理措施的基础和依据。合规管理制度应当以公平、正义和尊重为出发点，并保持弹性和实践性。制定合规管理制度要考虑宏观、中观和微观的要求和需要，应以风险导向、公正公开、实用有效、通俗易懂、适度合理和与时俱进为原则。

第三，协调管理职能和资源配置、强化合规职责及其组织领导是企业建立合规管理体系的内在要求。合规职责涵盖合规治理、合规管理机构、合规管理协调、领导者的作用等内容。强化合规职责要依据合规治理原则，明确决策层和最高管理层在合规管理方面的职能，解决合规管理工作中的权力配置问题。

第四，完善的合规机制是企业合规管理有效运行的保障。将合规计划付诸实践，体现了管理层的意图，也是持续监控和评估改进的基础。通过对全体员工的合规培训、对员工合规表现的评估和考核，形成高效的举报和调查制度是合规管理的重要机制。另外，合规管理项目的有效运行需要几个关键因素：管理层支持、管理层以身作则以及资金和资源的支持。

第五，建立了以风险为导向确立合规制度、完善合规运行的机制，合规管理体系已经初具雏形。但组织还要通过操作层面的效果评价，发现和纠正贯彻执行中的问题，不断改进和优化合规体系，同时来适应合规环境的变化和企业自身业务发展。

合规效果评价的核心是保证合规管理的质量和可持续性。效果评价包括合规监控、合规管理体系审计和管理层评审与改进。通过效果评价，完善合规管理长效机制，深化合规风险识别、评估及监测，保障合规管理体系全环节的稳健运行。

第六，经过在以上五个步骤中坚持不懈的努力，组织就可能进入合规管理的高级阶段，即建设和形成合规文化。

综上所述，以上六个步骤是企业建立合规管理体系的过程。企业需要按照这六个步骤，循序渐进，从识别风险入手，强调以风险为导向的合规，通过建立一系列保障机制来有效管理和降低风险，并着力打造自上而下的合规文化，最终达到诚信经营的目标。同时，这六个步骤又是一个不断循环和提升的闭环过程，各个步骤相互递进、持续地改进和发展完善，能使整个合规管理制度体系的运行不断改进和优化。

第二节　企业合规管理的组织架构

一、合规管理职责概述

合规职责是指合规体系建立及运行的组织领导，其落脚点是为构建一个完整的合规体系所涉及的各岗位需要完成的工作内容以及应当承担的责任范围。职责是职务与责任的统一，由授权范围和相应的责任两部分组成。

合规职责涵盖合规治理、合规管理机构、合规管理协调、领导者的作用等内容，强化合规职责要依据合规治理原则，明确决策层和最高管理层在合规管理方面的职能，解决合规管理工作中的权力配置问题。合规职责的落实需要以合规部门与组织内部、外部机构的有效沟通协调为保障。

当然，领导者作为企业的核心，其示范带头作用是加强合规职责的关键，对树立合规管理理念、推动合规管理体系的建立和运行起到关键作用，领导者在履行各项合规要求中应作出表率。

(一) 强化合规管理职责的意义

合规涉及公司经营管理的方方面面，组织的全部机构和全体成员都承载着或多或少的合规职责。只有科学合理地落实合规职责，才能最大限度地发挥合规管理体系的作用，有效化解合规风险。强化合规职责的根本是强化合规的组织领导，这对整个组织树立合规意识、建立高效的合规管理体系、更好地展现其合规承诺具有非常重要的意义。

1. 展现组织领导工作的本质

在一个组织中，因每个人的家庭、教育和社会背景不同，学习、修养与见解各异，若使所有人步调一致、同心协力、向着一个目标迈进，就必须先使目标鲜明而固定，领袖指挥灵活，人与人横向联络方便，工作指派肯定而清晰，这样组织才会发挥最大的功能、实现该目标。通常需要对该组织体系的建立有充分、正确的认识，并以书面文件表示目标、规定指挥系统、说明横向关系、明确各单位职责，使组成成员个个了解、全力进行，以高效率共同实现一个既定的目标。同样地，对于合规管理来讲，组织领导是否有力、合规职责是否清晰，在很大程度上决定着合规管理能否顺利、有效开展。

2. 构建长效发展机制的内在需要

企业合规经营建设是一项浩大的系统性工程，不是一朝一夕就能建成的。要合理确定发展目标，在一个时期内要有一定的规划目标，最终建立适应企业长远发展的机制。“合规管理，防范风险”的观念，是时时、处处、事事应坚持的一个原则，这是需要一定时间来塑造的，而不是一蹴而就的事情。

在这个过程中，要认真践行合规管理工作，实现合规执行长效机制的目标，就要积极构筑起对各项经营管理活动的全方位覆盖、全过程监督的合规管理工作体系，确保合规管理的稳定性，而这个体系的建立，正是以合规理念的树立、合规机构的设置、合规角色和责任的明确为基础和依托的。只有强化合规职责、推进合规工作的组织领导，才能保证合规培训、协作运行、评价、监督检查等各项工作的顺利开展，从而保障合规管理工作的稳步推进并长期保持，以及业务经营实现稳健运行。

3. 实现合规管理体系科学配置的必然需求

合规管理是一项系统工程，并非一个岗位或一个部门之力可以完成的，它涉及经营的各个方面和环节，必须在统一的制度和体制框架下，分工负责、协同联动、齐抓共管。只有组织协调有力、各部门相互支持配合，形成合力，才能充分发挥组织管理体系和职能部门的优势，实现合规管理与各项业务衔接融合，并在实践中不断改进完善合规机制，把合规管理各项工作落实到位。因此，对于合规管理工作组织领导的力度，直接决定着合规管理工作能否有效开展。

在实践中，不乏很多好的经验和做法。例如，成立由主要领导牵头，法律、纪检、审计、内控、人事等相关业务部门共同参与的合规管理领导小组，加强组织协调，形成管理合力，保障合规管理工作高效有序开展；法律部门负责对外商务行为合规综合管理，会同业务部门开展合规风险梳理、合规培训、考核及反垄断、反不正当竞争审查等业务管理工作；纪检监察部门负责受理违规行为举报、违规案件查处和违规责任追究。审计、内控、人事等部门根据职责，分别从干部考核使用、审计监督、内控测试等方面积极发挥作用。

4. 领导带头是有效管理的前提

领导干部既是活动的组织者、推进者、监督者，更是活动的参与者，只有加强合规的组织领导、明确各岗位的职责，才能使领导干部对于其合规角色和责任有清楚的认知；才能在合规体系的建立中更好地调配资源、给予充分到位的支持；才能在合规体系的运行中更好地发挥示范带头作用，用最严格的尺子衡量自己、用最高的标准要求自己，带头落实，既抓好自身活动，又督促指导好分管部门单位相关合规工作的开展，真正成为合格的组织者、引领者和示范者。

(二) 合规管理职责的一般要求

构建合规管理体系，明确合规职责，主要体现在以下几个方面。

1. 良好的合规治理原则

对于合规治理的重要意义，覆盖整个组织范围的、高效的合规管理体系，能够使组织展现其遵守相关法律、行业准则、组织标准，以及良好公司治理、最佳实践、道德伦理和社区期望等标准的合规承诺。

同时，需要确定合规管理体系和良好治理原则，具体包括以下内容：对于报告渠道、独立性以及资源配置提出原则要求；领导者展示其合规能力和承诺的具体措施，包括合规方针和目标的建立，合规职责和承诺的宣传贯彻，建立合规体系的资源配置，与商业流程的融合、提高效能、预期结果的实现，合规问责、评审及改进等；在组织中分配合规责任的原则与方法，决策层和最高管理层在合规管理中的角色和责任，包括建立合规方针、合规责任纳入岗位职责、任命合规团队需满足的条件及资源的配置、合规体系建立中的责任分配、报告及绩效考核等要求。

2. 合规管理机构的职责要求

合规管理机构是承担合规管理职能的机构，可以是专门的机构，也可以由其他职能部门兼职。一个健全的合规管理机构一般包括合规委员会、合规负责人、合规管理部门等。在建设合规团队时，对于合规管理机构的具体责任及分配责任时的原则和条件要进行具体规定。在责任承担方面，包括识别合规职责并将其融入方针、程序和流程，员工培训要求，合规责任纳入岗位职责，合规报告登记、绩效考核、资料管理，识别合规风险、风险评估，向员工提供建议和资料等。在分配责任时的原则和条件方面，包括确保合规团队无利益冲突、诚信和合规承诺、高效沟通、接受建议等。

3. 合规管理协调与沟通方式

合规管理协调的关键在于处理好合规部门与公司员工、业务部门、监督部门、监管机构等的沟通和协调。管理协调需要通过沟通的方式来了解和满足内部与外部的需求。沟通需求包括沟通话题、沟通时机、沟通对象和沟通方式。在内部传达沟通中，应注意确保员工能持续收到信息，并明确告知组织对员工的期望及反映渠道。在外部传达沟通中，描述了利益相关方的范围以及向利益相关方传达沟通的方式。相关方可能包括但不限于监管机构、客户、承包商、供应商、投资商、紧急服务提供者、非政府组织和邻居；沟通方式可能包括网站和电子邮件、新闻稿、广告和定期简报、年度（或其他定期）报告、非正式讨论、开放日、焦点小组、社区对话、社区活动参与和热线电话。这些方式有助于相关方理解和接受组织的合规承诺。

合规报告是一种公开的合规管理协调方式。合规报告的要求包括合规报告的宗旨、内部报告安排的具体要素和要求、按照事项的重要程度区分报告形式等。报告的具体内容应包括事项、影响和建议、分析、纠正措施、趋势、结果等。

4. 领导者的作用体现

领导者作为一个组织中的关键少数，其在合规管理中的角色、责任以及对合规管理的表率作用，将对合规管理产生重要意义：组织实现合规的最佳途径是领导层认同核心价值观，采纳通行的公司治理、道德和社区标准；要使员工行为满足合规要求，需要满足各级管理层的有力领导、明确的组织价值观、认可和实施能够促进合规行为的措施等条件。如果不能在组织各层级实现上述条件，就会存在合规的风险。

合规治理机构和最高管理层应通过以下措施展现出对合规管理系统的领导力和承诺：① 建立和维护组织的核心价值观；② 确保建立合规政策和合规目标，并符合组织的价值观、目标和战略方针；③ 确保政策、程序和流程的制定与实施，以实现合规目标；④ 确保具备合规管理系统所需的资源，以确保资源合理分配；⑤ 确保将合规管理系统的要求融入组织的业务流程；⑥ 宣传有效合规管理系统的重要性，以及遵守合规管理系统要求的重要性；⑦ 指导和支持相关人员提升合规管理系统的效能；⑧ 为其他相关管理人员提供支持，使他们在与之相关的合规职责中展现出领导力；⑨ 确保运营目标与合规责任的一致性；⑩ 建立和维护责任机制，其中包括及时报告合规（包括违规）事项；⑪ 确保合规管理系统实现预期目标；⑫ 推动持续改进。

要想实现有效合规，需要确保治理机构和最高管理层的积极承诺，并贯彻到整个组织中。承诺水平体现在以下方面：① 治理机构和各级管理机构积极展现承诺，并通过行动和决策建立、发展、实施、评估、维护并不断改进有效的和响应及时的合规管理系统；② 合规政策经过治理机构的正式审批；③ 最高管理层承担责任，确保充分实现组织的合规承诺；④ 各级管理机构向员工传达一致和明确的信息（通过语言和行动），声明组织将履行合规责任；⑤ 以明确和令人信服的声明广泛传达合规承诺，并付诸行动；⑥ 合规职能部门被授予一定的权限，以反映有效合规的重要性，并确保合规职能部门与治理机构建立直接联系；⑦ 合理分配资源，并通过增强意识的活动和培训建立、发展、实施、评估、维护并不断改进和强健合规文化；⑧ 政策、程序和流程不但要反映法律要求，还要反映自愿性守则和组织的核心价值观；⑨ 组织向各个管理层分配合规责任并实行责任制；⑩ 需要对合规管理系统进行定期审查；⑪ 不断改进组织的合规绩效；⑫ 采取纠正措施。

二、合规管理部门的角色及其职能

公司治理，从广义的角度理解，目的在于规范公司权力安排；从狭义的角度理解，目的是在公司所有权层面上，股东和股东代表如何规范地授权给职业经理人，并针对职业经理人履行职务行为的情况设计监管职能，维护股东利益、促进公司发展。

合规治理是以保证公司合规经营为目的，通过原则性的制度设计，解决合规管理工作中的权力配置问题。合规治理保证股东和股东代表，特别是公司董事会，能够准确了解公司内部各级职业经理人和员工的履职情况，能够及时发现和纠正公司内部的不合规问题，针对各级管理人员的合规履职情况设计监管职能、责任和义务，保障公司价值观、目标、战略的顺利实现。

（一）合规管理的组织原则

合规管理的基础是公司应该采用正确的方法，建立、制定、实施、评价、维护并持续改进合规管理体系，完善所需的全部流程，发挥各流程间的相互作用。合规管理的组织一般应当遵循以下五个原则。

第一，公司应树立合规创造价值并保护价值的理念，认可合规能够对公司的战略目标和绩效提升做出贡献。

第二，公司应确保建立适当的合规治理框架，明确股东、董事会、监事会、最高管理层在合规治理中的角色，合理分配他们的权力和职责。

第三，公司应重视利益相关方在公司合规治理中的作用，鼓励利益相关方在促进公司合规经营方面发挥积极作用。

第四，公司应建立有效的合规管理体系，明确合规管理组织架构，明确合规管理部门和相关部门的角色、权力和职责，明确合规管理团队中各级合规管理人员的权力和职责。

第五，公司应对合规管理团队充分授权。合规团队应拥有直达决策层，即公司董事会的报告渠道。合规团队应拥有独立性，日常工作不应当受到其他职能部门或业务部门的限制和影响；合规团队应分配到适当的权力和充足的资源。

（二）董事会合规管理

董事会是股东会这一权力机构的业务执行机构，负责公司业务经营活动的指挥与管理，对公司股东会负责并报告工作。股东会所做的有关公司重大事项的决定，董事会必须执行。作为股东利益的代表，董事会对公司经营活动的合规性负最终责任，对公司合规治理和合规管理负总责，对公司违规或员工违规给股东造成损失的应承担管理责任。

董事会应确定合规的基调，确立全员主动合规、合规人人有责、合规创造价值等合规理念，在全公司推行诚信与正直的职业操守和价值观念，提高全体员工的合规意识，促进公司自身合规与外部监管的有效互动。董事会应当履行的职责主要包括：第一，审议批准公司的合规政策，监督合规政策的有效实施。第二，审议批准高级管理层提交的合规管理报告，对公司合规管理的有效性做出评价，使公司经营管理中的合规缺陷得到及时有效的解决。第三，授权董事会下设的风险管理委员会、审计委员会或专门设立的合规管理委员会对公司合规管理进行日常监督，任命合规团队并授予其必要的权力、提供支持和资源。第四，确保最高管理层的岗位职责中包括合规责任，确保公司在经营过程中坚持合规承诺，适当处理不合规行为。

其中，董事会应当特别注重第三项职责，即对具体进行合规管理工作的合规团队给予授权和支持。第一，董事会应当向合规团队分配适当的权力和责任，保证合规管理体系设计的合理性、一致性和充分性，保证公司合规管理体系符合国际标准，公司合规管理不存在根本性错误。第二，董事会应当给予合规团队清晰明确的支持，保证合规团队拥有直达的报告渠道，使其能够将公司的合规管理情况——合规管理体系的绩效，及时准确地传达到决策层，避免形势误判。第三，董事会应当给予合规团队足够的资源，使其有接触高层决策者的机会，并有机会在早期为决策流程做贡献，能够与组织全部层级之间建立联系，能够完成合规任务所需的全部文件资料和信息，能够获得关于相关法律、规定、准则和组织标准问题的专家建议。第四，董事会应当授予合规团队一定程度的抗衡权，使其能够在相关决策流程中展示合规的效果。第五，董事会应当确保合规团队拥有独立行动的权力，特别是当合规融入业务流程中时，不会因为优先级冲突而受影响。

(三) 监事会合规管理

作为公司内部的监督机构，监事会的角色定位就是防止董事会、管理层滥用职权，损害公司和股东利益，监事会的合规管理职能，就是监督董事会和高级管理层合规管理职责的履行情况。

根据《中华人民共和国公司法》的规定，监事会、不设监事会的公司的监事行使七项职权，其中四项职权与合规管理相关，具体内容如下。

第一，检查公司财务，如从公司财务数据中发现不合规情况，应及时、明确指出。

第二，对董事、高级管理人员执行公司职务的行为进行监督，对违反法律、行政法规、公司章程或者股东会决议的董事、高级管理人员提出罢免的建议。

第三，当董事、高级管理人员的行为损害公司的利益时，要求董事、高级管理人员予以纠正。

第四，向股东会会议提出提案，针对公司合规管理中存在的制度性缺陷和问题进行及时纠正。

(四) 最高管理层合规管理

最高管理层，即以经理为首的高级管理团队，统一领导各个层次的经营管理活动。其主要职能是制定经营目标、方针、战略，制定利润的使用、分配方案，制定、修改和废止重大规章，指挥和协调各组织机构的工作和相互关系，确定它们的职责和权限。

作为公司经营管理的执行者，最高管理层根据岗位分工对公司合规管理负相应管理责任，对公司违规或员工违规给股东造成损失的应承担具体的管理责任。最高管理层应全面推进公司合规管理，有效管控合规风险，一般应履行以下合规管理职责。

(1) 制定书面的合规政策，并根据合规风险管理状况，以及法律、规则和准则的变化情况适时修订合规政策，报经董事会审议批准后传达给全体员工。

(2) 贯彻执行合规政策，确保发现违规事件时及时采取适当的纠正措施，并追究违规责任人的相应责任。

(3) 任命合规负责人，并确保合规负责人的独立性。

(4) 明确合规管理部门及其组织结构，为其履行职责配备充分和适当的合规管理人员，将责任和权力分配给相关角色；确保建立高效而及时的报告系统，在组织内部进行传达沟通，并确保合规管理部门的独立性。

(5) 识别公司所面临的主要合规风险，审核批准合规风险管理计划，确保合规管理部门与风险管理部门、内部审计部门以及其他相关部门之间的工作协调。

(6) 每年向董事会提交公司合规管理报告，报告应提供充分依据，并辅助董事会成员判断最高管理层合规管理的有效性。

(7) 及时向董事会或其下设委员会、监事会报告重大违规事件。

(8) 调配充足而适当的资源来建立、制定、实施、评价、维护并改进合规管理体系和绩效结果；分配责任，使董事会和最高管理层能够了解合规管理体系的绩效；同时，依据合规关键绩效措施或结果，接受合规评价。

(9) 公司合规政策规定的其他职责。

三、合规管理组织机构

(一) 合规管理机构设立的原则

一般情况下，无论是国有企业、民营企业、外资企业或是合资企业，公司内部设立合规管理机构应遵循以下三个原则。

第一，需要原则。根据公司经营的业务性质、地域范围、监管要求等设置相应的合规管理机构，合规管理机构的规模要与合规管理任务相匹配。一些规模较小的公司，可以不设立专门的合规管理机构，由相关业务部门履行合规管理职责。例如，在一些公司中，法律部门、内控部门、审计部门或者财务部门可以单独或联合承担一部分合规管理职责。

第二，指挥一致原则。在纵向合规管理业务线上，不同层次的合规管理机构要明确上下隶属关系，一个下级机构只能接受一个上级机构的命令和指挥；在横向部门间关系上，同一层级的合规管理机构要与相关部门，如审计、内控、纪检监察 (国有企业或合资企业) 建立顺畅的联系和协调机制，以实现配合一致，并且不同层级之间、合规管理机构与相关部门之间的联系和协调机制应该相同。

第三，独立性原则。合规管理机构的独立性主要体现在直达决策层的报告渠道、适当的权力和充足的资源三个方面。合规管理机构的报告不应当经过其他职能部门或业务部门转达，不能受到其他职能部门或业务部门的影响，必须如实地呈现在决策层面前，决策层讨论后作出决定；合规管理机构应具备适当的权力，使其能够参与公司内部的各项管理工作，顺利完成各项调查任务，有效推进各项整改措施；合规管理机构还应分配到充足的资源，使其能够拥有或调动足够多的、满足工作要求的人员和设备，从而不会因为资源问题而无法及时完成工作或降低工作质量，也不会因为资源问题而受制于公司内部部门而丧失独立性。

（二）合规管理机构的不同层级

通常情况下，公司的合规管理组织架构分为三个层级。

第一个层级，在决策层即董事会中，设立合规委员会，作为公司合规管理体系的最高负责机构，制定合规管理的目标、方针和政策，审阅报告和决议，统领全公司合规管理工作。

第二个层级，在合规委员会之下，设立合规管理协调委员会，主要由与合规管理相关的职能管理部门组成，如人力资源、法律、审计、财务等协调委员会主要负责职能部门之间的工作分工和协调，保证公司内部各种风险管理和监督资源的有效协同。

第三个层级，在合规管理协调委员会之下，设立合规管理部门，负责合规管理的日常工作。根据公司规模和实际工作量，合规管理部门的规模可大可小，岗位人员数量并不固定。绝大多数公司都任命最高管理层中的一员为合规管理部门的总负责人，全面负责合规管理工作，同时任命一系列专职的合规官来负责日常合规工作；对于一些规模较小的公司，也可以考虑把合规管理任务外包给合规专家。

（三）合规委员会的角色及职责

公司可在董事会中设立合规委员会，由具备法律、财务、人事管理背景的董事组成。在不设董事会的公司中，合规委员会应由执行董事牵头，领导法律、财务、人事管理方面的最高管理层成员。在不设董事会也没有执行董事的公司中，合规委员会可由公司总经理、党委书记、其他党组成员、最高管理层成员组成。

合规委员会的主要职责是负责公司合规管理的总体部署、体系建设及组织实施。一般情况下，合规委员会应履行的主要职责包括以下内容。

第一，建立公司合规管理基本政策，或贯彻落实上级公司的合规管理基本政策，制定公司合规管理战略、目标和工作要求。

第二，建立和完善公司合规管理体系、审定公司合规管理工作部署和年度合规管理工作计划。

第三，听取合规管理工作汇报，指导、监督、检查合规管理工作。

第四，研究解决公司加强合规管理工作中的重大或突出问题，指导、监督、检查合规违规问题整改。

（四）合规负责人的主要职责

合规负责人是指公司合规管理工作具体实施的负责人、决策者和日常监督者，对公司合规管理工作负具体管理责任，并根据公司性质、规模、合规管理工作的业务量，合规负责人可以由专人担任，也可以兼职或外包。

公司可以任命专职的“首席合规官”或由总法律顾问担任合规负责人，首席合规官或总法律顾问可以进入董事会；公司可以由首席财务官兼职合规负责人，统一负责内部风险管理、审计和合规工作；公司还可以由外部专家担任合规负责人，领导外部团队进行合规管理工作。

一般情况下，合规负责人应履行的主要职责包括以下内容。

第一，贯彻执行公司董事会、监事会和最高管理层对合规管理工作的各项要求，全面开展并具体实施合规管理的各项工作。

第二，协调合规业务与公司各项业务之间的关系，监督各个业务部门、公司所属各个机构执行公司合规管理要求的情况，及时解决合规管理中出现的重大问题。

第三，领导合规管理部门，完善组织队伍建设，做好人员选聘培养，监督各级合规管理部门认真有效地完成工作任务。

（五）合规部门的主要职责

企业性质、规模等不同，合规部门的职责也有所不同，通常包括以下主要职责。

第一，持续关注公司总部所在地（国）和经营所在地（国）的法律法规、行业监管要求和国际准则的最新发展，正确理解法律法规、行业监管要求和国际准则的规定及其精神，准确把握法律法规、行业监管要求和国际准则对公司的影响，及时为最高管理层提供合规建议。

第二，利用相关资源，识别合规职责，并将其转化为可行的方针、程序和流程，并及时将新识别出的合规职责融入现有方针、程序和流程。

第三，制订并执行“风险为本”的合规管理计划，包括特定政策和程序的实施与评价、合规风险评估、合规性测试、合规培训宣传贯彻等。

第四，审查评价公司各项政策、程序和实施细则的合规性，组织、协调和监督各条业务线和内控部门，对各项政策、程序和实施细则进行梳理和修订，确保公司各项政策、程序和实施细则符合法律法规、行业监管要求和国际准则的要求。

第五，配合公司人事或培训部门为员工提供或组织持续合规培训，包括新员工入职合规培训，各级管理人员、各类业务员工的定期合规培训，确保全部相关员工按规定接受培训，为员工提供与合规程序和参考资料相关的资源，向组织提供关于合规相关事项的客观建议，并成为员工咨询有关合规问题的内部联络部门。

第六，组织制定合规管理程序，以及合规手册、员工行为准则等合规指南性文件，评估合规管理程序和合规指南性文件的适当性，为员工恰当执行法律法规、行业监管要求和国际准则提供指导。

第七，积极主动地识别和评估与公司生产经营活动相关的合规风险，并管理与供应商、代理商、经销商、咨询顾问和承包商等商业相关的合规风险。同时，为新产品和新业务的开发提供必要的合规性审查和测试，识别和评估新业务方式的拓展、新客户关系的建立以及客户关系的性质发生重大变化等所产生的合规风险。

第八，推动将合规责任纳入岗位职责和员工绩效管理流程。建立合规绩效指标，监控和衡量合规绩效，分析绩效，识别改进行动的需求。

第九，建立合规报告和记录系统，制定实施资料管理流程，如投诉反馈热线、举报系统和其他机制。

第十，确保按计划周期评估合规管理体系，实施充分且具有代表性的合规风险评估和测试，包括通过现场审查对各项政策和程序的合规性进行测试，询问政策和程序存在的缺陷，并进行相应的调查。合规测试结果应通过合规管理报告路线向上汇报，以确保各项政策、程序和实施细则符合法律法规、行业监管要求和国际准则的要求。

第十一，建立并保持与监管机构日常的工作联系，确保在建立、实施和维护合规管理体系流程中能够获得适当的专业建议。同时，跟踪、评估监管意见和监管要求的落实情况。

为有效履行上述职责，在公司合规管理部门任职的合规成员，应具备与履行职责相匹配的资质、经验、专业技能和个人素质，必须满足但不限于以下四个条件：① 做出诚信和合规承诺；② 具备高效的传达沟通和影响力技巧；③ 善于接受建议和指导；④ 具备相关业务能力。

（六）合规专员的主要职责

合规专员是指公司合规部门之外的其他职能管理部门或业务部门中负责相关业务合规管理的专门人员。公司一般可以根据实际业务情况和管理要求设立合规专员岗位，合规专员履行的主要职责包括以下几点。

第一，持续关注公司总部所在地（国）和经营所在地（国）的法律法规、行业监管要求和国际准则，以及关于所属部门各项业务的最新监管要求，建立所属部门各项业务的合规管理制度规定，或根据监管要求完善各项业务流程。

第二，与公司合规管理部门沟通，按计划完成各项合规管理任务，包括但不限于合规风险评估、合规培训宣传贯彻、合规登记报告等。

第三，为所属部门员工提供工作方面的合规管理建议，解答其他部门员工提出的与本部门工作相关的合规问题。

四、合规管理部门的沟通协调

(一) 合规部门与公司员工之间的沟通

公司应该采用适当的传达沟通方式，确保全体员工持续收到和理解合规信息。

沟通方式包括针对全体员工和针对员工个体两种。针对全体员工的沟通，包括合规方针和相关管理制度的建立，通过内部管理制度向全体员工明示合规要求，哪些可以做、哪些不可以做，明确地列出公司对员工的期望，以及不合规行为应该在何种情况下向谁反映；在新的合规要求（如法律法规或政令发生变化）出现时的风险预警。针对员工个体的沟通，主要包括发生不合格行为时的警示和纠正。国际上一般较大的公司都设有合规专线，方便员工对合规问题进行反映和咨询。

合规培训也是一种沟通方式，既可以针对全体员工，也可以针对员工个体，通过培训使其掌握应知的合规知识、制度规定和风险防控要求，并对其培训情况进行督促检查。人事部门应当将合规培训纳入培训计划，将合规评价结果作为干部任免、考核奖惩的依据之一。

公司将合规知识纳入新员工入职培训内容，培训不合格的不得上岗，合规部门可根据业务领域风险状况，对高风险领域的岗位员工有针对性地进行合规培训；领导干部可通过座谈沟通等方式对直接管理的人员进行合规培训，培训应记载培训内容、时间和人员，由被培训人员签字确认。

(二) 合规部门与业务部门的关系

合规管理并不是合规一个部门的事情，而是需要合规部门和业务部门的密切配合，这是由合规管理的特点决定的，合规部门并不能直接接触到业务，对业务相关的监管动态的了解也并不比业务主管部门更及时。

因此，公司业务主管部门应当及时跟踪法律法规变化及监管动态，并及时向合规部门报告监管新变化，要结合业务管理情况分析、识别合规风险，按不同类别评估风险发生可能性和危害大小，制定并落实本业务涉及的合规风险防范措施，并修订相关业务管理制度。

合规部门与业务部门的关系主要体现在以下几点。

第一，业务管理部门要对本业务的合规风险进行识别，将合规风险评估报告应提交合规部门。

第二，合规部门应当综合业务主管部门的合规风险分析评估和纪检、审计、内控测试等情况，对不同领域的合规风险进行综合分析评估，发布风险警示。风险警示应当明确风险类别、发生可能性、危害大小、风险防范措施以及责任部门等。

第三，业务主管部门应当根据风险警示，严格落实防范措施，有效防控风险。合规部门应及时跟踪业务主管部门落实情况，并给予指导帮助，双方配合合规调查，督促本业务系统违规问题的整改。

（三）合规部门与监督部门的关系

监督部门通常包括审计部门、监察部门和内控部门，合规部门与监督部门要分工协作、协调配合，形成管理合力。

1. 合规部门与审计部门

审计部门主要负责经营管理合规审计，对合规管理体系运行状况实施监督，其主要职能是对公司合规管理的执行情况，单独或结合常规审计项目进行检查，评价合规管理体系的健全性和有效性，并提出整改建议。

审计部门与合规部门的关系包括以下几点。

第一，合规部门与审计部门相对独立，合规部门接受审计部门定期和独立的检查。

第二，审计部门负责公司各项经营活动的合规性检查。

第三，合规部门为审计部门的合规检查提供方向和重点，合规部门可请求审计部门复查合规风险的特定领域，审计部门应将其作为年度内部审计的一部分。

第四，审计部门的合规检查结果是合规部门识别、收集合规风险信息和合规风险点的重要来源和依据。审计部门在检查结束后，应将有关合规检查情况及结论抄送交合规部门，为合规部门识别、收集合规风险信息和合规风险点提供有效的信息来源和依据。合规部门可视为公司内部的非现场监管部门，而审计部门则一直担负着稽核审计工作，相当于公司内部的现场检查部门，其工作具有“事后”特征，公司内部包括合规部门在内的所有组成部门，都需要受到审计部门的监督和定期、独立的检查。

2. 合规部门与纪检监察部门

在我国，国有企业还会有纪检监察部门，其同样可以在公司合规管理中起到相当重要的作用。一般情况下，纪检监察部门负责违规举报受理、违规案件调查、违规责任追究，还可以负责建立完善各种监督机制和反舞弊工作机制，确保合规管理体系的执行到位、措施有效、保障有力。公司应当建立统一的举报平台，鼓励员工、交易相对人及社会人士对公司、员工的违规问题进行举报。

纪检监察部门和合规部门的关系包括以下几点。

第一，纪检监察部门按照公司有关规定负责举报的登记和受理。一般情况下，商业贿赂方面的举报调查，由纪检监察部门负责；而反垄断、反不正当竞争方面的举报调查，由合规部门负责，二者各有侧重。

第二，纪检监察部门和合规部门应相互通报。调查情况、调查结果应向举报人反馈，接受举报和进行调查的相关人员，应对举报人的身份和举报事项严格保密，不得擅自对外泄露，并要求任何单位和个人不得采取任何形式对举报人进行打击报复。对实名举报的事项经查证属实并及时纠正违规，为公司挽回直接经济损失的，对举报人可按公司有关规定给予奖励。

3. 合规部门与内控部门

一些公司还设有内控部门，内控部门的主要职责是风险管理，如美国银行将风险管理分为三大部分：市场风险（Market Risk），主要是指由于宏观经济因素的变化，如利率、汇率等，对银行经营的影响；营运风险（Operational Risk），主要是指银行在自身业务经营中因管理疏忽造成的风险；合规风险（Compliance Risk），主要是指银行未能完全符合法规的要求进行经营所带来的风险。由此可见，合规管理是内控管理的一部分，应各有侧重、互相配合，合规管理实际上是内部控制中合规性目标的直接保证，是在风险评估及控制活动中涉及的风险管理的前提和实施工具。

（四）公司与外部监管机构的沟通

对于合规部门来说，重在事前预防，防患于未然，要应对国家的动态监管，一着不慎，就有遭受法律制裁或监管处罚之虞，从而导致重大财务损失乃至声誉损失。

在当今的全球市场环境下，公司应当审查其合规流程，以应对来自监管部门的越来越多的关注，确保对可能的监管审查做好准备。公司可以通过建立与监管机构规则相一致的合规制度来降低在报告义务和遭受处罚方面的风险。如药品生产公司建立健全药品不良反应部门，积极、主动、全面收集公司产品的不良反应病例报告、建立公司产品不良反应数据库，跟踪国家药品不良反应通报的有关信息，防止被政府监管部门处罚。

具有行业龙头地位的大公司应当积极参与行业立法，反映诉求，通过自己在相关行业的实践经验，将某些习惯性的有利做法通过法律法规固定下来，从源头上维护自己的合法权益，使自己的业务行为受到法律保护。

公司还应当了解什么内容是监管机构希望公司的合规流程应该囊括的，一个符合法律法规的合规流程应包括：书面标准和政策，其中包括对记录的保存；合规官或其他授权高级管理人员对合规相关的问题或疑虑进行报告的机制；对公司全体员工进行与合规相关政策和程序的培训，使全体员工之间进行有效的交流；合规部门和其他相关部门的管理监督；保留与合规相关的记录，以便当相关机构需要时能够及时提供。

在合规风险已经发生时，合规部门要组织公司相关部门通力合作，与外部律师有效配合，及时提供公司内部相关信息与文件资料，在内部发挥主要作用，同时要协调与政府有关部门的关系，积极与执法机关沟通，充分了解执法机关所关注的事项；要求相关业务部门根据合规部门的指示提供相关信息与文件资料。

在公司遭遇监管执法行动时，可以采取适当措施来减少潜在的不利影响，可以考虑以下四个方面的内容。

第一，与监管机构及时沟通和交流。建立沟通渠道，增加监管机构对公司的信任，提前请求与机构的工作人员面对面地对质询和争议进行沟通，与政府机构建立公开透明的关系。为保护商业目标，公司要制定一个有效策略，避免受到不必要的监管措施或者在诉讼中处于劣势。明智的公司在被监管执法的同时优先得到相关信息，回答批评者的质疑，用证据证明自己守法合规，积极主动、精心设计地披露不仅可以安抚监管者，还可能在当地或更大范围内引起示范效应，避免更多的群体诉讼。

第二，证明公司拥有完善的合规管理制度体系。如果公司能向监管机构展示，公司拥有良好运行的管理体系，即使某些特例导致失误，但如果能使得监管机构相信这类错误只是偶然发生的现象，那么公司诚信合规的形象也不会受到太大损害。

第三，在报告中展现良好的合规业绩记录。向监管机构提供良好的记录报告，证明公司在本次违规行为之前没有或至少在行业内很少发生被处罚的情况。

第四，证明公司有对保护消费者或合作方的书面承诺。向公众承诺公司的产品或服务遵守了相关法律法规要求，不会给消费者或合作方带来损失。

（五）公司与商业合作伙伴的沟通

公司应当向重要的商业合作伙伴传达合规要求，包括自身的合规要求和对对方的合规要求，并在商务合同中明确约定。例如，在通过代理人或商业中介公司获取国外市场方面，不得通过贿赂的方式。为做到这一点，第一，要考察对方的历史资信情况，特别是在合规风险较高的国家，该商业中介公司是否有过不合规的行为，其对政府官员的影响力是否容易存在暗箱操作，甚至该商业中介公司是否就是政府官员推荐的；第二，应该在合同中明确约定详细的工作范围和拒绝商业贿赂的条款；第三，应有透明的支付程序和准确的文件记录支付的、用于具体事项费用明细和相关凭证，严禁以市场开发费、业务招待费等名义掩盖非法目的；第四，应当有合格的内部人员对商业中介公司进行监督配合工作；第五，不允许商业中介公司再进行转包或分包，或者转包、分包必须经过己方同意，受转包方和分包方同样要满足以上合规要求。

公司应指派一位高级管理人员深入了解与公司相关的监管机构报告及其他合规性要求。通常情况下，公司的一线员工可以通过与各种客户交流了解产品安全争议或违规情况，而当收到信息的人对信息不重视或者没有意识到将发生事故时，这些信息就不会反馈到公司高层。如果没有明确的制度要求，那么员工或许会因为不是他们的责任，或者认为没有严重到需要报告的程度而忽视这些将来可能给公司带来麻烦的情况。应该使全体员工明白，每一个产品的投诉或违规都存在潜在的风险。每一个投诉、索赔或事故报告都应层层上传保存到合规管理相关部门，记录并彻底跟进。

公司应当在争议形成诉讼之前与重要客户建立信任关系，快速响应有关问题或客户的投诉。在遇到产品召回、检索和其他与产品安全有关的争议时与零售商进行及时有效的合作，避免进一步扩大损失。

公司应当对提供的产品或服务保持完整和准确的记录，并保证记录符合法律法规以及内部制度或程序的规定。在向消费者销售产品时，记录应包括销售、采购记录、验收报告、历史的投诉、索赔、退货和其他相关信息。信息应该存储在数据库中，并且能够容易被管理人员查询、评估合规性以及向相关机构报告违规情况。

第三节　企业合规管理的实施机制

一、企业合规管理实施机制概述

企业制定了合规管理制度，但更重要的是确保这些政策制度被真正地贯彻下去并有效地执行，而不是只停留在纸上，要把企业的合规风险管理真正落实到业务操作层面，就必须把政策制度上的规定转变为可执行的流程。一方面，是要确保各项业务操作符合外部法律和内部政策的要求；另一方面，是要使合规政策的要求与实际的工作实践衔接一致，并落实到企业管理的每一个层面、每一个岗位和每一个环节。

(一) 企业合规管理实施机制的主要内容

一套有效的合规管理实施机制应包含以下基本内容。

1. 培训

当企业制定合规政策、行为准则及其他合规要求后，企业需要通过培训和交流等方式确保其员工充分了解并遵守这些规定。企业至少要在与员工工作职责最相关的要求方面为员工提供培训。因此，当员工对合规要求有了整体了解之后，企业还需要向特定的员工提供更为细化的培训和交流机会以达到更好的培训目的。因此，企业应该在合规培训和交流方面有年度计划或其他规划，确定和规划好培训和交流的形式、频率、讲师与受众等。

企业应以与其业务模式、规模、复杂程度及风险偏好等相适应的方式来执行其规章制度。如果企业有合规方案但是并不去实际执行，可能比没有合规方案更糟糕——有把合规方案作为花瓶摆设的嫌疑，企业需要设计流程、程序以及指南来落实如何执行规章制度。这些详细的步骤应当纳入日常运营过程中，以方便员工去遵守；这些流程、程序及指南也应成为合规培训和交流内容的一部分。

2. 考核

强化合规应该是公司所有管理者和全体员工都应承担的责任。要保障企业合规管理的有效性就需要考核评估员工的合规表现，即企业应该同时从业绩与合规性两个方面对管理者和员工进行全面的业绩考核，对于合规表现的具体评估标准则需要透明且易于操作。评估结果不仅与被考核者本人相关，也应与相关经理的绩效评估挂钩，因为经理应对其团队的合规表现负责。

3. 举报和调查

举报机制健全，对于违规者是一个警诫。当违规者知道自己的行为处在众多员工的监督之下，而且随时可能被举报时，他们的违规行动一定会受到约束。一个没有高效举报热线和调查制度的合规方案不是一个有效的合规方案，受到广泛推广的举报热线，以及由处于中立地位的部门来独立管理调查项目，无论对企业的员工还是第三方来说都会起到强大的威慑作用。调查制度会加强企业内部规章制度及其他要求的执行力度。

除了培训、考核、举报与调查，要确保合规制度政策在各方面得以遵守和执行，还需要其他几个方面的机制来配合，如合规信息管理机制、合规财务与审计管理机制以及发现违规问题时采取适当的补救方法或惩戒措施。

(二) 企业合规管理实施机制有效的保障条件

管理层支持是合规方案有效运营和执行的一个关键因素。管理层包括企业内各层级的领导人和经理，只有得到他们的支持，合规方案才能有效地执行。

1. 各管理层的支持

董事会或类似的企业最高管理层在决定机构的合规方向上起到关键作用，当董事会确认企业需要合规时，这种确认本身已向企业的所有人发出明确且强有力的声音，并为业务和员工的行为指明了清晰的方向。董事会这种确认和态度可以在企业的价值观和员工行为准则中反映出来。

来自高级管理层的合规声音，如首席执行官，也能达到同样的效果，因为有些企业由首席执行官或部门领导在每季度或定期发布合规信息。董事会可以通过其审计委员会来监督企业合规方案的执行和运营。例如，同意首席合规官的委任，通过定期会议了解主要合规风险、风险趋势、主要合规事件等；高级管理层也可以通过设置和运营全球合规委员会或类似企业来获知类似信息；首席执行官可以通过向企业传递价值观、推行员工行为准则及其他主要合规文件来促进企业的合规。

最高管理层对合规的承诺、支持和参与将有助于维持企业的价值观，并确保业务目标和战略与企业的合规目标相一致。中层和基层经理对合规的支持也很重要，特别是在合规运营和执行层面的日常操作中。

管理层把合规作为业务决策考虑的一个因素是很好的做法，无论合规运营和执行看上去多么有效，如果经理为了赢得交易而“抄近路”，就会损害或者违反现行的合规要求和管控。管理层对合规的支持还应延伸到对员工的合规表现评估。评估标准的设计应清晰并简单易行。评估结果应纳入员工的整体业绩评估中，并与员工的晋升、调薪、奖金、股权和其他福利相关联。例如，对于合规表现差的员工，应该在一定时期内取消其晋升、调薪的机会，并且在评估期间扣减或免除其奖金的发放。

2. 各级管理人员以身作则

来自管理层最为有效的支持是各层级的经理们以身作则，遵守企业的政策、流程和其他合规要求。如果经理只是要求其他人遵守合规而自己选择忽视，这就难以形成一个有效的合规环境。经理在合规方面的表现对其团队成员的行为有很大的影响。

3. 资金和资源的支持

合规的运营和执行需要能胜任的员工、工具、知识、技能、外部资源的支持和对合规事件的处理等，而这些都需要资金和资源支持。为合规分配合理的预算和资源，也反映了管理层对合规的大力支持。

值得一提的是，有效的合规运营和执行不仅为企业减少风险，而且在维护企业的声誉，赢得股东、员工、客户、合作方和社会的信任，以及实现企业预定的目标等方面增添价值，尤其是当企业面临诉讼和政府调查时，作用尤为突出。

二、企业合规培训与沟通机制

“企业的合规管理离不开合规规章制度的制定和落实。而合规体系落地的第一步就是合规培训。”[①] 合规管理制度的培训和沟通是合规管理体系的重要组成部分之一，对企业的合规管理体系运行的有效性起到至关重要的作用。

如果说合规管理制度是针对企业内外机构和人员行为的具体合规约束，那么合规管理制度的培训和沟通则是针对企业内外部人员合规意识和价值观的再造和强化。其根本目的是提高企业内外人员的合规意识，树立最高的诚信道德标准，进而指引个体的行为，使其主动遵守合规的要求，并且努力践行更高的道德标准，即当无明确合规制度与流程参考时，也能根据最高的诚信道德标准做出正确的决定。因此，合规管理制度与培训沟通是合规管理体系中两个相辅相成、缺一不可的核心元素。

（一）企业合规培训与沟通的基本原则

合规培训和沟通体系应该秉承以下原则。

第一，重要性原则，员工对于培训和沟通的重视，根本责任在于管理者而不是培训者。从管理层开始，各级领导应该充分认识其重要性，提出要求。这是强化合规文化的有效举措。

第二，适当性原则，以风险评估为基础，针对不同岗位、历史阶段、事件和风险类型，制定多样化的培训和沟通模式，避免过多或者不足的培训实施。

第三，有效性原则，在培训和沟通过程中需要进行良好的互动和讨论，有些培训应该设置课后测试。

第四，可追溯性原则，留存培训参加记录。

第五，持续性原则。培训不能是一次性的或一劳永逸的，因为记忆、客观环境、企业运营模式的变化都要求保证持续性的培训效果。

（二）企业合规培训的目标、内容与形式

1. 企业合规培训的目标分析

合规培训的目标是确保全体员工有能力以符合企业合规文化及合规承诺的方式履行其工作职能。这些能力包括很多方面，比如，对合规制度流程以及合规体系的认知并了解如何运用合规的制度流程，对企业诚信价值观的认知、认同和遵循，对员工日常工作中的合规风险的认知，并掌握基本的风险防范措施等。

作为合规培训的管理者和执行者，对企业内部合规需求的分析是制订培训计划的前提，因此合规需求分析最好定期实施。

如果出现以下情况，应考虑开展相应的合规培训。第一，员工的职位或职责发

① 颜景瑞 . 如何有效地开展企业的合规培训 [J]. 法制博览，2017(18)：298.

生变化。第二，企业内部的政策、流程等发生调整或有所增加。第三，企业结构发生变化。第四，合规的任务，特别是与合规相关的法规、标准等发生变化。第五，企业的经营活动、产品或服务发生变化。第六，监控、审计、审查或投诉等环节出现了问题，比如来源于利益相关方的信息反馈等。

2. 企业合规培训应考虑的因素

企业需要建立和实施一个整体的合规培训机制。这个合规培训机制最好在企业建立之初就开始并持续进行。通常而言，合规培训由企业专门负责培训管理的部门来协调实施，如果没有专门的培训机构，则可由合规管理体系的运营部门来制定和实施。无论采用哪种方式，企业的培训项目都应列入企业的年度培训计划中。

在制订合规年度培训计划时，应综合考虑以下因素：① 企业当年或上一年的合规风险评估结果；② 企业的生产经营现状及目标；③ 企业机构及人员调整计划；④ 股东方及管理者的合规培训建议；⑤ 以往合规培训效果评估；⑥ 企业可利用的培训资源；⑦ 其他因素。

在企业的日常经营过程中，年度合规培训计划可进行相应的调整，企业的年度合规培训计划的制订和调整的根本原则是满足企业合规风险防范的需求。同时，随着企业内群体合规意识的提高，企业合规培训机构随时可能有接收各类业务部门和人员的培训需求，这时就需要合规培训机构根据各种需求，基于主要合规风险而设计制订专门的合规培训计划。

3. 企业合规培训的内容和形式

第一，合规培训的内容应与员工角色和职责所涉及的合规风险及任务相符合。在任何一个企业中，员工的角色任务都有多样性。例如，在生产型企业中，就有从事生产操作、技术、管理、采购、维修、物流、财务、安保及其他职能的角色。每个角色所涉及的合规风险都各有不同，比如采购管理者主要在对外商务活动过程中应注意预防商业腐败相关风险；生产操作工人则很少与外界商业伙伴直接打交道，所以他们所涉及的可能是违反企业内部操作流程的风险；财务管理者则主要是在财务账目管理中接触到更多与财务法规相关和舞弊相关的风险。因此，合规培训的内容应结合受众群体的职能特点、风险概率进行调整。比较好的做法是，在培训之前，对受众人员进行深入访谈，结合以往合规风险评估结果，寻找出一些典型的合规风险点，在这些风险点进一步得到受众部门的认可、补充和完善后，再进行有针对性的培训内容设计。

第二，在可能的情况下，合规培训应基于员工认知和能力的不足而设计。企业内部人员家庭背景、教育背景不同、工作背景不同、岗位职责不同，所接受企业内部培训的程度也不同，对公司合规政策流程以及价值取向要求存在认识高低不同是必然的。合规培训应尽量缩小员工中存在的合规认知差距，使整体员工对合规制度流程的认知以及合规价值取向往同一个水平靠近。例如，在培训之前向受众群体发放调查问卷，收集所有员工对合规方面的问题。通过分析这些问题，就能够基本掌握受众存在的一些合规认知水平状态。对这些问题做一些培训内容设计，能很好地填补员工对合规认知上的空白，达到查漏补缺的作用。

第三，合规培训内容应现实、可行，并且易于被员工理解。同其他类型的培训一样，合规培训应尽量避免冗长而晦涩的理论介绍，这种填鸭式的培训模式是非常落后且不可取的，在合规培训内容本身就很枯燥的时候往往更是如此。合规培训者要做的是把培训的内容转变为通俗而易于被员工接受的呈现形式。如果是单纯的理论、制度和流程的宣教，那么员工就需要努力理解这些内容，并在实际工作中把这些理论与具体工作任务相结合，这是一个二次消化的过程。如果员工觉得内容枯燥，很可能连一次消化都不去尝试，因此，无论合规培训的内容是什么，都应尽量规避教条理论传授方式，减少员工二次消化的可能。比较推荐的方法就是将所要讲的理论、制度和流程融入具体的实际工作案例中，通过讲授具体的案例来让员工对这些理论制度和流程有一个直观的理解。

第四，合规培训应与员工日常工作相关并且符合工业特点、企业特点和产业特点。在设计培训时，不仅要融入企业所在行业的一些典型合规政策要求、企业自身的合规政策要求，也要尽量选取与受众日常工作密切相关的、有助于受众群体接受培训的内容。尽管一些相同的主题可以制作标准的培训教材，比如行为准则、举报制度等，但除此之外还应尽量使用“本地化”的案例题材，比如针对质量管理部门设计的培训可以结合员工经常进行的外出质量审核活动设计一些案例，而针对物流管理部门可设计一些与海关人员商务往来的案例等。

第五，合规培训的形式应足够灵活，综合运用各种培训技术，满足企业和员工的不同需求。这是因为，合规培训不单纯是技能培训，从很大程度上来说，其目的是启发员工的合规思考模式。因此，在设计培训形式时，需要广开思路，尽最大的可能调动受众者的参与兴趣。只有员工全身心地融入培训过程，才能达到思想意识的触动，进而转化为实际行动。在形式上，互动式培训是比较建议的培训形式，比如在培训中融入一些简单的互动游戏或者采用小组讨论的形式，通过讨论具体的案例或问题，帮助员工展开思路，集思广益地寻找到合规的思维方式。此外，网络培训是现在大多企业采用的一种高效的培训方式，不仅可以实现一次性大批量人员的合规培训，提高培训效率，也可以实现更多有趣新颖的培训形式，比如视频、三分图培训模式等，提高培训的执行效果。合规培训完全可以借助此类平台设计培训内容。

总而言之，合规培训是企业员工合规认知提高的一个重要方法，也是企业整体合规文化建设的必要组成部分之一。在企业内部，专门的培训管理机构和合规体系管理机构应承担相应的企业合规培训的协调和执行工作。在培训前期，要做好培训的需求分析、培训计划；在培训开展时，要结合受众群体的任务、特点以及企业的合规要求和培训内容选择合适的培训形式，最大限度地减少受众群体二次消化的过程，做到通俗易懂；在培训后，要做好培训的效果评估和跟踪记录。此外，合规培训的内容和形式应根据最新的企业情况和要求进行持续更新。一个运行良好的合规培训机制有一个持续改善的过程，衡量合规培训是否有效不仅要看培训的内容是否充分贴合实际，而且要看培训内容是否深入人心，能否被受众者接受和消化。

（三）企业合规沟通的目标、内容和形式

1. 企业合规沟通的目标

合规宣传与沟通和合规培训都是合规意识形态和合规文化建设工作的重要方法。合规宣传和沟通活动的对象是不固定的，这与合规培训固定的培训对象有所区别。合规宣传与沟通的内容形式比培训要更加灵活多样。通常的合规宣传活动不以传授大量的理论知识或技能为目的，而是旨在提升内外部人员的诚信合规意识和道德水平，或者仅对在某一个具体领域内就某些有代表性的情况所需掌握的合规知识或技能进行宣传和普及。

2. 企业合规沟通应考虑的因素

在制定合规沟通的策略时，应考虑多个方面，包括：① 企业的合规风险评估分布图；② 管理层和员工的合规认知短板；③ 合规发展的新要求；④ 企业生产经营现状及发展要求；⑤ 可利用资源；⑥ 股东方及管理层的合规宣传建议；⑦ 利益相关方的合规认知现状及需求；⑧ 企业对利益相关方的合规要求和期待；⑨ 其他因素。

当然，随着企业运营过程中不断出现一些新情况或问题，合规宣传与沟通活动可进行临时调整或增加。

在合规宣传与沟通计划的制订过程中，企业应该清楚开展宣传与沟通活动的目标是什么，针对哪些机构或群体开展活动，何时、何地开展活动，以及如何开展活动。一些合规宣传与沟通活动是持续和定期进行的，还有一些是短期或一次性的活动。

3. 企业合规沟通的内容和形式

根据受众群体的不同，可以把合规宣传与沟通活动分为内部沟通与外部沟通两类。内部沟通是指对企业内部员工群体进行的合规宣传与沟通活动；外部沟通是指对企业外部相关机构或价值链体系的商业伙伴及其员工群体进行的合规宣传与沟通

活动。相较于合规培训而言，合规宣传与沟通的形式更加不拘一格，需要在进行活动设计时进行充分的构思，如网站、邮件、媒体传播、广告、时讯、年度（或其他周期类）报告、信息讨论、公开日、特别群体、社区对话、社区活动、电话热线等，这些方式可以使企业对于合规的承诺更容易接受。这里，我们可以把合规宣传与沟通活动比喻成销售活动。与销售产品唯一不同的是，合规宣传与沟通销售的是合规的理念、思想以及具体的合规信息。在这一点上，合规宣传与沟通活动完全可以借鉴销售活动或市场推广活动的思路来进行设计。

（1）内部沟通

合规的内部沟通是指企业针对内部员工进行的一系列宣传与沟通类活动。企业应该采取适当的方法进行，以确保合规的信息被所有的员工持续地接收和理解，沟通活动应当清楚地传递企业对员工的期待，并且应告知员工，让其知道哪些不合规的情况将得到相应的调查与处理，在必要的情况下应向谁报告和寻求解决办法。通常而言，企业可以采取任何可以达到宣传效果的措施来进行宣传。一个比较成熟的合规宣传策略是成体系的，或者说一些固定的宣传渠道是存在的。比如，在企业的内网上，可以开设合规专区；企业内部的报刊上可以开设合规专栏，定期发布合规时讯；其他的措施，如合规海报、卡片以及合规屏保等。这些合规宣传的基本渠道形成之后，任何合规主题信息都可以通过这些渠道同时向外推广，达到强势推送的宣传效果。

除了固定类的合规宣传媒体平台、传统的宣传物品外，举办合规宣传活动也是一个非常有效的合规推广措施。比如，在企业内部开展诚信合规主题的大型会议，在会上可以邀请领导或员工进行诚信合规主题的宣讲活动；开展合规话题的研讨会，企业员工集体讨论合规典型的案例；举办合规主题的比赛，如合规海报创意大赛等，并结合赛事的进程在员工中展开造势宣传，鼓励员工积极参与并设置一定的奖励。这些合规活动配合其他传统合规宣传措施能够在员工群体中起到非常好的文化传播的作用。当然，以上仅是一些通常的活动参考，还有更多的合规宣传与沟通活动需要广大的合规从业者来开创。

（2）外部沟通

合规的外部沟通是指针对企业外部机构和人员的宣传与沟通活动。企业对外合规宣传的目的是展现企业的核心价值观以及企业的合规承诺，并将该价值观向企业的利益相关方进行传递。其中，一类合规对外宣传活动是针对全部社会群体的，比如在企业的社会责任报告中包含专门的一部分介绍企业的合规管理体系，以及企业遵守最高道德准则的要求及具体措施等。此类宣传旨在提高社会群体以及利益相关方对企业的核心价值和合规体系的认知度，有利于展现企业的品牌形象和企业声誉。

另一类合规对外宣传活动主要是针对企业的利益相关方的，利益相关方包括但不限于监管单位、客户、合作方、供应商、投资方、应急服务机构、非政府企业和相邻单位等。其中，针对企业的上下游价值链体系的合规宣传是对外合规宣传中一个比较传统的项目，目的是向企业的利益相关方表明企业的诚信合规立场和要求，推动价值链体系遵循同样的道德标准，从而最终促进企业的一切商务活动的诚信与合规，确保企业的上下游商务往来活动遵循公平、公开和公正的标准，推动良好的市场竞争环境的形成。对价值链的合规宣传与沟通可以通过多种措施来实现。例如，在与商业伙伴合作之前要求其签署一份合规承诺书，明确列示企业对商业伙伴的合规要求和违反该要求的法律责任，也可在这类文件中介绍企业内部的合规制度与流程，告知企业的举报政策与联系方式等。除此之外，企业也可借助定期的商业伙伴沟通会议来传递企业的合规要求和期待等。

总而言之，合规培训与沟通两者相辅相成、缺一不可，都发挥着合规意识形态和合规认知传播的重要功能，共同构成了合规管理体系的重要组成部分，共同承担着企业对内和对外合规意识形态、合规知识与技能推广和提升的任务。通过持续进行的合规培训与沟通宣传类活动，可使企业的整体合规文化不断得到夯实与深化，企业内部员工的合规意识得到加强，外部企业机构和人员能够及时了解企业对他们的合规期待，从而进一步约束价值链体系的行为。通过企业的对外宣传活动，企业的品牌形象和声誉也会得到提升。

合规培训与沟通活动需要与合规风险评估结果、企业的现实条件、任务和发展目标相符，做到定期的统筹和规划。合规培训与沟通的形式均呈现多样灵活的特点，鼓励创新，鼓励员工的积极参与。合规培训与沟通是一项持续不断的工作，在开展的同时应做好自我评估和经验总结，不断提升合规培训与沟通活动的执行效果。只有通过不断完善合规培训与沟通工作，才能使企业内外部机构和人员保持高度诚信和合规意识，最大化地减少企业行为中各类合规风险发生的可能性，确保企业的可持续健康发展。

三、企业合规考核机制

(一) 企业合规考核的意义体现

绩效考核是合规风险管理的重要组成部分，特别是对于合规文化尚不成熟、长效合规机制还未形成的一些企业来说，通过合规绩效考核机制来提升合规执行力尤为重要。员工绩效计划被列为一种有效的控制措施，以确保对合规义务的履行。企业应该结合企业的发展价值观，将合规考核纳入企业绩效管理体系中去，有效协调业务拓展与合规管理的关系，帮助员工建立正确的业务发展目标。

合规是业务发展的基石，一个有效的绩效管理体系不仅要对员工的业务能力和成绩进行考核，而且要对员工在业务中的合规执行情况进行考量，并占据一定的考核比重。业务业绩考核当然是非常重要的，但是合规考核是一票否决的东西，一旦合规性不达标，业绩再好也不行。

一些企业为了促进合规考核的落实，采取了将合规管理与业务部门管理紧密结合的方式。比如，只设置少量的专职合规管理人员，其主要职责在于制定合规制度，监管合规流程，提供合规管理建议，大量具体的合规管理工作由业务部门负责人进行。这些负责人不仅对本部门业务发展负责，还对本部门合规经营负责。业务部门负责人最清楚本部门合规风险所在，清楚本部门员工是否合规，因此由业务部门负责人进行本部门合规培训最有针对性。这样的安排，显然有利于强化企业各个部门各个层级的合规考核。

各个部门和各个层级的管理者如果只考虑自身业务发展，而不考虑通过合规的方式去取得业绩，把合规工作都推给专职合规经理，就很容易导致合规与业务“两张皮”。因此，应由业务负责人负责合规管理工作，对这些管理人员不仅要考核业务发展绩效，而且要考核合规管理绩效，只有这样，才可以有效地强化合规。

(二) 企业合规考核的内容和形式

企业可以制定单独的合规绩效考核机制，也可以将合规考核标准融入总体的绩效管理体系中。通过有效的合规绩效考核机制，对有重大合规贡献的员工给予表彰或奖励；对有合规问题的员工，给予积分扣分或相应的处罚。

考核机制可以采取各种形式，如矩阵式、九宫格、计分卡（Scored Card）等，而且需要制定详细的合规考核标准，考核内容可以包括：① 按时完成或参加所有的合规培训；② 严格执行企业合规政策和流程；③ 有无任何违反合规的行为；④ 积极支持和配合合规职能部门工作；⑤ 及时汇报违规行为或合规风险，以避免或减少因合规风险给企业带来的损失和负面影响。

四、企业合规举报机制

为保障合规管理机制的有效运行，企业应建立完善的举报机制。企业通过严格的合规管理流程识别、评估和防范合规风险，必然能从很大程度上堵住合规风险发生的漏洞。但也正是如此，在追求不当利益目标的驱动下，有违规动机和企图的企业人员也将会千方百计把违规事件做得更为隐蔽，通过一系列的“技术处理”来达到违规事件不被发现的目的。因此，如何从更广泛和更深入的层面获取相关信息，揭示潜在或隐藏的合规风险，深化企业的合规管理，是当今企业都非常重视的问题。

（一）企业合规举报的信息收集与处理

第一，建立正确的举报信息收集理念。在举报信息收集工作中，只关注信息本身，不考虑举报人的动机，在处理信息中应排除其他因素干扰，只就信息所涉及的问题和线索进行调查核实。

第二，拟定举报信息的规范格式。举报信息资料尽量规范化，以提高信息收集整理和展开调查的效率，企业可根据自身情况拟定举报信息的规范格式和体例。内容应客观、翔实，主要包括被举报人的基本信息、涉及项目信息、客户情况、违规情况及分析、涉及的金额及已造成或将导致的经济损失、证据资料（如不能获得证据，可提供获取证据的途径）、其他知情人等；不应禁止举报人根据自己所掌握的情况自行编写举报信息内容。

第三，举报信息收集人员的配置。为保证举报网络的监控效能，应结合企业规模配置举报信息收集岗位人员，根据具体情况，岗位可以是兼职也可以是专职，同时，应考虑企业员工分布人数的性别特点。

第四，对举报信息的跟进。举报信息要全部登记在案，收到举报信息后，企业应有专人对举报信息进行评估分析，并决定进一步的行动，如是否进行调查，是否移交给其他相关部门处理。如果决定调查，就必须按规定的流程来启动和进行内部调查，企业应告知投诉方已收到相关投诉并积极跟进。

第五，举报信息的分类和分享。对于举报信息要按风险类别整理编辑，并按照企业制定的分享渠道和范围，按照职责仅仅分送给“需要知道的人”，分享信息者应承担保密义务，从保密原则出发，企业应建立规避制度，严格限定或监督企业领导及具有相应权力的人员调取举报信息。

（二）完善合规举报机制的条件

提供必要的举报设施和手段、采取技术措施，建立安全的、员工放心的举报环境是保证举报体系有效运行的必要前提。

第一，在企业办公场所设立举报箱，应充分考虑和理解举报人员的安全防范心理、举报箱设立的地点。在保证相关区域符合安全规定的前提下，应避免电子探头监控，或可以考虑分别设立实名举报箱和匿名举报箱。

第二，设立举报电话（或录音电话）、传真、电子邮箱等，对于电话和传真，应与相关运营商协商，尽量运用技术手段，屏蔽来电显示等可能暴露举报人员信息的内容，以减少匿名举报者的担心。

第三，对实名举报人员信息的保密更为重要，可采取限定实名举报信息受理人的做法，指定一名或两名信息受理人员，也可考虑将信息受理人员名单予以公示。举报信息受理人作为知晓举报人信息的最初级，在今后发生泄密问题时将会以其为源头开展追责工作。

第四，对于负责企业举报信息收集及调查处理工作的部门或岗位人员，应确保其工作的保密性和独立性，对上级主管部门或领导垂直负责，业绩考核、职级升迁和工资待遇等由上级部门决定。尽量脱离本级企业的权力制约，避免在本企业管理层的领导下监管本企业的合规管理监督工作所造成的消极和尴尬局面。

(三) 企业合规举报的基本要求

第一，遵循“首举不究”的原则。鼓励参与违规活动的员工迷途知返、悬崖勒马，对于参与违规案件人员的举报，应提倡“首举不究”的原则。由于现在违规行为越来越隐秘化和技术化，对违规事件的发现和调查增加了难度，而“首举不究”原则是从违规团伙内部进行突破的一把利器，对于违规案件参与者举报并退还违规所得和对于侦破案件提供重要帮助的，企业可对其免于追究或减轻处罚。如最终调查结果证明其可能触犯了法律而需司法机关介入，企业应该以举报者有重大立功表现提供相关支持(如予以辩护支持)。

第二，给予举报人奖励。根据举报信息使企业避免、减少或者追回了经济损失，或者避免、挽回了企业的信誉损失，维护了企业在市场上的美誉度，保障了企业在市场竞争中的份额或保护、增加了企业的交易机会等，企业应根据具体情况给予举报人员奖励，如发奖金、职务升迁等，并根据实际情况决定公开或不公开表彰及奖励。对于重大或是特殊案件，还可以采取比例奖励方式，即将追回的经济损失或对违法者处以的罚款中一定比例的金额奖给举报人。

第三，鼓励客户或第三方投诉。鼓励和要求客户或第三方配合企业的合规管理应纳入企业交易规范之中。在与客户或第三方进行商业谈判活动中，应向其明示禁止商业贿赂及其他违规行为，并告知一旦发现其违规行为，将根据情况予以惩罚，包括终止合同、取消交易机会等；如果客户或第三方能举报员工违规或企图违规行为，也将给予适当奖励，包括延续或扩大交易机会和规模等。以上相关内容应要求客户或第三方予以承诺并出具承诺函，可拟定成相关条款列入交易合同中。企业要经常性地鼓励客户和第三方举报与本企业有关的任何违规或企图违规行为。企业应将客户的合规情况作为重要的资信内容存入客户信息档案库。

第四，严禁打击报复举报人。企业应严格保护举报人的安全，严禁任何人对举报人进行任何形式的打击报复，无论是明显或隐性的、公开或秘密的还是减薪或降职、转岗或辞退以及其他任何经济方面或声誉方面的报复行为，一经发现，应对实施打击报复者予以严厉惩处，对于触犯法律的，坚决予以移送司法机关。上级机构也应予以督查监管，否则应承担监管失察责任。

企业还应根据相关法律和政策，根据企业自身特点和实际情况建立并完善本企业的合规信息举报体系。

五、企业合规调查机制

一旦建立了完善的举报系统和机制之后，企业就有可能收到各种违规违纪的举报。此时，企业就要开始对举报的内容进行调查。

（一）合规调查方案的制定

每一个与合规有关的调查应该有一个相应的调查方案。调查方案需根据举报中提到问题的性质、复杂程度、牵涉面等来制定；调查方案通常由负责调查的部门或其指定的人员制定；调查方案中要尽可能写明被调查人的姓名、职务（以防同名同姓），证人和可能有助于调查的人员的名字，由哪个部门或由谁来执行调查，要调查的问题，调查的方向，可能用到的方法等；调查方案要根据新掌握的情况及时补充更新。

在开展调查前首先要确定适合的调查人员。在很多情况下，调查的质量取决于调查人员的素质，尤其是对于一些有可能牵扯到法律诉讼的案件的调查，其质量关系到企业是否能够赢得诉讼，避免声誉影响、经济损失以及败诉所带来的其他不良影响，因此管理层一定要慎重选择最适合的、有经验的并具有调查资格的调查人员。

在选择调查人员时应注意以下几点。

一是客观中立。调查人员应该是独立于案件各方利益的人员，如不可以去调查他的直接上级和下属，以及和他关系密切的部门人员或合作伙伴。如果不能找到合适的人选，可以考虑从其他不相干的业务部门或地区选择。

二是受过良好的调查技巧的培训。必须选择接受过正式的调查技巧培训的调查人员，以确保他知道如何开展调查工作，最好是曾经和具有丰富经验的调查人员一起工作过的，具备询问技巧并有一定经验的调查员。

三是了解相关的法律法规、内部规定、政策、条例以及相关的业务流程。调查人员必须是熟知前述的有关规定和流程，以便他明确地知道哪里可能有漏洞，要查实哪些事实、清楚哪些是违规行为。

四是好的证人。如果有必要，调查人员应该是一个很好的出庭证人，能够向法庭或仲裁机构提供强有力的证词。

五是利用外部的调查机构。在某些情况下，管理层要向有关部门报案让专业的调查机构来调查处理案件。通常，报案前应该有初步的事实和证据判断所举报的问题确实成立。例如，涉及公司的或公司高层的违法行为、企业负有重大责任的案件、金额巨大的职务侵占或者是内部调查人员不具备取证能力的重大案件等。

通常情况下，由一个调查员来负责调查案件，访谈证人和被指控的人就可以了，这样做的好处是可以节约成本。但是如果有许多人要被访谈、许多文件记录证据要被查验，管理层就需要指派更多的调查员进行调查工作。在多人调查一个案件的时候，要有一个首席调查员，其他调查员将调查结果汇报给首席调查员。

在访谈时，如果条件允许，最好由两个调查员进行。第二个人可以主要负责记录，由第一个人进行访谈。如果事后被访谈人员反悔，第二个人可以作为证人。第二个人也可以起到提醒和补充访谈的问题，避免遗漏的作用。

（二）合规调查的基本程序

在开始访谈和询问之前，首先要熟悉与案件相关的政策规定，审查有关的文件和证据，如与举报案件相关的所有文档、记录，还包括被指控人的个人档案，以便了解其是否被调查过，是否受过纪律处分等。另外，如果有必要的话，还应包括其邮件、公司配给的电话通话记录等。

在合规调查期间，防止销毁证据及串通是非常必要的。因此，在有些情况下，管理层要采取必要的措施防止被指控的人销毁证据或破坏公司的财产。措施包括禁止进入工作场所、公司的内部网络，禁止接触公司的文件或资金，锁定邮箱等，直到调查程序结束。在采取以上行动之前，最好先咨询公司的法律部门。

为了避免串通供词，对于有利害相关的人员在必要的时候要采取措施，防止他们以任何方式接触。在难以做到的情况下，最好是同时分别进行访谈。

访谈和询问还要注意以下两个问题。

一是访谈询问准备。调查人员应该对所有与案件相关的人员进行访谈，包括举报人、被访谈人以及了解与事件有关情况的其他人员，这些人员可能是本单位的员工、前员工、客户、合作伙伴或供应商。访谈的顺序最好首先是举报人（如果知道谁是举报人的话），其次是了解情况的其他人员，最后是被访谈人，但是在有些情况下被访谈人也可以排在第二位。访谈的场所最好是一个密闭的、远离人群的、隔音的、单独房间，尽量避免电话访谈；如果条件不允许，电话访谈也是进行有效的访谈手段之一，当然，这要求调查人员具备更丰富的访谈经验。所有的访谈都应该做好详尽的记录。通常这些记录是文字形式的，在某些情况下，记录也可以是音频或视频形式的。

二是掌握访谈技巧。一般来说，访谈的目的是获取更多的信息。因此，访谈的技巧是要让被访谈人说话，说得越多越好，这样就有可能获取更多的信息，有更多的机会发现所提供的信息内容的不连续性和不逻辑性，获取更多的证据证实对方可能在撒谎。在访谈时，要避免提问答案可能是简单的“是”和“不是”的问题，所设计的问题一定是要对方用叙述的方式才能回答清楚的。尽量避免采取指责式的强势的问话方式，而应该是了解情况方式的问话形式。在访谈中，调查人员应该尽量控制好自己的情绪，尽量不要打断对方的叙述，即使在发现对方可能在撒谎的情况下，也要保持克制，不要马上指出对方的谎言，而应该做出你对他提供的信息有些困惑而要求对方继续详细解释的态度，亦即要保持怀疑的心态，但是不要表现出怀疑的情绪。

在开始提问的时候，建议最好先问对方的基本情况，比如简历的内容等。这样做的好处是先使对方放松，觉得你对他好像不是很了解，而且这些问题是没有什么压力的，回答也不容易撒谎，因此可以掌握对方回答真实问题的特点。

在了解已经发生的具体事件的时候，调查人员提问时要切记五个 W 原则，即什么时间（When）、什么地点（Where）、谁参与了（Who）、发生了什么情况（What）、发生的原因（Why）。

即使是经验丰富的调查人员也未必会在每个案件调查之后得出明确的结论。鉴于内部调查手段的局限性，在很多情况下由于缺乏足够有力的证据，不能对所调查的案件得出明确的结论。在这种情况下，调查人员要向管理层解释为什么不能得出最终的结论。另外，还应该向举报人和受害人说明情况，鼓励他们继续关注事态发展，并及时报告非正常情况，提供新的线索。同时，要告诫被调查人员遵守有关政策，严禁任何形式的打击报复。

（三）合规调查报告的撰写

在调查结束后，无论是否得出结论，调查人员要及时地写出调查报告。书写调查报告的原则是在调查了解情况、掌握证据的基础上叙述事实，调查人员不得在报告中掺杂个人的情感好恶因素，避免使用带有感情色彩的叙述方式和文字，尽量详细描述出事件的时间、地点、人物、事件的起因和发展过程，调查报告的结论应该是建立在所掌握的事实和证据基础上的，不应做出法律性的结论，报告也不应建议管理层如何处理有关的违规人员。

鉴于案件调查的保密性，调查报告的发送原则是给那些需要知道的人员，比如与事件有关的业务部门的直接或隔层领导、人事部、道德与合规部以及法务部等。举报人、受害人和被告不应该看到和得到调查报告。

由于调查人员具有在调查了解事件的过程中掌握比较全面情况的优越条件，也具备职业敏感性来发现漏洞，在调查结束后应该及时地向管理层指出漏洞所在，并尽可能提出改进预防措施的建议，以利于企业今后的良性发展。

六、企业合规处理和改进机制

任何企业都会遇到员工违规违纪情况的发生。拥有强大合规管理体系的企业会降低员工违规的风险，但是无法完全消除风险。员工违规行为多种多样，有疏忽大意的、重大过失的，还有故意为之的。员工违规行为一旦证实，企业需要立即处理。处理员工违规行为的方式反映了企业是否严肃对待合规，很多企业对违反公司政策的违规行为和非法活动持坚决的零容忍态度。

(一) 企业合规处理机制

对违规行为人或违规行为未能采取防范措施的人应该进行纪律处分。违规行为一经查实，企业应立即对违规行为人采取纪律处分，这些处理方式包括训诫、口头或书面警告、降级、降职、调职、最终警告、解雇，企业还可向执法部门报告违法情况以及向违规者提起民事诉讼。

纪律处分应与违规者的福利和奖励相关联。例如，根据违规行为的程度和性质，扣减违规者的奖金，违规者将不享受调薪或晋升的机会：当员工收到奖励或晋升的提名时，企业应有适当的流程去检查员工在过去 12 个月或其他设定的时期内有无涉及违规行为，如果有的话，则不再考虑对该员工的奖励或晋升。

企业必须以一致的方式执行纪律处分结果，也就是说，如果一名级别低的员工因为员工报销中的不当行为受到警告处分，那么高级经理有同样或类似的不当行为时也应受到警告处分。当员工发现在纪律处分时出现区别或歧视对待，这对于维持有效合规损害极大。对于纪律处分执行一致，在当地的地方性法规允许的情况下，员工在一个国家违反企业规定应当与另一个国家的员工违反同样的企业规定而受到类似的纪律处分。

一个好的做法是建立纪律处分委员会来监督或作出最终决定。纪律处分委员会的成员可以包括来自法务部门、人事部门、合规部门以及业务部门的领导。委员会需要对违规者的经理或越级经理提出的纪律处分提议进行审批，或者自行作出决定，通常最好由违规者的经理做出纪律处分的提议，因为其更了解违规者的过去和当前情况，包括违规者是否为初犯或惯犯。经理就纪律处分提出建议时可以咨询相关人事经理、负责人事方面的律师或其他必要的人。在一些跨国企业内，纪律处分在执行之前，需要最终由总部集中管理的合规部门或其代表批准同意，确保在各个国家的分公司对于相似类型违规行为的纪律处分执行一致。

在违规者的劳动关系解除之后，企业可以把特定类型的违规者标注为“不适用再次聘用”，还应建相应的检查系统，以确保将来聘用的新员工并非出自这个“不适用再次聘用”名单上的人，只有严重违反企业合规管理政策规定或法律规定的违规者才会被记录到这个名单。

企业有时会遇到这样的情况：违规者因为严重违反内部政策要求（如收受回扣、利用职权把业务机会转给其家族公司）而被解雇，但是之后劳动仲裁要求企业恢复与违规者的劳动关系。这可能是多种原因导致的，可能与内部政策建立的程序相关，与违规认定证据相关，也可能是违规行为达不到劳动法中解除劳动关系的标准，以及对于规定和证据不同的解读。为了降低此类风险，如果违规者拒绝辞职，一些企业为了规章制度的执行，就不得不与违规者谈判，以达到和平分手的目的。尽管这样是解除劳动关系的一个办法，但这会向其他员工发出一个错误的信号：他们的雇主抓住了严重违规的员工，还得给钱请他们离开。严重违反内部政策的成本太轻微，达不到有效威慑其他员工效仿违规者的目的。

企业应要求员工对实际或潜在的欺诈或其他违规行为有所反应，包括制止和举报，对那些未能对欺诈或其他违规行为有所反应的员工要采取惩罚措施。如果员工知道企业的政策规范被违反或可能被违反，但是故意视而不见、装作不知情或任由违规行为发生，那么员工就未能做到防范欺诈或其他不当行为的发生。

团队成员的不当行为还应与其经理的业绩表现挂钩。团队中的不当行为，如一名或多名团队成员在一定时间内实施2次以上违规行为，则表明团队经理未能有效建立合规和道德文化，但并不是所有团队成员的违规行为都可以用来与团队经理业绩表现挂钩，如在报销上轻微的违规。用来与团队经理业绩表现挂钩的违规行为类别的界定必须是清晰的，这样在操作中便于执行，也显示了对团队经理的公平合理。

（二）企业合规改进机制

每个调查也是发现合规管理弱点并改进的机会。当确定某一员工违反内部政策规定时，企业应查明导致违规行为的根源。例如，是制度设计的缺陷，还是执行中的不到位？是对员工没有提供足够的培训和交流，还是违规者故意为之？或者是任何上述情况合力导致的？

一旦查明根本原因，企业需要采取适当措施来解决问题。企业需要审视、改进、重新设计以及监督其合规和管控方案，以防范和及时发现类似的情况再次发生，企业对发现的根本原因的反应表明企业对待合规方案的重视程度。知道其合规管理存在漏洞但是没有采取适当措施的企业，可能会比对此不知情的企业受到更为严厉的处罚，特别在涉及政府调查时。

总的来说，我们可以从以下三个方面来考虑问题应对的程度。

（1）企业的规模。企业应当采取行动来管控风险并解决发现的问题，小型企业可能受资源限制不能全面管理风险，大型企业就有能力在合规项目和人员中做更多投入，因此可以做得更多，也应该采取有效快速的行动去审查、改进、设计或重新设计其合规管控体系以及利用在调查、审查和审计中发现的相关信息为持续监管服务。

（2）业务的性质。业务的性质之所以与合规管理的改进相关，是因为其会呈现某些独特且可预见的问题。因为相关业务的性质，某些类型的严重问题很可能会发生，企业应采取足够的行动来发现并预防这些问题。例如，一个云服务提供商在其服务器上存储了属于他人或其他公司的数据。数据安全就是与这个业务性质相关的独特的问题，云服务提供商应采取特别的保护措施避免数据被泄露。企业也应该预见到其数据库可能经常被外部攻击，以非法读取或窃取信息。因此，企业不仅应建立起强大的防火墙来防范这些攻击，也需要建立明确的流程来规定谁有权访问数据库，如何获得访问的权限。此外，企业还应对相关员工进行培训，书面记录所有授权审批，记录所有对数据库的访问，持续的监控，定期审查和不断优化管控设计以及对任何可疑违规行为的彻查。

（3）类似不当行为是否会再次发生。如果类似不当行为多次发生，这通常是在告诉我们这个领域的管控没有起到效果。当采取行动改进管控时，企业需要考虑“类似不当行为是否会再次发生”这个问题。企业应该采取足够的行动来预防和发现相关违规行为，并确保尽量减少类似违规行为再次发生的频率。如果相关违规行为重复发生的次数在减少或没有再发生，则说明企业所做的努力是到位的，否则是不够的。

纠正和改进对企业来说是合规管理的重要组成部分。纠正和改进可以将某些负面事物转化成对风险识别、流程优化、风险管控有利有益的信息和机会，为合规管理中的预防和监督部分提供有价值的内容，为合规培训提供活生生的案例，并帮助提升企业的合规和道德文化。

七、企业合规信息管理机制

合规信息管理体系包括合规信息的咨询、报告、检举、记录、识别、监测、测试、处理、评估、建议等。在合规管理体系中，合规信息是指那些需要控制和维护的必要信息和包含信息的媒介，是企业经过一定的审核程序确定的较为正式的文件和信息。合规信息长期、持续地指导合规管理工作，如果情况发生了变化，就需要更新和维护这些合规信息，避免造成执行偏差，如各项合规管理制度，如果法规、监管制度发生变化，公司内部制度也要进行相应修订。

(一) 企业合规信息管理的目标与范围

第一，合规信息管理必须满足法律、法规及监管规定要求披露或报告的内容。如上市公司必须披露的内部控制自我评价报告、企业关联交易及管理情况报告、金融企业反洗钱与反恐融资管理情况的报告，以及其他一系列例行报告和专项报告。企业经营管理符合法律、法规的要求是合规管理的基础，支持和满足监管要求的报告编制的需要则是合规管理的核心目标之一。

第二，合规信息管理应该为合规管理体系的有效性提供充分证据。企业应对合规管理活动进行准确、及时的记录，从而为监控和评估流程提供支持，并展示相关记录与合规管理体系的一致性。采取合理的方式存储记录，确保清晰易辨，支持查询检索，并采取适当措施保持记录的真实性、完整性。

合规管理体系的有效性，一般可以从设计有效性和运行有效性两个方面来展示。通过以下信息可以证明合规管理体系健全合理、可持续运行，即合规管理体系设计的有效性。①通过合规政策，体现高管层合规管理态度；②通过合规管理体系的目的、目标、结构、流程及内容，体现合规管理体系的健全性和系统性；③通过合规角色与职责的分配以及绩效考核方案，体现合规义务的落实情况，合规管理内在驱动力已经激活；④通过合规风险清单，体现主要合规风险已经得到有效识别，并进行优先排序；⑤通过合规年度计划及员工合规管理培训计划，体现合规管理规划、设计的可执行性、可持续性。

通过归档保存（或动态反映）合规管理结果，以及合规运行轨迹和合规评估、测试记录，可以证明合规管理体系运行的有效性，比如：①通过投诉、争议和举报的妥善处理过程和结果（相关方反馈信息）记录，体现合规风险防范、化解情况；②通过合规问题及整改清单，体现发现缺陷、原因及改进机会；③通过合规风险提示及预警记录，为合规风险防范、化解提供机会和时间；④通过设立并监测合规风险 KRI（关键风险指标）指标并动态监测；⑤通过合规评估测试工作底稿、问题整改方案及持续改进记录，体现事中发现问题及能力；⑥通过合规风险应急预案启动及实施情况记录，体现危机应对和处理能力。

第三，健全、合理的功能，充分、适当的控制，及时、到位的更新维护，指导和协调合规管理工作有序进行。合规信息是合规管理体系的规划和执行的重要组成部分，是指导和协调合规管理工作的核心工具，也是合规信息最根本的价值：①通过合规风险信息的收集、整理和分析，准确识别和评估合规风险，有针对性地采取防控措施，这些信息包括但不限于违规监管处罚信息，诉讼、监察案件，投诉、举报信息，内外部审计发现，合规检视及内控穿行测试和抽样测试，经营情况及数据监测等；② 通过合规管理流程和操作指引，指导员工合规管理行为；③ 通过合规风险的全面、系统识别和针对性管控，降低系统性风险，提升系统性效率与品质；④ 通过监测整体合规风险水平数据，为高管层提供决策参考；⑤ 通过合规风险结构分布，确定后续合规风险管控重点；⑥ 通过合规政策及员工合规培训，使员工认识合规创造价值，自觉内控风险，外树品牌，履职举证，提升信赖，借以争取监管优惠政策，改善经营环境。

关于合规信息管理的范围，应当服务于合规管理的目标，在合规管理需要与资源投入可能两方面寻求一个平衡点，一般没有严格的界限，也不是一成不变的。在合规管理实务中，企业一般建立“合规信息清单”来管理合规信息范围，进行重要性排序，优先保证重要的合规信息。

关于合规信息的详简程度，除了以满足合规管理目标来衡量外，还需要从指导合规管理需要的角度，根据企业的具体情况，从以下方面权衡：① 企业的规模以及活动、流程、产品及服务的类型。一般较大规模、较多人参与、较为正式、较为重要、易发生争议、涉及经济利益和人身安全等方面的，需要更详细、更高质量的合规信息。② 过程及其互动的复杂程度。复杂程度越高，越需要更详细、更高质量的合规信息。③ 人员的资质。人员的资质要求越低，越需要更详细、更通俗的合规信息；④ 合规管理体系成熟度。合规管理体系越完善，对合规信息的适当性及品质要求自然越高。

(二) 企业合规信息管理的流程和机制

合规信息管理的基本流程分为创建、使用、保存、更新、销毁等几个基本阶段，细分又有发起、拟制、审核、意见征询、批准、发布、归档、实施、修订与更新、废止、销毁等不同环节，然而，不同类型的合规信息经过的环节是不一样的，但相同的是，为保证合规信息安全地发挥作用，必须建立一系列控制机制。

1. 合规信息创建及适当性授权审批控制

合规信息建立后是要被执行和使用的，其适当性必然影响执行和使用的效果，为确保合规信息质量及权威性，其创建必须经过对应的授权审批程序，跨职权系列的合规信息，还需要进行意见征询及文件会签。在正规的大型企业，一般还会建立“职权划分与授权管理指引”，便于员工快速检索所办事项应当经过的审批程序。为了提高合规信息的可执行性或使用效率，企业一般还会制定统一的规范标准，如制度性文档必须明确目的或目标、适用范围、执行人及其职责分工、工作程序、工作成果及评价方法等关键要素，并规定重要风险的控制措施、特别术语定义、工具表单等支持要素。

2. 合规信息的合规评审及“脱敏”处理

为保证合规信息的合规性，企业应当建立合规评审机制，重要合规信息在发布前必须经合规专业人员的合规评审，所有合规信息应当定期进行全面的合规检视，发现合规问题及时纠正修改，清理未经审批、不适宜归档的非正式信息，不能纠正修改的，进行必要的补偿性“脱敏”处理，比如，对于不能代表公司合规立场的员工言论及未实施个人主张，可以声明公司态度，并补充说明为挽回影响所做的后续完善措施。

3. 合规信息发布、更新及标识控制

设立合规信息的标识是为了与其他文件相区分，便于合规信息与适用事项相匹配，避免和降低文件出现执行与适用错误。合规信息常用标识有编号、版本号、标题、关键词、保密等级、紧急程度、主送单位及承办人、发文日期、发布者等。避免和降低文件出现执行与适用错误的控制方法还有：控制合规信息的自行复制（红头及公章等）；收回过时合规信息，让执行人、使用人只看到现行有效版本；过时失效合规信息专门存放，只供追溯既往时查阅；要求执行人、使用人收文回执，确认知悉；尽量做到单一事项对应单一文件，宁可合规信息换版，也不发“补充规定”。

4. 合规信息获取、使用与执行控制

除了敏感信息需要经过规定的授权审批方可获取和使用外，一般合规信息的内容、形式、载体、发布与存放等均应考虑使用和执行便利。为使用和执行顺利达成预期目标，重要而实用的控制机制主要如下：① 执行者、使用者参与合规信息创建；② 建立执行、使用跟踪评估和反馈机制；③ 指导员工对所执行、使用合规信息进行“聚焦管理”，即按照相关性、重要性和使用频率筛选并分类存放，重点熟悉和掌握最重要、最常用的，了解一般的，至于不重要和不常用的，知道其存在，需要时可以查到就可以了；④ 建立新合规信息沟通、咨询和培训机制；⑤ 创新信息文档使用形式，如操作页面或在线检索查询、操作提示、后台逻辑校验报错、关键操作再次确认设置等；⑥ 内幕信息、未公开敏感信息和涉及客户隐私、企业商业秘密和知识产权以及涉及国家秘密的合规信息，应按照“最小必需原则”，严格限定使用人，并建立授权审批、信息隔离、加密保存与传递、电子合规信息访问控制等信息安全及保密控制机制。

5. 合规信息记录、传递、保存、归档与信息安全、保密控制

合规信息在获取、传递、保存、使用等过程中存在损毁灭失、差错篡改、违规使用和泄露窃取等风险，为保持合规信息的可用性、完整性、保密性和安全性，必须建立必要的合规信息安全保密控制机制。主要内容如下。

（1）涉密岗位员工签订附加保密协议，并同意企业必要时可以对其采取特定的

行为监测措施。

(2) 建立合规信息密级划分标准，并在显著位置添加统一标识。

(3) 合规信息分发、使用和保存严格对应授权指定人群。

(4) 建立合规信息物理隔离机制，如机要室、档案室、保险柜等。

(5) 建立职责分离、系统隔离、财务隔离、“跨墙管理”等配套信息隔离制度。

(6) 强化信息系统、通信设备及办公自动化信息设备、设施管理。

(7) 建立合规信息、业务连续性计划及设备恢复管理机制。

(8) 建立合规信息安全保密职责落实、监测检查和问责考核管理机制。

6. 合规信息废止与处置控制

已经废止的合规信息只代表停止执行或效力过时，仍具有追溯既往和参考借鉴价值，应按规定归档保存。只有超过规定保存期限且无利用价值的合规信息，才可以履行完规定的审批程序后予以销毁，合规信息销毁一般由原创建单位的上级审批，并委派专人监督销毁过程。

第四节　企业合规风险识别与评估分析

一、企业合规风险的相关概念

(一) 风险认知

1. 风险的由来

对于“风险”(risk) 一词的由来，最为普遍的一种说法是，在远古时期，以打鱼捕捞为生的渔民们，每次出海前都要祈祷，其中主要的祈祷内容就是让神灵保佑自己在出海时能够风平浪静、满载而归；他们在长期的捕捞实践中，深深地体会到“风”给他们带来的无法预测、无法确定的危险。他们认识到，在出海捕捞打鱼的生活中，“风”即意味着“险”，因此有了“风险”一词。

经过多位学者论证的“风险”一词的“源出说”称，“风险”一词是舶来品，有人认为来自阿拉伯语，也有人认为来源于西班牙语或拉丁语，但比较权威的说法是来源于意大利语的“risque”一词。在早期的运用中，也是被理解为客观的危险，体现为自然现象或者航海遇到礁石、风暴等事件。大约到 19 世纪，“风险”一词常常用法文拼写，主要是用于与保险有关的事情。

现代意义上的风险，已经大大超越了“遇到危险”的狭义含义，而是“遇到破坏或损失的机会或危险”。可以说，经过两百多年的演绎，“风险”一词越来越被概念化，并随着人类活动的复杂性和深刻性而逐步深化，并被赋予了从哲学、经济学、社会学、统计学，甚至文化艺术领域的更广泛、更深层次的含义，且与人类的决策和行为后果联系得越来越紧密，“风险”一词也成为人们生活中出现频率很高的词。

本书认为，“风险”是特定时间和特定环境下，事件和损失发生的一种可能性，即事件发生的不确定性和损失形成的可能性。一般情况下，我们所说的风险都是这种狭义的风险，即风险事件发生所产生的损失或无损失，但不认为有从风险中获利的可能。因为无法确定事件发生和形成损失的大小和多少，因此才称为风险。

很多时候，虽然发生了风险事件，但未必造成损失。在笔者看来，风险事件发生不但没形成损失，还有可能获利，获利、损失或者是没有获利也没有损失，是对风险的广义理解。如果采取措施得当，使风险造成的破坏或损失成为小概率事件，或者说智慧的认知、理性的判断，继而采取及时而有效的防范措施，使风险带来机会，不仅仅是规避了损失，延伸了收益，还会带来比例不等的利益，岂不应验了那句“风险越大，回报越高，机会越大”的俗语。

2. 风险的主要特征

（1）风险存在的客观性。风险是客观存在的，是不以人的意志为转移的。风险的客观性是保险产生和发展的自然基础。人们只能在一定的范围内改变风险形成和发展的条件，降低风险事故发生的概率，降低损失程度，而不能彻底消除风险。

（2）风险的损失性。风险发生后必然会给人们造成某种损失，然而对于损失的发生，人们却无法预料和确定。人们只能在认识和了解风险的基础上严防风险的发生和减少风险所造成的损失，损失是风险的必然结果。

（3）风险损失发生的不确定性。风险是客观的、普遍的，但就某一具体风险损失而言，其发生是不确定的，是一种随机现象。例如，火灾是客观存在的风险事故，但就某一次具体火灾的发生而言是不确定的，也是不可预知的，需要人们加强防范和提高防火意识。

（4）风险存在的普遍性。风险在人们生产生活中无处不在、无时不有，并威胁着人类的生命和财产的安全，如地震灾害、洪水、火灾、意外事故的发生等。随着人类社会的不断前进和发展，人类将面临更多新的风险，风险事故造成的损失也可能越来越大。

（5）风险的社会性。没有人和人类社会，就谈不上风险。风险与人类社会的利益密切相关，时刻关系着人类的生存与发展，具有社会性。随着风险的发生，人们将遭受经济上的损失或身体上的伤害，企业将面临生产经营和财务上的损失。

（6）风险发生的可测性。单一风险的发生虽然具有不确定性，但对总体风险而言，风险事故的发生是可测的，即可以运用概率论和大数法则对总体风险事故的发生进行统计分析，以研究风险的规律性。风险事故的可测性为保险费率的厘定提供了科学依据。

（7）风险的可变性。世间万物都处于运动、变化之中，风险也是如此。风险的变化，有量的增减，有质的改变，还有旧风险的消失和新风险的产生。风险因素的变化主要是由科技进步、经济体制与结构的转变、政治与社会结构的改变等引起的。

3. 风险的构成要素

风险是由风险因素、风险事故和损失三个要素构成的有机统一体。

（1）风险因素是风险事故发生的潜在原因，是造成损失的内在原因或间接原因。根据性质不同，风险因素可分为实质风险因素、道德风险因素和心理风险因素三种类型。

（2）风险事故是造成损失的直接的或外在的原因，是损失的媒介物，即风险只有通过风险事故的发生才能造成损失。如果某一事件是造成损失的直接原因，那么它就是风险事故；如果它是造成损失的间接原因，那么它就是风险因素。

（3）损失是指非故意的、非预期的、非计划的经济价值的减少。我们通常将损失分为两种形态，即直接损失和间接损失。

风险因素是引起或增加风险事故发生的机会或扩大损失幅度的条件，风险事故是造成生命财产损失的偶发事件，损失是指风险造成的结果。可见，风险因素引起或增加风险事故，风险事故发生可能造成损失。

（二）合规风险认知

1. 合规风险的定义

企业合规，在本质上属于公司治理问题。研究合规风险，首先要厘清公司治理风险的概念。公司治理结构的基本目标是要解决两个关系：一是股东和经营者的关系，即所有权和经营权的关系；二是大股东和中小股东的关系，经济学中的“隧道效应理论”，探讨的就是控股股东侵害中小股东利益的现象，而如何保护中小股东权益，是公司治理的一大难题。

事实上，很多企业负责人由于没有正确认识公司治理风险的概念和种类，因而也就难以意识到合规风险的重要性。例如，有人把公司治理风险分为投资风险、并购风险、融资风险、销售风险、市场风险、产品质量风险、技术风险、知识产权风险、用工风险等数十种，显得杂乱无章且抓不到重点。根据公司治理风险的基本理论，企业面临的主要风险可以分为以下三大类。

第一，经营风险。经营风险也被称为业务风险，企业在开展投资并购、市场销售、质量保障等各种业务活动过程中，所面临的投资得不到回报、无法赢利、生存困难的风险，统称为经营风险。经营风险需要依靠公司治理结构中的业务治理来进行有效的防控、识别和应对，公司首席执行官（CEO）是经营风险治理的第一责任人，由其所率领的执行团队是为企业创造业务收益的主干力量。经营风险属于经济学研究的范畴，需通过研究投资经营全过程，按照市场和经济规律，寻找解决问题的对策。

第二，财务管理风险。财务管理风险是指由于财务管理混乱、舞弊等行为，导致企业遭受损失，无法实现盈利目标，甚至濒临破产的风险。一个良好的现代财务管理制度包含数十个复杂的环节，公司除了配置首席财务官、会计、出纳等财务人员以外，还要设立审计委员会和审计部门加以监督。例如，现在大型的国有企业和跨国企业采用在董事会下设审计委员会的方式，以保证审计部门相对于管理团队的独立地位。财务管理是公司治理的重要一环，但与企业的经营活动无关。

第三，合规风险。合规风险既不同于经营风险，也不同于财务风险，是指企业因为在经营中存在违法违规乃至犯罪行为，而遭受行政监管部门处罚和司法机关刑事追究的风险。合规风险可以分为两大类。第一类是企业因违法违规行为受到行政监管部门调查、处罚的监管合规风险，如美国财政部、商务部、证交会等行政监管部门作出的行政处罚、达成的行政和解，以及由此引发的合规风险，就是源于监管合规风险。该风险对企业产生的最大影响不是罚款本身，而是随之而来的经营资格的剥夺，这会给企业带来经济损失、商业交易资格损失、声誉损失三重损失，由此引发的雪崩效应使企业难以承受。第二类是企业由于受到起诉而被定罪量刑的风险。企业一旦受到刑事追究，损失同样是多重的：一方面，企业因为被定罪而丧失了声誉，无法获得贷款，不再有客户愿意与其进行交易；另一方面，企业上市资格会被剥夺，难以再有发展机会。在国外部分国家的司法实践中，行政处罚和刑罚连带进行，这意味着企业一旦被定罪，除了被判处罚金以外，行政处罚中连带的剥夺经营资格的处罚也会随之而来，甚至达到附加刑的效果。在我国诸多合规指引中，给合规风险所下的定义都是因违反法律法规所可能遭受法律制裁、监管处罚、重大财务损失和声誉、商业机会的损失等方面的风险。所以，合规风险不仅包括被行政处罚或被刑事追究的风险，还会带来声誉以及商业机会的损失。

可见，合规风险作为与经营风险、财务风险并列的三大公司治理风险之一，具有独立的概念内涵和结构体系。当然，还有人将合规风险与法律风险混同，认为合规风险就是所谓的法律风险，对此应予以澄清。其实，合规风险不同于法律风险，后者是一个广义的概念，企业的行为违反任何一部法律规定所可能遭受的后果都可以归入法律风险，所涉范围十分宽泛。法律风险可分为三大类型：第一类是企业违法违规带来的风险。第二类是国家法律制度变化给企业带来的不可抗力的损失，这与企业本身无关，属于法律制度的修改变革给营商环境造成的后果。第三类是商业合作伙伴违规给公司造成的损失。例如，所谓的“合同风险”“被害的风险”等都不是合规风险，而属于法律风险，而在公司治理中可以归入经营风险的范畴，公司中最初设立法务部的目的就是防控经营类的法律风险。因此，合规风险和法律风险有所交叉，企业违反行政监管法规或违反刑法所遭遇的特定法律风险，才是合规风险；使公司免予承担行政责任和刑事责任的企业管理方式，才是合规治理。

2. 合规风险的主要来源

企业处于商业生态系统中，企业的合规风险既要受外部环境的影响，也要受自身内部经营活动所影响。因此，企业合规风险主要来源于两个方面：一是外部生态环境变化给企业带来的合规风险，二是企业内部经营状况给企业带来的合规风险。

(1) 外部环境变化带来的合规风险

企业经营环境是不断变化的，变化的环境意味着变化的法律法规及监管政策等，这些都可能给企业带来合规风险。

一是法律法规的变化。国家持续不断地颁布新的法律法规，这些变化的法律法规要求企业必须遵守。

二是国际环境的变化。对于开展国际经营活动的企业来说，国际环境的变化对企业经营活动影响重大。其中，国际关系的变化与其他国家的法律法规的变化对企业的经营活动会产生重要的影响，企业需要对此高度重视。

三是技术领域的变化。以网络化、信息化、智能化为特征的新技术层出不穷，各国政府不断出台新的监督政策，各国政府之间不断推动新的协议产生，这些新的政策和新的协议要求企业持续跟进并给予高度重视，做出积极应对。

(2) 内部经营带来的合规风险

企业内部经营活动受业务模式、商业模式、业务发展区域与商业合作伙伴等因素影响，这些因素的变化都可能给企业带来合规风险。

一是业务模式。受市场环境变化的影响，企业的业务往往会发生变化。比如，原有业务收缩导致人员编制的缩减或因业务扩张的需要增加用工，可能在用工方面带来合规风险；扩张导致市场份额的过度集中，可能带来反垄断的合规风险；当企业进入新的业务领域时，可能不熟悉新业务领域的监管政策，也容易带来合规风险。另外，根据企业开展业务的合规风险性质，会有高风险业务与低风险业务之分，对于高风险业务来说，企业面临的合规风险的挑战更为严峻。

二是商业模式。今天，企业商业模式创新的速度异常迅速，商业模式创新对行业格局变化的影响是前所未有的。大量的全新商业模式正在不断涌现，采用全新的商业模式的新兴企业正在崛起，正在对传统强势企业带来冲击，各个行业的游戏规则被不断改写。同时，商业模式创新往往会打破原有的监管政策，甚至会对现有法律法规带来冲击，这个过程中产生的合规风险需要企业引起高度重视。

三是业务发展区域。对于多区域开展业务的企业来说，不同的业务发展区域可能会让企业面临不同的合规风险，企业需要在不同的区域调整经营策略，化解在当地的合规风险。对于开展跨国经营的企业来说，不同国家的政治、法律、文化风俗等也不相同，这些因素也会给企业的业务发展带来合规风险。

四是合作伙伴。企业在经营过程中，会遇到不同的合作伙伴，有供应商、经销商、第三方的服务商等，不同的合作伙伴对企业生产经营影响的程度是不同的，带给企业的合规风险也是不一样的。因此，企业在与合作伙伴进行合作过程中，需要对合作过程中的合规风险予以重视。

3. 合规风险的特征表现

企业合规风险受内外部环境的影响，因此，企业的风险有以下几个方面的特征。

第一，合规风险的动态性。由于企业经营处在一个动态的环境之中，企业面临的合规风险会被外部环境的变化与企业经营业务的变化所影响，这就使得企业合规风险的动态性非常明显，企业需要根据外部环境的变化与企业经营业务的变化进行动态性的监测，以此应对不断变化的合规风险。

第二，合规风险的可识别性。合规风险受外部环境和经营业务的影响，企业可以通过信息收集、整理、分析来识别合规风险。从务实的角度来看，企业可以梳理商业活动、产品、服务、运营管理流程等，了解合规风险可能在流程中的哪一环节发生。企业合规管理人员在对企业进行合规风险评估时，需充分了解企业的各项业务及其流程，同时与业务部门保持沟通，从对业务部门的日常咨询中发现和识别合规风险。

第三，合规风险的可管控性。由于企业合规风险可以识别和分析，因此，合规管理人员可以建立分析模型，对合规风险进行分析、评估和监测。同时，企业通过建立和健全合规管理制度，制定合规管理政策，完善合规管理运行机制，实现对合规风险的有效预防和应对。

二、企业合规风险识别与评估流程

合规风险识别分析评估的目的是识别企业潜在的合规风险（内部和外部）行为，采取积极的管理措施管理风险，以避免公司或部门合规目标无法达成。基于合规风险识别分析评估的结果，企业将采取必要的措施管控合规风险，或在内部有效地开展预防性合规工作，使企业能在业务所在国家或地区合规地开展业务、诚信经营，从而实现企业的合规目标。合规风险识别分析评估有助于在企业内形成合规风险意识，帮助企业及时制定风险应对措施，从而避免企业违反法律法规和企业合规承诺，进而实现企业可持续发展的合规目标。

(一) 合规风险识别分析评估的工作流程

企业应识别并评估自身的合规风险，评估可基于正式的合规风险评估或通过其他替代方法实施合规风险评估构成实施合规管理体系、有计划地分配合适而充足的资源与流程的基础，也可用于管理已经确认的合规风险。

企业应将其合规义务与活动、产品、服务及运营方面联系起来，确认可能发生不合规的情况，从而识别合规风险。企业应查明不合规的原因并明确其后果。

企业在分析合规风险时，应考虑不合规的原因、起因及其后果的严重性，以及不合规和相关后果发生的可能性。后果可能包括对个人和环境的伤害、经济损失、声誉损失以及行政责任。

在风险评估中，需要比较分析流程中发现的合规风险等级与企业能够并愿意接受的合规风险等级。基于这一比较，企业先确定任务的优先级，并在此基础上确定实施控制措施的必要性以及控制措施的程度水平。

出现以下情况时，应定期对合规风险进行再评估：① 出现新的或更改的活动、产品或服务时；② 企业结构或战略发生变更时；③ 重要的外部变化，如金融经济环境、市场情况、负债和客户关系；④ 合规义务的变化；⑤ 不合规行为。

合规风险评估要注意两点：一是合规风险评估细节的程度和水平取决于企业的风险状况、环境、规模和目标，在特定的具体方面可能会有所差异(如环境、财务和社会)；二是基于风险的合规管理方法并不意味着在低合规风险场景中，不合规行为就能够被企业接受。这种方法有助于企业将主要精力和资源放在优先级更高的风险上，并最终涵盖所有的合规风险。企业需要对发现的所有合规风险或场景进行监控、更正和纠正。

按照以上的理解，识别分析评估合规风险的工作流程如下。

1. 风险识别评估主体

风险识别主要由区域合规官或者业务职能部门牵头，合规部组织，对应业务部门配合实施，共同建立合规风险管理小组，向公司总部的全球合规办公室报告。合规管理员联合业务部门主管，依据本单位建立和维护的合规义务清单、公司业务制度、岗位职责说明书，以座谈、个别访谈、集体讨论、专家咨询和内部纪检监察、审计、内控测试报告、与其他合规相关的问题信息统计、计算分析等方式进行合规风险形势评审。

合规风险管理小组应该由法律和非法律业务专业人员组成。合规风险包括除法律以外的其他合规风险，非法律业务专业人员的加入，能够提高对非法律合规风险的识别与管理。同时，小组也要由总部到一线各层级的代表人员共同组成，以利于对总部到一线各层级合规风险的识别与管理。

2. 合规风险分布特征分析

由于合规风险与合规义务是一一对应的关系，而合规风险是由未履行或违反合规义务的不确定性导致的，所以合规义务分布在哪儿，这种不确定性就在哪儿，合规风险就源于哪儿。因此，合规义务的分布特征同时也是合规风险分布特征。

研究发现，合规义务主要是用来规范权力的正确行使。没有权力的地方，也就没有必要制定合规义务对行为进行约束和规范。行使权力的过程实质是分配利益的过程，利益分配过程可能存在利益纷争与不公平公正分配利益的情形。为约束与规范这种利益纷争，监管机构就会出台有关强制性的合规要求，所以有权力的地方，合规义务就存在，由此可见，合规义务在哪儿是由是否有权力来决定的。

综上所述，权力、合规义务和合规风险存在内在的一致性。权力决定合规义务的分布特征，合规义务决定合规风险的分布特征。根据对不合规案例事实的统计分析，市场客服与销售权、审核权、人事权、采购权、放行权、计量权、财务资金权和拥有关键信息权八项权力，密切影响行为的合规性，决定着合规风险的分布规律。八项权力的具体内涵如下。

市场客服与销售权：包括直接行使和直接影响改变市场客服与销售权两个方面，如向客户介绍产品、服务功能、销售政策、价格优惠条件、销售合同签订、售后服务、维修、保养、新旧置换等客服、销售性质的相关业务活动，以及围绕客户在采购、决策、放行、计量、财务资金和与这些活动密切相关的客户内部关键商务信息所实施的公关、影响活动；或者本人作为其分管范围，能够直接影响和改变这些权力的行使方向，如市场客服与销售分管领导、公司上级集团的部门、公司领导。

审核权：包括直接行使和直接影响改变审核权两个方面，如决策权、审批权、审核权、监督权等具有行政审核性质的核准工作；或者本人作为其更高分管领导，能够直接影响和改变权力的行使，如本人是公司上级集团的部门、公司领导。

人事权：包括直接行使和直接影响改变人事权两个方面，如雇用、招聘、任免、考核、人员奖励与处罚、职称评定、岗位选拔等人事活动；或本人作为其分管范围，能够直接影响和改变权力的行使，如人事分管领导。

采购权：包括直接行使和直接影响改变采购权两个方面，如确定供应商、分包商、租赁商合格名册，确定采购方式、采购策划，确定采购文件，确定投标人，确定价格和中标人，分包商、租赁商选择，签订合同、合同变更等与采购有关的业务活动；或本人作为其分管范围，能够直接影响和改变权力的行使，如采购分管领导。

放行权：包括直接行使和直接影响改变物料设备进出放行权两个方面，如质量检测、安全管理、仓储管理、品控管理、物料设备使用管理、技术审核、专业评审、专业认证、文明施工管理、进出门管理等进出、放行、许可、专业技术复核性质的业务；或本人作为其分管范围，能够直接影响和改变权力的行使，如质量、技术、安全分管领导。

计量权：包括直接行使和直接影响改变工作量、物资计量权两个方面，如货物计数、采购结算、开具验收单、物料领用、消耗计量、工作量计量、分包量计量、容积测量、计时计件等计数计量相关业务；或本人作为其分管范围，能够直接影响和改变权力的行使，如物资、设备分管领导。

财务资金权：包括直接行使和直接影响改变财务资金权两个方面，如收款、付款、费用开支、费用报销、后勤账务管理、津贴福利管理等经手钱财业务；或本人作为其分管范围，能够直接影响和改变权力的行使，如财务、资金分管领导。

拥有关键信息权：拥有、知晓、掌握、创造关键商业信息，如公司内部商业秘密、工作策略、工作战略、重要人事安排、重要工作部署、采购分包其他投标人、标底、预算等信息。

以上八项权力是企业在生产经营过程中行使的权力，它们广泛分布于企业各岗位和流程里，并且职位越高的岗位或越核心的业务流程，被授予这八项权力也就越多越重要，不合规的可能性就越大，合规风险也就越高。因此，在这些权力行使的过程中，最容易导致不合规风险发生，最容易产生违反法律法规、违反企业制度、违反企业尊崇的道德价值准则的行为。这些权力在岗位和流程的分布特征，也是合规风险的分布特征，这就是基于岗位和流程的“八项权力识别模型”来识别合规风险的理论基础。只要我们识别了以上八项权力在生产经营业务中岗位和流程中的分布情况，并逐一标识出来，就等于识别到了企业的合规风险点。

（二）合规风险识别评估流程

第一步：确定需要加强合规风险管理的关键业务或岗位范围，进行企业合规风险形势评审，关注合规风险的分布和敞口变化，形成公司合规风险形势评审表。

企业要了解企业本身，对企业内外部环境进行初步分析是合规风险识别分析评估的出发点。在时间频率上，每年 12 月，对本单位过去一年各业务合规情况进行评审；当公司内外管理环境发生重大变化时，也应该及时进行合规风险形势评审。合规风险形势评审内容包括：企业生产经营是否出现新的或更改的活动、产品或服务；组织的结构或战略是否发生变更；是否发生重要的企业外部变化，如金融经济环境、市场情况、负债和客户关系；企业是否有合规义务的变化；企业内部是否发生不合规行为，如是否发生违反公司制度的行为，是否发生违反合规要求的从业行为，是否发生违反合规承诺的从业行为，企业内控测试是否存在不合格项，公司专项审计是否存在问题；公司合规目标是否实现；等等。

评审完成后，报合规部负责人审核，并报区域合规官审批后即可进入第二个步骤。一般依据公司每年的年度风险管理计划定期进行公司合规风险形势评审，由合规管理员联系业务部门以座谈、个别访谈、集体讨论、专家咨询和内部纪检监察、审计、内控测试报告、与合规问题相关信息统计计算分析等方式，进行合规风险形势评审，可以采取定性与定量相结合的方法。其中，特别要关注公司过去一年内出现的违反廉洁规定事件、亏损单位审计、亏损调查原因反馈涉及的业务范围。同时，公司要关注网站、搜索引擎，通过跟踪关键字关注合规风险变化、合规要求变化。

第二步：明确企业合规目标，制定开展某业务合规风险识别评估的工作方案，形成《关于开展 ×× 业务合规风险识别评估的通知》。

企业只有依据明确的合规目标，才能确定与企业实际情况、生存发展需求相对应的确切风险环境，并据此制订方案。工作方案包括合规风险识别评估范围、工作机构与分工、合规风险识别评估方法、需要完成的工作事项与时间要求等方面的内容。依据合规风险形势评审结果，公司合规管理员起草合规风险识别评估方案，报合规部负责人审核，报区域合规官审批后即可实施。

第三步：开展权责事项清理，形成“权责清单”。

根据公司 ×× 业务流程制度规定和部门业务分工、岗位职责和授权，全面清理和确定对管理和服务对象承担的各类工作职责，识别对应的权力，形成“权责清单”。权责事项清理方法以关键业务流程为单元，或者以岗位为单元。

第四步：查找合规风险点。

根据“权责清单”具体内容识别企业风险，彻底的风险识别将提高合规风险透明度，同时也是企业意愿改善经营方式的有力证明。在工作方法上，所列出的风险清单以小组讨论、头脑风暴、案例启发、业务座谈等形式，查找对应的可能触发的风险类型。

第五步：不合规后果与分析。

根据可能触发的风险类型，推理不合规风险发生可能产生的后果，进行不合规原因、来源查找，并根据以往业务执行情况判断该业务发生频率，以评估不合规风险发生的机会。

第六步：评估已识别的风险，确定合规风险等级。

根据发生可能性和潜在的消极后果，物质损失评估企业风险，确定合规风险等级，从而形成风险排序。合规风险等级评估可以采取目标影响评估法，在不合规后果与分析的基础上，评估不合规后果对业务目标的影响，同时评估对合规目标的影响。一般按照直接影响、间接影响和不影响三个程度进行评估，即按照高——直接影响、中——间接影响、低——不影响确定合规风险等级，并确定组织愿意接受合规风险等级和待处理的合规风险。

目标影响评估法具体是：预估风险发生后果，分析对业务目标和合规目标的影响，按照高、中、低来评估风险敞口。对业务目标影响分为直接影响、间接影响、不影响三种；对合规目标影响分为直接影响、间接影响、不影响三种，相对应地，我们也将合规风险等级分为高、中、低三种，见表 2-1[①]。

表 2–1　合规风险等级评估表

项目	对业务目标影响	对合规目标影响	对应合规风险等级	备注
1	直接影响	直接影响	高	
2	间接影响	间接影响	中	
3	不影响	不影响	低	

以上为本部分涉及的步骤，之后还有三个步骤，具体如下。

第七步：风险排序，确定风险应对计划。

企业通过对已识别的企业内部风险进行排序，确定待处理的合规风险点，进而能够确定其年度合规应对计划的重点工作领域，工作组也可以据此拟订风险应对计划。

第八步：风险应对措施制定。

根据合规风险点所在的不同业务步骤、岗位和合规风险等级，依据公司制度规定的工作目标、工作步骤、工作责任主体、工作任务、工作记录、工作标准和工作方法，结合合规要求、合规承诺，有针对性地制定合规风险管理措施。对不同等级合规风险的应对措施应区别制定，重点加强对高合规风险点的防控。

第九步：风险应对措施植入流程制度。

根据制定的风险应对措施，修改完善对应的公司流程制度并发布执行。

三、商业合作伙伴合规风险识别评估

当前，企业在拓展本地业务时越来越广泛地引入商业合作伙伴或者第三方。这些合作伙伴主要包括业务顾问、经销商、承包商、销售代理及供应商等。在引入商业合作伙伴时，不仅要考量他们能否更好地实现业务目标，促进业务的成功，同时，

---

① 王志乐．企业合规管理操作指南 [M]. 北京：中国法制出版社，2017：57.

也要警惕在某些情况下，企业可能会被要求对其商业合作伙伴的不合规行为产生的后果负责。

因此，对商业合作伙伴合规风险的识别评估，已成为合规风险管理的重要组成部分。在与商业合作伙伴建立合同或其他类型的合作关系时以及合作过程中，企业应当采取适当措施，以确保对该合作关系进行恰当的合规风险评估和管理。合作前，要进行合规尽职风险评估；在合作过程中，要进行合规风险动态管理和定期风险评估，并关注其发生不合规倾向的信号。

（一）商业合作伙伴合规风险的特征

根据企业与商业合作伙伴合作模式的不同，合规风险管理的重点也不同，下面列举几种典型合作模式下的合规风险特征。

业务顾问：商业合作伙伴负责供应知识咨询服务的模式。一般来讲，引入业务顾问促进业务发展的模式蕴含较高的合规风险。其主要原因是业务顾问通常提供咨询服务，而此种服务的形式难以得到监控且效果较难衡量。企业内部人员较容易通过与业务顾问签订咨询服务协议的方式，在缺乏正当或者实质性业务背景的情况下，以咨询费为掩盖，支付不当的费用给利益相关人。

供应商：商业合作伙伴负责供应产品服务的模式。供应商的引入及合作过程均须加强合规风险评估和监控，未通过正常竞标方式引入的供应商或客户指定的供应商的合规风险应特别予以重视。

经销商：商业合作伙伴负责销售产品服务的模式。通过与经销商签订协议，将超乎行业标准的利益或账面收益（如补贴、费用支付）划归于经销商的行为，很容易被解读为不合规的利益输送。

销售代理：商业合作伙伴负责代理产品服务的销售模式。当销售代理协议中规定的佣金超乎市场正常水平或给予销售代理的价格决定权（如给予折扣折让水平）过大时，容易引发不正当利益输送嫌疑，导致合规风险发生。

承包商：商业合作伙伴负责提供整体项目服务的模式。当引入与当地政府或业主关系密切的承包商从而获取项目时，容易降低项目竞标流程的透明度，并加大不合规操作的嫌疑。

（二）商业合作伙伴合规风险的识别

在签订或续签合同前，对商业合作伙伴应进行合规尽职风险识别，与合作伙伴直接进行往来合作的部门，应负责对合作伙伴的合规诚信度进行识别。一般性的核查可以通过搜索工具，查询合作伙伴企业及其主要负责人的历史信誉、是否曾受到行业内或合规制裁、处罚，对其业务资质的核查等。对合作伙伴业务资质的核查，可考虑以下要点：运营资格、注册地及创立时间，是否有权在所需地域、业务范围内从事相关业务，企业财务状况，是否对合作伙伴的合规风险水平进行识别及分类业务、持续经营的稳定性等。如果要进行比较专业、系统的合规风险识别，则要按照基于流程或者基于岗位的识别评估工具，进行合规风险识别分析。

（三）商业合作伙伴合规风险的评估

基于对合作伙伴的业务资质及诚信、信誉度的核查情况，或者基于流程、岗位识别分析结果，与合作伙伴直接进行往来合作的部门，应会同合规监管部门对合作伙伴的合规风险程度进行分级，以便于后续风险管理措施的制定。根据评估结果，合作伙伴可分别被归类到高、中、低风险范围内。

（四）商业合作伙伴合规风险的持续管理

在业务合作关系存续期间，必须对商业合作伙伴进行持续合规风险识别评估。此外，鉴于市场环境的迅速发展变化，在业务进行过程中，合规风险信号应引起企业的足够重视。例如，商业合作伙伴出现持续经营受到重大影响的问题或有从事违规活动的迹象等。当此类情况出现时，企业应慎重考虑实施合作关系的维持与终止，考虑是否应定期对合规风险分级的结果进行复核或重新识别评估，如果评估结果显示合规风险等级提升，则应采取措施以有效应对。

四、所在国合规风险识别和评估

当一个企业跨国运营时，其所面临的风险在地域上将是多重的，其不仅将面临主场（Home Country）可能产生的风险，同时还将面临客场（Guest Country ）可能带来的风险。对这些风险的评估可能会碰到一些前所未有的困难，比如，语言上的差异导致交流不顺畅，对所在国的法律、人文和政治环境不熟悉造成信息不对称等。这些都必须由合规主体按照合规风险识别评估流程，利用合规风险识别分析评估工具，做好所在国的合规风险评估工作。

（一）所在国合规风险评估主体

合规风险评估主体应当由公司总部的全球合规办公室组织，与所在国的区域合规专员共同评估，业务部门人员配合。各个所在国评估风险的专家未必一定是法律专业人员，这些非法律专业专家可能是对某个专业领域的风险有更深的了解。风险评估团队里面还应当包括相关业务负责人，他们虽然不是法律人员或其他专业人员，但他们作为业务经理对风险感同身受，所以，有了他们的介入和帮助可以让风险识别分析评估更加客观。

合规风险管理对于一个跨国企业来说，应当是一个系统工程。作为合规风险管理的其中一个步骤的合规风险识别评估，也同样是一个系统工程。一个系统工程，如果政出多头，就会造成合规风险管理以及风险评估工作的混乱，因此，所在国合规风险的管理及评估工作，应当由全球合规办公室集中管理。由全球合规办公室集中管理还有一个重要原因，就是合规办公室可以对全球各个国家的风险在风险特征及风险敞口上做横向比较，从而更好地配置人力、财力、物力资源对风险在全球范围内进行科学的管理。当然，由全球合规办公室牵头，并不是说其在做风险评估时必须事必躬亲。相反地，全球合规办公室应当在所在国建立本土化的区域合规管理办公室，同时紧紧依靠所在国的合规专家一起做好风险识别评估工作。

（二）所在国合规持续风险监控

监控风险是指对风险的分布和敞口进行持续的关注和评估。换言之，风险监控应当是一个连续的、动态的过程，会因时间的变化而变化、评估风险的变化，一方面，要考虑企业外部的法律及政策的变化；另一方面，要考虑公司内部具体情况的变化，做到知己知彼。

风险监控的方法首先是对风险进行新闻跟踪，一方面，可以在一些门户网站、搜索引擎等网络平台通过关键词定制新闻推送。另一方面，要有意识地去关注与风险相关的新闻。例如，可以订阅一些专业的新闻简报。很多律师事务所、会计师事务所都会草拟并推送新闻简报，可以在这些律师事务所的网站上订阅某些专题的新闻简报。

（三）所在国合规风险识别

识别风险是把风险的特征一一辨识出来。识别风险是评估风险的前奏。如果不能识别风险，风险评估就会无的放矢。合规风险对应合规义务，合规义务的变化对应合规风险变化。合规义务变化包括企业外部的合规要求变化和企业内部的合规承诺变化。合规承诺变化是企业自己对市场和客户、监管机构等相关方的承诺变化，随时都为企业所掌握。但是企业外部的合规要求变化是企业外部对企业组织的要求的变化，并不为企业及时掌握，特别是所在国的法律法规、规则、行业政策、社区规定、政治要求等，随着时间与空间的变化而变化。

因此，在识别合规风险的时候，首先要看到合规要求的变化，要做到这一点，所在国合规管理人员必须认真、及时地学习所在国法律法规和相关行业政策，建立足够的信息沟通渠道，紧紧盯住它们的动向和走势，只有这样，才能做到合规风险及时识别，风险管理有的放矢。

为了做好合规工作，掌握衡量合规的尺子很重要。合规义务就是合规管理人员手中的尺子。外部的合规要求（法律法规乃至政策）和企业内部的合规承诺（企业组织对市场、客户、监管等相关方作出的承诺）共同构成一把合规的尺子，其中，法律法规、政策和承诺的具体内容就是这把尺子上的刻度。所以，应当认真、勤勉地学习所在国的法律法规、政策和所在国的企业承诺，并与它们保持同步，甚至是超前一步了解法律法规和政策的发展趋势和动向，前瞻性地预测市场。

了解客户的偏好变化，随时维护和调整所在国的合规要求和合规义务内容，从而不断地调整这把合规尺子的刻度，让它变得更加精准。否则，这把合规尺子刻度不是过粗就是过细。合规尺子过粗，就会量不到风险，到处都是平安无事；合规尺子过细，就会夸大风险，从而让企业难以正常开展业务，从而付出巨大的合规管理成本。

（四）所在国合规风险评估

评估合规风险是指对经过识别的风险进行评估，以确认它的风险程度（风险敞口）。换言之，风险评估是对公司风险敞口所做的沙盘推演或者预估。

一个公司所遭受的风险敞口就如同一个人身上的伤口。如果说伤口越大，给一个人带来的伤害越大，那么风险敞口越大，给一个公司所带来的危害也就越大。

评估风险敞口的工作主要从公司内部做起。公司合规经理可以列出一个清单来确认公司哪些国别的哪些部门存在风险敞口，并用计分卡片来量化风险敞口的大小，比如0分代表风险敞口最小，10分代表风险敞口最大。比如，一个公司的销售部门因销售人员对外销售的压力较大，导致销售人员极有可能对外行贿以达到销售商品的目的，故而该部门有可能给公司带来合规风险和名誉风险。另外，与该部门销售人员打交道的主要是国有企业的官员，如果再加上该部门有销售人员对外行贿的前科，那么合规经理给该部门的风险敞口所计的分数就会比较大，比如为8分~10分。同时，也可以采取前面介绍的目标影响评估法确定风险敞口。

评估风险敞口虽然是一个主观工作，但这个主观的评估工作应当依据客观事实，从而让风险敞口的评估结果更具有参考价值。

五、合规风险评估报告

风险评估应当通过风险评估报告的方式做出。通过识别评估合规风险，分析风险发生的原因和可能带来的影响，企业或组织应根据自身的风险承受能力，确定风险消减或控制风险的方法，采取相应对策和措施进行合规风险管理。合规风险识别评估报告是企业或组织建立和维护合规管理体系、建立系统性合规风险管理机制、持续有效地管理风险的充分依据。

风险评估报告可以由不同国别的专家针对不同的专题分别作出。风险评估报告就每一个专题而言未必每年都要做，但如果某一个专题在某一个国度有重大的法律变更或者重大的风险事件发生，那么在这些重大事件发生后，企业得考虑是否有必要对风险评估报告及时进行更新，并由相关专业人士作出新一版的合规风险评估报告。报告人应当是一个集体，涵盖法律及其他非法律专业方面的专家，同时报告人还应当有业务经理的参与，并从业务角度来审查该报告中对风险的评估是否准确。

合规风险评估报告使用者主要包括企业的管理层，业务负责人及合规人员、审计人员等。根据侧重点的不同，报告的种类也可分为定期评估报告和专项合规风险评估报告。

报告内容包括合规风险评估实施概况、合规风险基本评价、存在的合规风险、原因机制与可能的损失、处置建议。处置建议应当考虑本企业在所在国的实体是否有足够的资源来应对风险以及应对风险的具体措施。报告还应当包括企业在所在国是否发生了相应风险下的违法、违规事件及其处理结果。

第三章 企业内部控制与合规管理的整合

随着我国市场经济的不断发展，企业内部控制对不合规行为的遏制越发重要。合规管理作为一种新兴的内部治理方式，由金融机构逐渐演化而来，是实现企业合规经营的重要手段。为了实现企业的合规化经营管理，本章通过分析企业内部控制的理论，并比较企业内部控制与合规管理的关系，论证两者整合的必要性，提出内部控制与合规管理的整合策略，以期为企业内部控制和合规管理的相关研究作出一定贡献。

第一节 企业内部控制的理论透视

一、企业内部控制的显著特征

“内部控制是指单位为了保护资产的安全、完整，提高会计信息质量，确保有关法律法规和规章制度及单位经营管理方针政策的贯彻执行，避免或降低各种风险，提高经营管理效率，实现单位经营管理目标而制定并实施的一系列控制方法、措施和程序。”①

内部控制是单位内部的一种管理制度，具有以下显著特征。

(1) 内部控制的主体是单位内部人员。内部控制的主体，即由谁来实施内部控制。由于内部控制属于单位内部管理制度，因此，内部控制的主体只能是单位内部人员。尽管外部审计人员等也关心、研究并发挥监督和完善单位内部控制制度的作用，但并不承担设计和具体实施内部控制制度的职责和义务，因而属于影响单位控制系统运行的环境因素。由于内部控制制度的制定和执行均需单位内部员工的齐心协力和协调配合，因此单位内部的所有员工构成了内部控制的主体，但以各级管理者为主。

在内部控制主体中，单位内部不同人员，由于所处的地位不同，其内部控制的

① 李敏.企业内部控制规范 [M]. 上海：上海财经大学出版社，2016.

任务也不同。一般来讲，高层管理者履行的主要是例外的、非程序性的控制，而中、低层管理者执行的主要是常规性、程序性的控制活动。

（2）内部控制的客体是单位内部的经济活动（或经营管理活动）。内部控制的客体是指内部控制的实施对象，它是内部控制系统中的受控系统，体现为单位内部的人、财、物等基本要素及其在经营管理过程中所形成的一系列组合关系和组合方式。从横向看，组织内的人、财、物、信息、技术等都是内部控制的对象；从纵向看，组织中的各个层次，如企业中的分部（厂）、车间、班组等也都是内部控制的对象；从控制的阶段来看，组织内不同的业务阶段和业务内容也是内部控制的对象。内部控制要求根据单位内部各项经济活动过程的环节，按其所属系统制定一套完善而又严密的纵横联系的程序和方法，使各项经济活动在各个职能部门和环节之间保持分工、协调、均衡和衔接，自动监督检查，纠正错误，使各项经济活动按照既定的方针、政策与计划的要求正常进行，以完成计划，实现预定的目标。

需要说明的是，内部控制的主体和客体的划分并不具有互斥性。例如，企业的每一个员工既是内部控制的主体，又是内部控制的客体；既要对其负责的作业实施内部控制，又要受到他人或有关法规制度的制约和监督；既有权力和责任制定并执行内部控制制度，又有义务遵守这些制度，是主体和客体的统一。

（3）内部控制的手段和方法多种多样。内部控制的手段和方法是为实现其目的而采取的各种具有控制功能的方法、程序和措施的总和。针对不同的控制对象和要达到的控制目的，可以采用不同的控制手段和方法；即便是同样的控制内容，在不同的单位或不同的时期所采取的控制手段和方法往往也会有差别。在单位内部，只要是以职责分工为基础设计控制手段来对经济业务活动进行制约和协调的各种方法和措施都属于内部控制的范畴。例如，企业内部普遍实行的部门或岗位责任制、目标责任制、钱账物分管制度、预算制度、经济活动或业务处理规程等都是具体的内部控制手段。以职责分工为基础设计控制手段是内部控制的一大特点，也是使之区别于其他控制的重要标志。

（4）内部控制属于单位内部的管理。关于内部控制的本质，有不同的看法。有的人认为，内部控制是审计活动的组成部分，属于审计学的范畴；有的人认为，内部控制是单位经营管理活动的组成部分，属于管理的范畴；等等。从系统的观点来看，内部控制把一个企业或一个单位作为一个总体，并把构成总体的各个组成部分（要素）看成一个系统。内部控制是企业或单位整个管理系统中的一个子系统，其主体是单位的经营管理者，其目标和实现目标的手段与方法最终都要服从于整个企业或单位管理目标的需要。因此，我们说内部控制实质上是一种内部管理。

二、企业内部控制的目标与方法

(一) 企业内部控制的目标

单位内部控制应达到以下目标。

第一，建立和完善符合现代管理要求的内部组织结构，形成科学的决策机制、执行机制和监督机制，确保单位经营管理目标的实现。

第二，建立行之有效的风险控制系统，强化风险管理，确保单位各项业务活动的健康运行。

第三，堵塞漏洞、消除隐患，防止并及时发现和纠正各种欺诈、舞弊行为，保护单位财产的安全完整。

第四，规范单位会计行为，保证会计资料真实、完整，提高会计信息质量。

第五，确保国家有关法律法规和单位内部规章制度的贯彻执行。

(二) 企业内部控制的方法

内部控制的方法主要包括以下类型。

1. 组织结构控制

组织结构控制要求单位按照不相容职务相互分离的原则，合理设计会计及相关工作岗位，明确职责权限，形成相互制衡机制。

所谓不相容职务是指那些如果由一个人担任，既可能发生错误和舞弊行为，又可能掩盖其错误和弊端行为的职务。换言之，对不相容的职务，如果不实行相互分离的措施，就容易发生舞弊等行为。不相容职务主要包括授权批准、业务经办、会计记录、财产保管、稽核检查等职务。这五种不相容职务之间应实行如下的分离：授权批准与业务经办相分离、业务经办与审核监督相分离、业务经办与会计记录相分离、财产保管与会计记录相分离、业务经办与财产保管职务相分离。

2. 授权批准控制

授权批准控制是指企业在处理经济业务时，必须经过授权批准以便进行控制。授权批准按其形式可分为一般授权和特殊授权。一般授权是指对办理常规业务时权力、条件和责任的规定，其时效性较长；而特殊授权是对办理例外业务时权力、条件和责任的规定，其时效性较短。授权批准控制要求单位明确规定涉及会计及相关工作的授权批准范围、权限、程序、责任等内容。

3. 会计系统控制

会计系统控制要求单位依据会计法和国家统一的会计控制规范，制定适合本单位的会计制度，明确会计凭证、会计账簿和财务会计报告的处理程序，建立和完善会计档案保管和会计工作交接办法，实行会计人员岗位责任制，充分发挥会计的监督职能。

4. 预算控制

预算控制要求单位加强预算编制、执行、分析、考核等环节的管理，明确预算项目，建立预算标准，规范预算的编制、审定、下达和执行程序，及时分析和控制预算差异，采取改进措施，确保预算的执行。预算内资金实行责任人限额审批，限额以上资金实行集体审批。严格控制无预算的资金支出。

5. 财产保全控制

财产保全控制要求单位限制未经授权的人员对财产的直接接触，采取定期盘点、财产记录、账实核对、财产保险等措施，确保各种财产的安全完整。

6. 人员素质控制

人员素质控制是对员工素质进行的一种控制，目的是获得高素质的员工。人员的素质对内部控制的效果起着非常重要的作用。实施人员素质控制主要是把好三关：加强对员工招聘环节的控制，保证招聘到素质比较高的员工；加强对员工的职业道德教育和技能培训；加强对员工的考核，及时淘汰不称职的员工。

7. 风险控制

风险控制要求单位树立风险意识，针对各个风险控制点，建立有效的风险管理系统，通过风险预警、风险识别、风险评估、风险分析、风险报告等措施，对财务风险和经营风险进行全面的防范和控制。

为了防范和规避风险，企业应建立风险评估机制。企业常用的风险评估主要有筹资风险评估、投资风险评估、信用风险评估和合同风险评估。

风险防范控制是企业一项基础性和经常性的工作。企业必要时可设置风险评估部门或岗位，专门负责有关风险的识别、规避和控制。

8. 内部报告控制

内部报告控制要求单位建立和完善内部报告制度，全面反映经济活动情况，及时提供业务活动中的重要信息，增强内部管理的时效性和针对性。

内部报告要根据管理层次设计报告频率和内容的详简。通常向高层管理者报告间隔长，内容从重、从简；反之，报告间隔短，内容从全、从详。常用的内部报告有资金分析报告、经营分析报告、费用分析报告、资产分析报告、投资分析报告和财务分析报告等。

9. 电子信息系统控制

电子信息系统控制要求运用电子信息技术手段建立内部控制系统，减少和消除人为操作因素，确保内部控制的有效实施；同时要加强对财务会计电子信息系统开发与维护、数据输入与输出、文件储存与保管、网络安全等方面的控制。

三、企业内部控制的作用及局限性

(一) 内部控制的作用

现代内部控制作为一种先进的单位内部管理制度已经普遍地被企业采用，它在现代经济生活中发挥着越来越重要的作用。

第一，有利于建立岗位责任制度。内部控制要求合理设置单位内部的机构和岗位，并明确各个职能部门或工作人员的职责范围和权力，做到部门与部门、个人与个人之间分工明确、职责清楚，从而做到责任分明、纪律严格、相互协调、效率提高；同时，科学合理而又明确的分工也便于部门、个人的相互监督检查，自动纠正错误，发生问题或差错也便于发现和追究责任。

第二，有利于形成良好的工作环境和秩序。内部控制可以促进各个职能部门之间业务活动的紧密衔接，使单位内部各部门之间的业务活动协调、均衡地发展，形成良好的工作秩序，保证各项计划和任务的完成，从而使企业的一切活动有节奏地进行，提高控制能力。

第三，有利于提高经济效益。内部控制有利于加强经济核算，加速资金周转，提高资金使用效率，增收节支，减少损失和浪费，降低成本，增加利润，提高企业的经济效益。

第四，有利于保护财产物资的安全完整。内部控制可以有效地防止贪污、挪用、盗窃等违法违纪行为的发生，防止和发现舞弊行为，从而保证财产物资的安全完整。

第五，有利于经营管理决策的有效执行和信息的沟通。内部控制可以有效地保证最高管理当局制定的经营管理决策得到及时、有效的贯彻执行，并能通过记录控制系统等，及时反馈执行的情况、结果及存在的问题，从而使管理当局及时采取措施，加以控制。

第六，有利于充分发挥员工的积极性和创造力。内部控制十分重视人的创造力，通过建立完善而又严密的内部控制制度，奖惩分明，可以调动广大员工的积极性，激励大家刻苦钻研，有创造性地开展工作。同时，内部控制要求企业科学地设置内部岗位，并根据员工的自身素质“量才适用”，从而做到“人尽其才，物尽其用”。

第七，有利于建立现代企业制度，完善公司治理结构。通过有效的内部控制，记录、反映经营者的经营过程和经营业绩，借以考核经营者的受托责任，是公司治理结构中不可或缺的内容。

（二）内部控制的局限性

任何一项制度、方法都有其自身的局限性，有其不足之处，内部控制制度也不例外。内部控制的局限性主要体现在以下几个方面。

第一，受运行成本的限制。内部控制在许多方面受到内部控制环境的影响，其健全与否、效率高低，依赖单位性质、规模、管理模式和管理手段。一般来讲，内部控制必须依据一定的程序进行，而这些控制程序需要一定的成本。例如，控制环节的设计、岗位的设置、人员的配备、保证各控制环节的运行等，都与成本密切相关。如果控制环节较多，设置的岗位也必然增加，就需要配备较多的人员，对内部控制执行的评价力量也需要增加，这样，内部控制运行的成本必然随之增加。但如果过于简单，可能又起不到应有的控制效果，经营管理过程中可能会出现漏洞，发生舞弊行为，给单位财产带来损失。因此，各单位在建立内部控制制度时，必须考虑内部控制的建立与运行的成本和效益问题，视单位规模大小、管理模式和内部所应防范的风险或错误可能造成的损失和浪费而定。一般来讲，内部控制成本不能超过风险或错误可能造成的损失，否则再好的控制措施和方法也将失去其降低成本的意义。

第二，受串通舞弊的限制。内部控制的基本思想是不相容岗位或职务必须相互分离。但是，这种由两个或两个以上的人或部门共同控制一项经济活动或会计事项措施的，只是从物理的角度做出的设计和防范，并不能完全防止两个或两个以上的人或部门共同作弊行为的发生。例如，如果出纳和会计共同作弊、财产保管人员和核对人员合伙造假、采购部门与会计部门联合舞弊、审计部门与会计部门合伙舞弊等，那么，再完备、再严密的内部控制措施也不能发挥其应有的作用。

第三，受人为错误的限制。内部控制是由人设计建立的，也是由人来进行操作的，如果单位内部行使控制的人员在心理上、技能上和行为方式上不能达到实施内部控制的基本要求，对内部控制程序、措施理解不透，执行中经常出现误解、误判，再完备的内部控制也很难发挥作用。例如，在内部控制执行中，因工作人员粗心大意、理解错误、曲解指令等人为因素，造成对方发票总金额计算错误未被发现、发货时未索要提货单、签发支票时未审查支付用途等，都会使内部控制失去应有的作用。

第四，受职能越权的限制。在内部控制执行中，最为重要的是，按照内部控制程序、职责权限正确行使岗位控制职能。如果相关控制岗位的人员越权行使职能，或管理当局超越内部控制设定的权限行使职能，就很容易发生重大舞弊行为，有可能出现挪用、转移、隐瞒单位资产，有关文件资料、数据的丢失或失密等情况，给单位造成重大经济损失。一般来讲，在内部控制过程中，最应注意的是防止出现单位高层管理人员越权履行职能情况。单位低层次工作人员的越权行为可以通过文件凭证、限制接近、职责分离、加大检查频率等措施来防止其发生。但对于高层管理人员，由于其处于单位的管理和决策层，权力较大，一旦有超越其职能权限行为发生，一些控制程序可能会失效，如管理当局或主要管理人员弄虚作假、故意错报财务状况和经营成果、粉饰利润，这种目的往往都能达到而无法防止。因此，内部控制在很大程度上，受到管理当局的职能权限是否能规范、有效得以履行的限制，这也是当前单位经营活动中内部监督制度不能有效发挥作用的关键因素之一。

第五，受制度滞后的限制。单位内部控制，一般是为经常而重复发生的经济业务或会计事项而设计的，具有相对的稳定性。如果出现不经常发生或未预计到的经济业务或会计事项，原有的控制可能会不适用，从而失去控制力。在现代市场经济活动中，单位尤其是企业处于竞争十分激烈的市场环境中，为了便于生存和发展，必然要经常调整经营策略，收购其他单位，或异地开办机构，增设生产管理部门、增加生产线等，这就可能导致原有的控制程序、控制环节、控制措施、控制岗位设置等，对新增经济业务或会计事项失去控制作用，可能就会发生因内部控制失效而产生的错误和舞弊行为，给单位带来损失。因此，内部控制的程序、方法、内容等，应当随着经济业务和会计事项内涵的变化不断进行有效的调整，使其适应单位经营管理与发展的要求。

由于内部控制存在缺陷，因此，单位应当重视内部控制的监督检查工作。单位可以由专门机构或者指定专门人员具体负责内部控制执行情况的监督检查，确保内部控制的贯彻实施；单位也可以聘请中介机构或机关专业人员对本单位内部控制的建立、健全及有效实施进行评价。

第二节　企业内部控制与合规管理的关系

随着我国市场经济的发展，企业管理规范化程度也逐渐提高，“为更好地适应市场经济发展，企业的内部管理也需要与时俱进，既要保证各项经营活动合法合规，又要保证各项规章制度有效执行，从而降低运营风险，提高经营效率”①。目前，多数国内企业正面临着激烈的市场竞争，以及错综复杂的行业环境。因此本节通过比较内部控制与合规管理的共性和区别来探讨两者的关系。

① 马增彩．探讨企业内部控制与合规管理整合 [J]. 全国流通经济，2020(14)：61-62.

一、企业内部控制与合规管理的共性

第一，两者都是一种内生机制。内部控制是由于财务舞弊的出现，在企业内部形成的一种监督制衡机制，并逐渐发展成为对企业内部从业务、职能及管理层进行全面风险控制的手段；而合规管理则是由于内部合规风险的产生与外部监管的要求，在企业内部设立的一种对行为进行监管和控制的方式，并从单纯的应对监管逐步发展到对职务舞弊、腐败以及贿赂等不合规行为的控制。两者都是随着企业规模的不断增长以及业务的不断发展，简单的治理机制已无法满足外部监管的要求，而在内部形成的治理机制。

第二，两者的目标是一致的。根据COSO对内部控制的定义，其三大主要目标是经营目标、财务目标以及合规目标，合规目标与主体对适应的法律和法规的遵循有关，而这一目标与合规管理的目标一致，合规管理就是对合规风险评估分析，进而采取应对措施的管理控制活动，即保证企业的合法合规经营。两者在目标上是一致的，合规管理可以更好地帮助企业实现内部控制的合规目标。

第三，两者都是动态性的过程。内部控制并非单一的事件或环境，而是针对企业行为的一系列活动，是一个动态的过程。从整体控制来看，内部控制包括制度设计、制度执行和制度评价等阶段；从业务控制来看，一般采取事前控制、事中控制和事后控制等措施。合规管理是在持续修订相关制度的基础上，对合规风险进行控制并提供相应的咨询、教育与培训，主动避免违规事件发生，采取纠正和惩罚措施，确保内部机构和人员遵循相关制度规章的动态循环过程。由于企业内外部的监管法律及规章随着环境的变化而进行相应的修订，合规管理为了适应其变化也处于一种动态进程中。因此，内部控制和合规管理都会随着环境的改变而改变其控制活动。

二、企业内部控制与合规管理的区别

第一，两者涵盖的范围不一样。内部控制涵盖了全业务流程、全公司范围内的整体控制，保证企业内部制度的稳健性、合规性以及有效性，针对制度的薄弱环节提出合理的建议，促使企业以合理的成本实现有效控制，达到改善企业经营状况的目的；而合规管理则主要是针对企业规章制度以及外部法律的执行和遵循状况进行监督和评价，对违规行为进行审查，对合规风险有效预防。因此，内部控制涵盖的范围要比合规管理更广。

第二，两者的控制手段不一样。内部控制主要通过控制环境、风险评估、控制活动、信息沟通以及监督五个部分实现对企业的控制；而合规管理通过设立合规官，构建合规培训机制、监督机制以及合规风险控制体系来实现对企业的合规风险的有效控制。两者的控制手段虽然有所不同，但存在一定的共通性。

通过对内部控制与合规管理的比较，笔者认为，首先，合规管理和内部控制是从属关系，合规管理是内部控制体系的一部分，是内部控制的一种手段和方法，合规管理可以有效地帮助企业对腐败和舞弊行为进行审查和控制。从两者的目标来看，合规管理是为了使企业遵循内外部的法律规章，对于合规遵循这一目标而言，是十分契合内部控制的基本目标的。其次，合规管理和内部控制可以在企业内部形成有效的互动，并与内部审计构成企业内部监督的控制系统，从风险管理的角度来看，通过内部控制的整合，将第二道防线的合规管理与第三道防线的内部审计协同起来，共同构筑企业的风险控制体系。最后，合规管理和内部控制都是公司治理的内在需求，公司治理的合规性是指公司在治理活动中遵从有关公司治理法律法规政策，治理的合规性是治理有效性的必要条件。而合规管理与内部控制都是公司内部监督的有效方式，两者相互渗透、相互促进，共同完善公司内部的治理环境。

第三节　内部控制与合规管理整合的必要性

一、有助于完善内部控制体系

随着内部控制的不断发展和更新，内部控制体系也不断吸收新的理念，从会计控制发展到了综合控制，从查错防弊发展到全面风险控制。内部控制通过对内部资金流、物流以及人力资源流进行控制，实现对企业政策、经营、财务和战略的风险管理。而这些信息流的控制主要以财务信息的方式进行反映，缺乏对非财务信息的整合。将合规管理与内部控制进行整合，合规部门才可以通过统计企业的违规次数、监管处罚报告以及内部举报等内容对企业的非财务信息进行整合并形成报告，进而可以全面了解企业的经营状况。另外，合规管理融入企业的控制框架后，可以进一步加强企业的风险控制，专门的合规部门可以发现企业的舞弊或者违规行为，并及时有效地跟进，提前对风险做出预判并制定控制措施，从而可以减少损失。

二、有助于改善公司治理环境

公司治理是通过一套包括正式或非正式的、内部的或外部的制度或机制来协调公司与所有利益相关者之间的利益关系，以保证公司决策的科学化，从而最终维护公司各方面的利益的一种制度安排。而这种科学的决策不仅要通过产品市场和经理市场等外部治理机制发挥作用，更需要发挥股东大会、董事会和监事会等内部治理机制的作用。目前，在英国、美国、日本、韩国等发达国家均已出台法令要求资本市场的主要经营机构设置合规部门，建立内部合规管理制度，而我国也从2006年开始，对证券行业和保险行业出台了相应的规章，要求设立合规部门。由此看出，合规管理已跨越不同法系下公司治理机制的差异，是完善公司治理的重要环节，合规管理对于企业内部的治理机制是对董事会以及监事会监督职能的一种补充。

对于监事会而言，第一，监事会主要是对公司董事会和高级管理层的监督，而合规部门则是对公司及公司员工经营活动的合规情况进行监督；第二，监事会侧重于事后监督，而合规管理则侧重于事前监督和实时监督，合规管理与监事会可以形成对公司的全面监督。对于董事会而言，董事会对公司合规承担最终责任，独立董事作为董事会的一部分也承担一部分合规责任，独立董事对合规部门发挥领导和支持作用，合规部门协助董事会履行合规职责。因此，在公司治理各运行主体之间，合规管理可以有效填补企业内部控制监督职能的模糊地带，使公司治理的功能在各主体之间进行无缝衔接，提升企业内部控制的能力和水平。

三、有助于促进内部审计、合规管理的协同效应

内部审计和合规管理都是内部控制的方法和手段，两者在内部控制体系中虽然各有侧重但又协同合作。合规管理是对企业各项业务的事前审查和事中实时监控，并对董事会负责；而内部审计则是履行审计委员会赋予的对企业内部控制的监督评价职能，是评价企业内部各职能部门的内部控制有效性的执行者，且审计结果也会作为年终考核的依据之一，有助于提升企业员工的风险意识和内部制度的执行意识。内部审计和合规管理的协同主要体现在信息的沟通和传递上，对内合规管理可以有效利用内部审计的结果对企业内部的违规行为进行核实检验，对外合规部门是连接外部监管部门的重要接口，需要将行业的最新监管规则、外部监管意见、风险监控报告以及处罚报告及时传递给内部审计部门，而内部审计部门则整合有关信息发现内部控制的缺陷和不足并提出整改意见和建议，促进企业内部控制制度得以有效执行。

第四节　内部控制与合规管理的整合策略

合规管理在企业管理中的主要职能是反贿赂、腐败和舞弊等不合规行为以及遵循外部监管等，而防范和控制这些不合规行为也是内部控制的要点，根据COSO提

出的内部控制框架，内部控制五个关键要素组成分别是内部环境、风险评估、控制活动、信息沟通以及监督。通过将合规管理体系和内部控制的五个关键要素整合，可以使合规管理更有效地融入现代企业管理体系中。

一、建立企业合规管理体系，改善内部控制环境

内部环境是企业实施内部控制的基础，一般包括治理结构、机构设置、权责分配以及企业文化等。在企业内部构建合规管理体系主要包括：一是企业内部组织架构的设计和建立；二是企业合规文化的构建。对于企业合规管理的组织架构，可以从不同层次进行分析。首先是在高层组织设立合规管理委员会，其隶属于董事会，董事会对企业的合规运行负最终责任，而合规管理委员会则在董事会的授权下对日常合规管理负责，了解合规制度的实施情况并及时向董事会和经理层提出建议；其次是在中层组织设立合规总监，其隶属高级管理层，负责监督和评价各个部门的合规状况；最后是基层的合规组织，设立基层的合规组织可以集中设立一个专门的合规部门对企业基层的合规状况进行审查，也可以根据需要将合规职能分散到各个部门，履行相应的职能。对于企业合规文化的构建需要自上而下在企业内部倡导，合规从高层做起，通过举办合规教育和培训，培养员工的合规意识。企业文化是一种非正式的控制手段，软性的企业文化可以对员工形成软约束，激发员工的自律和合规意识，在企业内部形成一种反贿赂、反舞弊以及反欺诈的文化氛围，让诚信意识深入人心。

二、深化合规风险评估，提升企业识别违规行为能力

风险评估是内部控制的一个重要环节，是内部控制有效性的基础。首先，合规风险的管理要根据企业所在行业以及性质的特点，对企业内部的贿赂行为、腐败行为、舞弊（包括财务舞弊和职务舞弊）行为以及违反监管的行为进行界定和说明，并根据相应的法律规章制定合规风险手册，对风险进行识别。其次，要界定合规风险评估的范围，全面的合规风险审查评估需要耗费的资源太多，不利于企业的成本控制，需要根据企业内部业务和部门的重要性以及风险发生的概率划分优先级，对重点部门和重要业务强化合规风险的审查，而对于非重点业务和部门可以采取减少合规审查的频率以降低成本。再次，对发现的违规行为进行深入分析和调查，收集违规行为涉及人员的信息和事件的信息以及证据材料，并解析违规行为发生的原因和动机，再将所有的材料汇集成报告。对于疑似的违规行为则继续跟进，收集相关材料，留待进一步确认。最后，整合每次合规审查的数据和信息，并做好复核工作，保证出具的合规风险评估报告的真实性和准确性。

三、完善企业的控制活动，提升企业合规管理的独立性

内部控制活动的目的是实现企业内部的监督与制衡，如不相容职务的分离控制、授权审批的分离控制以及绩效控制等。合规管理在企业内部充当了检察官的角色，因此合规部门的专业人员不能为了企业的经营绩效同时又去开展业务，业务人员和合规人员应该各司其职，各负其责。对于业务的合规性，合规部门应该给出公正的意见，对于企业内部的违规行为坚决查处并做出公正的报告。而合规部门自身也要受到内部审计部门的监督和评价，因此企业内部的各职能部门之间都要实现相互牵制，避免出现凌驾于企业内部控制制度的层级和人员。只有这样，才能保证内部控制的有效性。

对于合规部门的绩效控制，由于合规管理不能为企业产生直接的经济效益，很多企业将合规部门归为成本部门，而实际上完善的合规管理可以让企业减少因内部腐败和外部违规处罚带来的经济损失。在美国的审判制度中，拥有良好的合规管理体系的企业在遭到处罚时，可以申请减轻处罚的力度。因此，应该从多个角度进行合规部门的绩效考核。企业其他部门的绩效考核则应该将合规因素纳入考核体系之中，这样可以从源头上解决问题，实现对员工的合规约束，强化企业的合规文化意识。

四、整合企业的监督职能，健全内部举报机制

内部监督是监督检查企业对内部控制实施情况，目的在于评价内部控制的有效性，发现内部控制缺陷，并及时加以改进，是企业利益相关者对企业代理人的经营行为和经营活动的监控。在现有内部控制体系中，主要依靠内部审计实施的监督，通过审查经营活动所涉及的财务票据和会计账目，核实是否存在舞弊或者其他违规行为。内部审计可以很有效地发现关于企业业务上存在的舞弊行为，但是对于腐败和职务舞弊等违规行为不能有效地发现和遏制。在一些企业内部审计会承担内部举报，也有一些企业会设立类似纪检监察等部门来接受举报，但是这些都没有将合规的职能集聚。

通过设立专门的合规部门，将内部审计或者其他相似部门的行为监督和内部匿名举报职能整合到合规部门，这样可以集中资源对企业内部的违规行为进行管控。完善内部匿名举报人制度以及奖励制度，对于匿名举报提供的线索，合规部门要及时进行核实和审查，对举报人应进行合理的保护或给予一定的奖励。只有通过内部审计和合规管理的共同监督，才能有效地实现企业内部控制的监督职能，保障企业健康稳健的运行。

五、发挥内部审计与合规管理协同效应，整合财务信息与非财务信息

信息资源是一个企业赖以生存的重要因素之一，企业在制定决策和日常运作中需要各种形式的信息。内部信息传递是指企业内部各管理层级之间通过内部活动报告形式传递生产经营管理信息的过程。通过内部审计和合规部门两者之间的协同配合可以更有效地整合企业内部的财务信息和非财务信息。第一，建立部门的协同制度，在允许的范围内实现部门间的信息共享，在内部审计部门发现违规线索时，可以及时通知合规部门跟进调查，而合规部门通过内部审计部门提供的财务证据也可以进行交叉验证，进而更全面准确地分析违规事件。第二，在企业现有的 ERP 系统中增加合规管理模块，对企业经营活动的各流程进行合规审查，在流程上确保信息的合规性，并由合规部门负责监督。第三，合规部门要定期对企业内部的合规状况进行汇总分析并形成报告，提交给合规管理委员会以及董事会。

第四章　企业法律风险与管理实施探讨

近年来，社会的进步与经济的增长，为各行各业的发展提供了非常有力的支持。企业在发展过程中，通常会受到内外部因素的影响，从而产生一些法律风险问题。企业为了能够提高自身实力和核心竞争力，需要切实做好合规管理及经营工作，提高对经营风险的识别能力。基于此，本章以企业法律风险界定及其特征为切入点，分析企业法律风险的成因与后果，解读企业法律风险管理的理念，探讨企业法律风险管理的实施过程。

第一节　企业法律风险界定及其特征

一、企业法律风险界定

法律风险是指因为行为人不懂法、不守法、不用法而带来的否定性评价，并给其带来物质上、精神上、身体上、声誉上的损失。企业法律风险是企业在生产经营过程中由于企业外部的法律环境发生变化，或企业故意或过失违反法律义务或约定义务或未按照法律规定行使权利而对企业造成负面后果的可能性或可能承担的责任和损失。

(1) 不确定性是基于法律因素所产生的。市场经济作为法治经济，其构建与运行有赖于市场规则的建立与完善；市场规则由商业习惯、公序良俗、法律规则等组成，而其他市场规则则有赖于法律规则的保障。简单地说，企业法律风险即企业在经营管理过程中因不了解或违反法律规范而产生不利结果的风险。作为一个现代企业，从成立、日常经营管理到解散终止都离不开法律规范的保障与约束。无论是决策、人事，还是财务、商业等管理和运营方面的风险，只要因不了解或违反有关市场主体、市场运营、行业管制、劳动和人事制度保障等各方面的法律和法规而可能产生不利后果的，最终都可归结为法律上的风险。企业运营不可避免地涉及国家、社会、企业自身和个人等利益冲突，而这些利益和矛盾冲突就是产生企业运营法律风险的一系列原因或条件。法律因素包括外部的法律环境、内部的法律支持与法律行为。外部的法律环境包括法律体系、执法力度、法治观念等；内部的法律支持包括企业的法务支持、制度管理等。法律因素的不确定性是法律风险产生的诱因，如法律的规定或法律主体做出的合同约定等。

(2) 引起风险或者给企业经营带来影响的直接原因，是企业内外部法律环境的变化及企业自身或其他当事人做出了某种行为或没有做出某种行为，即作为或不作为。

(3) 法律风险的后果是给企业经营所带来的影响，该影响最终会表现为法律方面的影响，即对企业的权利义务造成了影响，产生、变更或消灭了某种法律关系。

当然，法律风险不等于违法风险。虽然所有导致法律风险的行为都具有不规范性，但法律风险的成因更为宽泛，既包括违法行为，又包括自甘冒险行为、法律的不确定性、法律环境的不完善性以及法律监控活动的不规范性等。

二、企业法律风险的特征

企业作为独立法人实体，可以将企业风险分为自然风险、运营风险、财务风险和法律风险。其中，前三种风险分别以不可抗力、市场环境和资金交易为特征，而法律风险主要以法律因素为产生原因，以承担法律责任为后果，它与企业所面临的其他风险既有区别又有联系。企业法律风险主要有以下几个特征。

(一) 企业法律风险产生的法律因素

导致企业产生法律风险的法律因素主要包括某一种法律状态、法律事件或法律主体的行为。具体内容如下。

(1) 企业外部法律环境的状况及其变化。一方面是指法律和行政执法力度的状况，另一方面是指法律的出台、修改和废止，以及行政执法状况的变化。企业生存的法律环境主要包括立法和执法的状况。法律环境的变化将影响企业和相关利益主体的行为，使企业法律风险的原有状况发生变化。这种变化既可能使企业产生新的法律风险或现有的法律风险消除，又可能使企业发生法律风险的可能性和损害程度增大或减小。

(2) 企业未依据法律规定有效实施法律控制措施。换言之，就是企业未有效地获得、行使或保护法律赋予的权利，故无法有效利用法律赋予的权利维护其应有的利益，从而降低了企业的核心竞争能力，使企业产生不必要的损失。

(3) 企业或与企业发生法律关系的各类主体的行为。这种行为包括违反法律的规定、违反合同的约定以及实施的侵权行为。实施上述行为的主体可以是企业本身，也可以是企业以外的其他主体，或者是双方实施的行为。

应当注意的是，并非所有的法律因素都会导致企业的法律风险，只有那些对企业产生负面影响的法律因素才会最终给企业带来法律风险。由此可见，法律风险的产生，离不开规范企业行为的各项法律规范，以及与企业发生法律关系的各类主体。

（二）企业法律风险存在于企业运营的各个管理环节

法律规范了企业生产经营的各个方面，也规范了企业从设立到终止的全过程。因此，法律是贯穿企业经营活动始终的一个重要标尺和依据。企业与政府、企业与企业、企业与消费者以及企业内部的关系，都要通过相应的法律来调整和规范。政府对企业的指导和监管，已经从过去的行政手段转变到以经济和法律的手段为主；企业与企业作为平等的市场主体，只能依靠民商法律进行调整和规范；企业内部各种关系，包括劳动关系、质量管理、安全生产管理、财务管理等，都要依据劳动法、产品质量法、安全生产法、会计法等法律来调整和规范；企业与消费者之间也必须按照消费者权益保护法等法律法规来调整。企业作为法律规范的主体之一，只要其行为涉及法律规定，就有可能存在法律风险。可以说，在市场经济中，企业的所有经营活动都离不开法律规范的调整，企业实施任何行为都需要按照法律的规定，在法律的整体框架下进行。因此，企业需要对经营管理的全过程进行法律风险监控，实施法律风险控制措施，建立高效的法律风险防范体系，从而保障企业持续健康地发展。

（三）法律风险发生导致的后果是企业承担法律责任

法律风险产生于法律因素，终结于法律后果。法律风险发生导致的后果主要包括企业承担民事责任、行政责任和刑事责任。企业发生法律风险的后果通常为民事责任的承担，主要表现为支付违约金、赔偿经济损失、赔礼道歉、消除妨害，等等。行政责任主要是由于企业违反政府或监管机构的有关管理规定而被行政管理机关处以罚款、没收违法所得、吊销执照等。而刑事责任通常仅发生在企业的行为触犯刑法或刑事法律规定时，接受的刑事惩罚。在多数情况下，企业的法律风险造成的责任是给予经济赔偿或承担经济损失。这种经营损失风险只是法律风险的一种表现形式，并不能改变法律风险的本质特征，不能将经济损失一概认为是企业的财务风险，对法律风险的鉴别要从其缘由、过程及后果的根本属性来判断。

（四）企业所面临的法律风险和其他风险紧密相关

企业法律风险虽然不同于企业面临的其他风险，它具有特有的法律特征，但法律风险并不是与其他风险截然分开的，它们之间具有紧密的联系。从企业整体运营的角度看，企业法律风险和财务风险是交叉互融的，财务风险的特点决定了法律风险的特点，法律风险的控制效果又在很大程度上影响着财务风险的大小。法律风险在许多情况下与财务风险是同时存在的，法律风险防范占据重要地位，有效控制企业法律风险可以在很大程度上避免和降低经营风险，而经营风险经常导致企业产生较大的法律风险。

第二节　企业法律风险的成因与后果

在企业发展过程中，通常会受到内外部因素的影响，从而产生一些法律风险问题。“企业为了能够提高自身实力和核心竞争力，需要切实做好合规管理及经营工作，提高对经营风险的识别能力。”①

一、企业法律风险的成因

不同的风险原因有着不同的管理策略和重点，根据成因的性质和来源，可将企业法律风险产生的原因分为以下两种。

（一）直接原因与间接原因

从成因的性质角度分析，导致企业法律风险的原因可分为直接原因和间接原因。

直接原因是指导致企业法律风险的直接因素，包括法律因素，如立法调整；也包括缺乏法律支持的经营管理活动、企业管理人法律意识欠缺等。

间接原因是指导致企业法律风险的间接因素，即其他风险，如财务风险会带来法律风险，企业经营失败会导致民事赔偿以及法律纠纷。

（二）内部原因与外部原因

从成因的来源角度分析，导致企业法律风险的原因可分为内部原因和外部原因。

1. 内部原因

内部原因是指导致企业法律风险的自身因素，即企业设立行为、决策行为、生产行为、管理行为、经营行为等是发生法律风险的根源，这也是法律风险最主要的原因。如企业管理人员及员工法律意识淡薄，对企业法律环境认知不足，在经营决

① 李青．新时代下企业法律风险与企业合规管理 [J]. 法制博览，2021(30)：169-170.

策中忽略或忽视法律因素，存在侥幸心理打法律“擦边球”，甚至故意违法经营，没有建立法律风险防范机制，法律风险能力不强，等等。企业法律风险的内部因素可以分为以下三个方面。

一是企业员工的道德操守和法律素养。企业是一种社会存在的组织形式，企业行为体现为员工行为，企业运营首先体现为人的因素，尤其是企业的管理者们基本可以控制并决定着企业的生死存亡，然而，企业的利益与企业员工的利益并不完全一致，会存在一定的对立性。如此一来，员工的道德操守和法律素养直接决定了企业法律风险的大小。因此，企业风险首先是人的风险，人的因素在企业法律风险成因中占有最重要地位。

二是企业内部规章制度的合法性、合理性及其贯彻落实情况。企业持续健康地发展，不能仅仅依靠企业领导个人的魅力、能力和权威，更要靠科学的管理体系和先进的管理制度。因此，如果企业的内部规章存在一定的缺陷，甚至得不到法律法规的支持，或者未能得到贯彻落实，那么企业的法律风险也会相应地增加。

三是企业管理结构。随着企业竞争的全球性及日趋激烈性，规模超大、机构庞杂是现代企业的普遍追求，也是企业成功的重要标志之一。如今，企业内部组织结构的日益复杂化、经营商品或提供服务的日益多样化已大大超乎前人的想象。然而，在企业不断进行的甚至是盲目扩张成为超大型的“经济巨人”时，企业内部各职能部门的信息沟通和有效配合也变得越来越困难，相应地，控制企业运营法律风险的成本增加、难度加大。尤其是，当企业突破了守法经营的底线，或者被部分别有用心的人控制或操纵时，对企业所造成的法律风险可能就是致命性的，所带来的损失很可能就是全局性的。

2. 外部原因

外部原因是指导致企业法律风险产生的非企业自身的因素，包括外部法律环境变化的影响，立法不完备，行政及司法机关执法不严、不公正，合同对方恶意违约、欺诈，外部侵权等。企业法律风险的外部因素也可以分为以下三个方面。

第一，国家法律法规自身发生变化。国家政策、法律法规的不断调整更新，势必会给企业带来一定影响。今日企业的合法或不违法的行为，可能会由于法律法规的变化，而在明日变成违法行为。因此，如果企业对现行法律法规体系不了解或了解得不全面，就可能会产生法律风险。

第二，企业的利益相关人的行为。企业在经营过程中，要受到竞争对手、合作伙伴、投资者、消费者、社区等利益相关人的影响，这些主体的行为也会给企业带来一定的法律风险。比如，合同方欺诈、违约，他方侵权，竞争对手不正当竞争等。

第三，其他外部因素。包括意外事件、不可抗力等情况。

相应地，根据企业法律风险的成因来源，企业法律风险可分为企业外部环境法律风险和企业内部法律风险。这种区分的最大意义在于，企业采取的风险管理策略不同。由于外部因素企业难以控制，因此企业外部法律风险不可能从根本上予以杜绝；而内部因素是企业能够掌控的，因而也是企业法律风险防范的重点。整体而言，企业外部法律风险和内部法律风险都能通过健全制度、优化流程、规范文本、完善表单等予以最大化地避免。

二、企业法律风险的作用对象与后果

(一) 企业法律风险的作用对象

企业法律风险的发生不仅会给企业造成损失，也会给企业其他利益主体带来不利影响，包括股东、董事会等管理层、员工 (雇员) 等。

对于企业而言，法律风险轻则会造成财产损失，重则会承担罚款、停业整顿、吊销营业执照等行政责任，甚至会承担罚金等刑事责任，同时还会给企业信誉、形象、品牌等造成难以评估的损害。相应地，企业损失最终会转嫁到企业的投资者——股东身上，也势必会影响到员工的薪资报酬和职业发展，反过来进一步影响企业的稳定发展。

对于企业董事会等管理层而言，法律风险的发生是由企业风险管理失误造成的，即主要是由企业董事会等管理层决策失误或者监管不力导致的。因此，企业法律风险势必会给管理者的职业声誉带来消极影响。严重时，董事会等管理层还要承担信托责任、个人责任等。

对社会而言，企业法律风险会影响到社会的经济活力。因为，企业是现代社会的重要细胞，除了获取正常商业利润外，还承担着巨大的社会责任，发挥着无可替代的作用。企业法律风险的发生会直接或间接影响社会经济的发展，因此，有效防范与化解企业法律风险，不仅是股东利润、劳动者权益的重要保障，也是整个国家经济实力的重要保障。

(二) 企业法律风险的后果

企业法律风险的后果包括以下三种。

(1) 财产类法律后果，包括货款损失、违约金、赔偿损失、罚款、没收违法所得、罚金等。

(2) 非财产类法律后果，包括权利受损，承担赔礼道歉、消除妨害等民事责任，承担停业整顿、吊销营业执照等行政责任，直接责任人承担刑事责任等。

(3) 非法律方面后果，包括企业形象、名誉、信誉、品牌受损，或者导致经营成本异常增加、资金难以回收、失去商机或优势，严重的导致企业难以生存甚至破产，等等。

第三节　企业法律风险管理的理念解读

一、企业法律风险管理理念的内涵阐释

企业法律风险管理理念是企业法律风险管理的核心内容。企业法律风险管理是一个复杂的系统工程，涉及企业管理的各个方面，包括风险管理目标、管理原则、管理方法、管理流程、管理策略、管理监督等。但管理理念是核心、是根本，决定了整个法律风险管理的发展方向和成败得失。

理念是西方哲学史的重要范畴，是指人们追求的目标及其实现途径的基本观念。所谓企业法律风险管理理念，是指对企业法律风险管理的本质及其发展规律的一种宏观的、整体的理性认识、把握和建构。企业法律风险管理理念是企业法律风险管理的指导思想和最高原理，也是对企业法律风险管理起长效作用的文化内涵。

思想观念是实践行动的先导，企业法律风险管理理念决定了企业法律风险管理的目标、模式、内容、流程和途径。对于我国而言，与企业法律风险管理的实践操作等微观方面相比，企业法律风险管理的宏观指向、思想认识等问题更有意义，也是我国企业法律风险管理中存在的根本性问题。

我们认为，要从战略高度重视企业法律风险，要树立防范第一理念，坚持化解风险为底线原则、差异化管理原则、全员管理原则、信息化和工具化管理原则等。鉴于法律风险防范的重要性和丰富内容，以及法律风险体检在法律风险防范中的独特性，我们予以专门论述。

二、从战略高度注重企业法律风险

企业要把法律风险视为一种重要资源，并把法律风险管理置于战略地位。

防范和化解风险是每一个企业永恒的主题。企业快速发展、持续赢利，是企业家的共同愿望，但是，其前提是安全——企业安全发展。风险是安全的最大隐患，其虽然看不见、摸不着，但却实实在在地潜伏着、发生着。尤其是在市场竞争不断加剧、海量信息不断冲击、监管环境日趋严苛的今天，各类不确定因素陡然增多，企业面临的风险日益增加。因风险的发生而导致人员伤亡、财产损失、企业崩盘的

国内外案例不胜枚举。

每个风险事件的背后，无不隐藏着法律风险因素，无不与企业家法律风险意识淡薄和企业法律风险管理机制缺失有着决定性关联。在市场经济社会，企业是一种法律组织形式，企业的所有经营行为都会表现为相应的法律行为，企业的所有风险最终都会表现为法律风险。同时，法律风险的危害性远远大于商业风险，因为造成的不但是财产方面的损失，而且可能是声誉方面、人身方面的不利后果，甚至是致命性的，企业和企业家往往会为此付出难以估量的、难以承受的沉重代价。因此，较强的法治观念和法律风险管理能力，是企业家应当具备的基本素质，是企业高质量、高效率、可持续发展的基本保障。

从企业资源角度看，有效控制法律风险也是企业的战略资源。现代企业资产通常被定义为一切可以为企业带来未来价值的资源。只要是具备产出能力的都能称为资产，其可以是有形的，也可以是无形的；可以是已拥有的和已控制的，也可以是未拥有的和未控制的。同时，企业价值理论告诉我们，企业资产来自企业内部和外部，具有生命周期，企业资产管理应体现在其价值创造上，而非价值摧毁上。

企业可以在不违背法律的强制性规定的前提下，充分利用法律提供的运作空间实现利益最大化，甚至利用法律漏洞或者特定的司法环境获取一定的经济利益。但从长期来看，企业应始终秉承合法经营的基本理念，因为守法诚信所带来的不仅仅是眼前的经济利益，更是企业长远的、无形的企业价值。

完善的企业法律风险管理至少能带来以下潜在收益：① 降低违反法律法规的概率；② 获得商业优势和竞争优势；③ 改善内控体系；④ 减少诉讼和索赔；⑤ 提升公司形象；⑥ 降低战略和核心业务的长期风险。基于此，国际优秀企业无不在企业战略方向设定中注入法律风险评估因素，将法律风险管理作为实现企业未来愿景的重要组成部分，作为实现企业战略目标的重要保障，并作为企业价值观和绩效考核关键指标安排具体行动。

因此，企业要从战略高度重视法律风险管理。当然，这并不意味着要束缚企业家和企业的手脚，而是要通过增强企业抗法律风险能力来增强企业的盈利能力，促进企业、企业家、员工在法律风险可控的范围、在合法合规的权限内大展身手，避免无谓的损失，并将提高企业效益的可能性发挥到极致。

三、法律风险防范第一的理念

企业管理法律风险，应当树立以事先防范第一、过程控制为主、事后救济为辅的理念。

事先防范是风险管理的基础。事后救济通常通过协商、调解、仲裁或者诉讼解决已经发生的纠纷，并以第三方的介入为主，往往费时费力，大大超过正常交易成本，并且结果具有不确定性。即使是在法律上“必赢”的官司，也可能受地方法治环境的影响而输掉，赢了官司无法执行，或者赢了官司输了生意的例子并不少见。

与事后救济相比，事先防范的成本低、效果好。事先防范的投入与事后救济的投入是成反比的。事先防范投入的成本越高，事后救济投入的成本就越低；事前防范投入的成本越低，事后救济投入的成本就越高。同时，事先防范的投入与效果成正比，事先防范的投入越大，取得的成效就越大。因此，对风险管理而言，事后控制不如事中控制，事中控制不如事前防范。事先防范就是企业自身的免疫系统，能够防患于未然。

树立法律风险防范第一的根源还在于，法律风险的不可弥补性。与其他风险不同，法律风险一旦发生，其违法行为的定性就不可更改，造成的损失往往也无法弥补。有效的事先防范，能最大限度地避免法律风险的发生，能最大限度地保障企业正常、健康、持续运转。

四、化解法律风险是底线的理念

安全是企业发展的第一要素。企业通常只注重“发展”，有些企业比较“短视”，急功近利，看重的往往是企业眼前的可得利益，而忽视了企业面临的风险。显而易见，如果没有安全作为前提，即使企业发展再快，其结果也可能不堪一击。

企业安全主要包括法律安全、资产安全、资金安全等，其中法律安全居首。企业需要特别注意防范因各类违法行为而受到刑事追究、行政处罚或者承担民事责任的风险。如果受到刑事追究，企业可能被处以罚金，相关责任人可能被判处刑罚；如果受到行政处罚，企业可能被责令停产停业、吊销营业执照，甚至进入破产清算程序；如果因民商事纠纷而发生仲裁诉讼，就可能出现企业财产被查封、账号被冻结等状况，企业经营运转自然就会受阻，甚至随时会有倒闭的危险。

有时法律风险难以避免，法律风险一旦发生，就要采取积极措施，化解风险，防止损害后果进一步扩大。“亡羊补牢”作为一种事后处理的补救方式，在风险已经发生后，对挽救风险具有一定意义。为此，企业应当充分发挥法务部门、企业法律顾问、律师事务所等专业机构、专业人才的作用，化解法律风险，因为这些专业机构和专业人才对法律领域的问题更为熟悉、经验更为丰富。必要时，可以采取整体服务外包的方式转移企业风险，降低企业损失。

需要特别强调的是，企业要防止经济纠纷演变成经济犯罪。有部分企业不能正确地面对经济困境，在发生经济纠纷后不能积极应对。比如，企业向其他企业、组织或者个人借款后发生经营困难而难以兑付借款，因而“一走了之”，如此一来，一个普通的借款纠纷就有可能转化为“集资诈骗罪”或“非法吸收公众存款”等犯罪行为，酿成非常严重的后果。另外，还有“提供虚假财务报告”“虚假出资、抽逃出资”“合同诈骗”“职务侵占”“金融诈骗”等多种类型犯罪，不仅主要负责人和直接责任人会因此受到刑事处罚，企业也可能会受到刑事处罚。

五、差异化管理企业法律风险的理念

由于企业的行业、性质、规模、特点等不同，其面临的法律风险及采取的管控方案也有所差别。所以，应当对企业法律风险管理进行差异性研究。比如，国有企业在管理体制、价值目标、运作方式等方面具有不同于民营企业的特殊性，其法律风险监管力度更强，因而面临的法律风险更大。再如，中小企业与大型企业处于不同的发展时期，其经营范围、管理基础、管理资源等各方面都有自身的特点，其法律风险管理的迫切性可能就相对较小，其法律风险管理体系建设就可以进行简化或者采取递进式建设模式。

企业法律风险管理是一种特质化、实践性极强的工作，风险管理模式不具有可复制性，同时，由于经济、行业、监管、社会和企业经营条件一直在发生变化，需要动态地而非静态地识别、评估、控制法律风险。其他企业关于法律风险管理的经营教训，只能作为借鉴，不应当简单地、僵化地照抄照搬，而应当结合本企业的实际予以取舍，加以改进。

从《企业法律风险管理指南》(以下简称《指南》)的适用范围来看，其适用于各种类型和规模的企业，适用于企业在其整个生命周期和所有经营环节中开展的各种法律风险管理活动。因此，此《指南》也仅仅是通用指南，不能作为行业性专用标准使用，企业应根据行业特点，结合自身情况和实际需要应用该标准实施法律风险管理。

《指南》的适用范围极广，涵盖所有的中国企业，任何企业都可以适用该标准进行法律风险管理。《指南》的这种普适性也意味着该标准具有“最大公约数”的性质，也就是说，为了满足法律风险管理普适性的要求，《指南》的具体性、针对性必然会有所不足。如此一来，企业如何根据行业特色和企业实际细化和强化该标准，建立起在本企业的法律风险管理规范，从而提升法律风险管理工作的效率和效果，是其施《指南》的难点所在。

企业法律风险的防范和化解最终要靠企业自己。法律风险管理不能仅仅依靠法律顾问、法务部门、律师事务所等外部资源，更要发挥企业自身的优势，要企业全员参与到法律风险管理中来。

多年来，企业在风险管理的实践中逐渐认识到，发生在企业内部不同部门、不同业务领域或不同经营环节的风险，有的相互抵消减少了，有的则相互叠加增加了。如果企业仅仅从某个部门、某项业务、某个环节角度考虑风险，可能会造成资源的浪费，甚至贻误风险管理时机。同时，企业自身比律师事务所、法律顾问等外部机构更熟悉本企业的经营情况，更了解风险状况。因此，企业法律风险管理应根据风险组合的观点，把管理法律风险作为全体员工的责任，使法律风险管理贯穿整个企业运营过程。

在 COSO 发布的《内部控制——整合框架》中，控制环境的要素包括：主体员工的诚信、道德价值观和胜任能力，管理层的理念和经营风格，管理层分配权力和责任、组织和开发其员工的方式，董事会给予的关注和指导。同时，该标准还要求企业每个主体都必须评估来自外部和内部的（法律）多种风险，控制（法律）风险的活动发生在整个组织之中，遍及所有的层级和所有的职能。COSO《内部控制——整合框架》认为，“嵌入式”（Built-in）的控制支撑质量和授权行为，可以避免不必要的成本，并能够对环境的变化迅速做出反应。换句话说，内部控制体系与主体的经营活动紧密相连，当控制被嵌入主体的构架之中并成为企业本体的一部分时，内部控制最为有效。

可见，无论是从企业法律工作模式的发展趋势来看，还是从企业内部控制体系来看，都倡导把企业法律风险管理与企业的经营活动紧密联系起来，都倡导把企业法律风险管理作为全体员工的共同责任。法律风险的内部控制有助于确保企业行为符合法律法规，避免对其声誉、财产造成损害，可以帮助企业实现其业绩和盈利目标。

当然，要实现法律风险管理的全员管理，除了提高自身法律风险管理能力之外，法律风险的信息与沟通就显得非常有必要。因而，应当以适当的方式（比如建立法律风险管理系统）在一定的时间范围内识别、获取和沟通有关的法律风险管理信息，即信息必须在组织内自上而下、平行以及自下而上地传递，让员工能够了解自己在法律风险管理体系中的作用以及个人的活动与其他人的工作之间的关联，以便员工能够履行其责任。

要树立法律问题管理化、管理问题工具化、管理工具信息化的理念。具体而言，要把法律问题纳入企业管理的各个方面，以管理的思维解决法律问题；要投入人力、财力、物力，开发或者引进、使用各种法律风险管理工具，尤其是信息化工具。这是时代的迫切需要，是提高风险管理的标准程度、降低风险管理随意性的需要，更是提高企业风险管理效率的需要。

信息化是人类迄今为止最先进的生产力，它为人类的生产生活提供了信息资源、信息系统、公用通信网络平台等信息网络体系，提供了信息科学技术研究与开发、信息装备制造、信息咨询服务等信息产业基础，促进了人类生产生活方式的转变和生产生活观念的改变。同样，信息时代既为企业法律工作手段带来了挑战，也带来了机遇。

信息技术的飞速发展改变了我国传统的经济结构和社会秩序，企业所处环境已不再是或者说不完全是以物质为核心的经济环境，而是以网络为媒介、客户为中心的信息经济环境。企业经营环境的改变带动企业成长方式和管理模式的改变，包括法律风险管理在内的企业管理都应借助信息化提供的强有力方法和手段实现。同时，风险管理技术的不断提高为实现法律风险管理的信息化提供了可能。一些更直观、更精确、更容易操作的风险度量方法和风险管理工具不断涌现，如VAR、EVA等。与以前相比，风险管理的手段更趋多样化、系统化，风险应对策略更趋复杂化、专业化，风险转移工具日趋增多，使得企业应对法律风险的策略和手段日益丰富，法律风险监管水平大大提高。

这些法律风险管理工具包括但不限于：各种企业法律风险管理系统、各种企业规章制度、各种风险管理表单、法律风险管理手册、法律风险点库、法律风险案例库、法律法规库等各种数据库。同时，要充分运用网络、计算机、手机、电子设备等各种现代化信息技术工具，更好地为企业法律风险管理服务。

第四节　企业法律风险管理的实施过程

“在依法治国的视域下，企业法律风险管理的科学实践，是推动企业健康发展的重要保障。”[①] 企业法律风险管理的组织实施是一个动态的、系统的过程，需要一个完整的风险管理体系。风险管理体系通常由风险管理方针、组织职能、资源配置、沟通机制等部分有机组成。具体到企业法律风险管理体系，主要包括：法律风险管理方针，与法律风险管理目标匹配的组织职能和资源保障，相关的制度和内部流程控制，使法律风险管理嵌入组织的所有活动和过程中，与内外部利益相关者关于法律风险管理的沟通机制，法律风险管理文化，法律风险管理的技术手段、方法、工具等内容。

一、企业法律风险管理方针

所谓企业法律风险管理方针，即是指导企业法律风险管理工作的方向和目标。

① 张小尘．企业法律风险管理问题的分析及对策 [J]. 管理观察，2019(03)：27-28.

企业在制定业法律风险管理方针时，应明确下列事项。

第一，法律风险管理理念。企业应当从战略高度重视企业法律风险，在法律风险管理方针中明确“防范第一、全员管理、全程监控、岗位落实”等企业法律风险管理理念。

第二，管理者对法律风险管理的承诺。包括企业最高层管理者、中层管理人员、普通员工等在内的所有企业职工都应参与到企业法律风险管理中来，签订法律风险管理承诺书和责任状。

第三，法律风险管理目标。企业应当明确法律风险管理所要实现的总体目标、战略目标、阶段目标、具体目标等，明确法律风险管理目标与企业的目标及其他风险管理目标的关系，并把法律风险管理目标的层次分解和细化，落实到每个阶段、每个部门、每个岗位。

第四，企业法律风险偏好。“风险偏好”这一概念是建立在“风险容忍度”概念基础之上的。所谓企业法律风险偏好，是指为了实现经营目标，企业在承担法律风险的种类、大小等方面的基本态度和倾向性，如愿意接受的法律风险的数量、可接受程度等。根据对风险的偏好，可以把投资体分为风险回避者、风险中立者和风险追求者。从严格意义上来说，法律法规是企业经营管理的底线，不容突破。但是，企业不能完全避免法律风险的发生，因此，企业在法律风险管理过程中，应当确定自己对法律风险的承受能力，选择与企业战略相一致的风险偏好，并据此选择相匹配的法律风险管理措施。

第五，持续改进的承诺。企业法律风险管理是一个循环往复的动态过程，随着企业内外部环境的变化，其面临的法律风险也在不断发生变化，企业应该持续不断地对各种变化保持敏感性并做出恰当反应。因而，企业在制定业法律风险管理方针时，应坚持持续改进原则，并落实到具体部门和岗位，要求其做出相应承诺。

二、企业法律风险管理计划

企业法律风险管理计划，也可以称为企业法律风险管理政策说明书、企业法律风险管理方案、企业法律风险管理手册，是一个企业关于其法律风险管理基本原则、基本内容、基本步骤的正式声明和具体安排。

在企业法律风险管理中，企业法律风险管理计划具有重要的作用。首先，企业法律风险管理计划向企业全体员工清晰传达了进行法律风险管理的意愿，为企业法律风险管理提供“法律依据”；其次，企业法律风险管理计划统一了企业法律风险管理的用语与定义，是企业法律风险管理沟通交流的工具，大大便利了法律风险管理中的沟通交流，有利于提高企业法律风险管理水平；最后，企业法律风险管理计划确定、分析了企业法律风险，并按优先级排序进行排列，制定了重大项目法律风险管理策略，有利于企业存档备查。因而，企业法律风险管理计划要发放到企业各个业务部门、各个人员的手中。

企业法律风险管理计划需要详细描述企业法律风险管理的相关内容，明确企业管理层的相关职责，清楚划分企业各个部门、各个岗位在法律风险管理的职责分工和权限，确定企业法律风险管理的通用语言和定义。一项完整的企业法律风险管理计划包括但不限于以下各项具体内容。

（1）简介，即企业法律风险管理计划的概述，包括法律风险管理计划的目的、范围、定义、首字母缩写词、缩略语和参考资料等。要简要说明本法律风险管理计划的目的，法律风险管理计划的相关工作项目以及受到此计划影响的任何其他事务；提供正确理解此法律风险管理计划所需的全部术语、首字母缩写词和缩略语的定义；完整地列出此法律风险管理计划中其他部分所引用的所有文档，每个文档应标有标题、报告号（如果适用）、日期和发布组织；列出可从中获取这些引用的来源，这些信息可以通过引用附录或其他文档来提供，说明此法律风险管理计划中其他部分所包含的内容，并解释计划的组织方式。

（2）法律风险概要，即企业经营管理活动中法律风险的简要概述，总结企业所涉及法律风险。

（3）法律风险管理任务，即企业执行法律风险管理任务的简要说明，包括将用来确定法律风险的方法以及对法律风险列表进行分析和确定优先级的方式；将采用的法律风险管理策略；监测各个主要法律风险的状态及法律风险降低活动的方式；法律风险复审与报告时间表。

（4）组织和职责，即企业法律风险管理工作所涉及的具体部门或个人，并详细说明他们各自的任务和职责。

（5）预算，即企业法律风险管理的预计开支及其详细列表。

（6）工具和技术，即企业法律风险管理中所涉及的工具和技术。

（7）法律风险列表，即企业面临或潜在的各项法律风险，确定发现企业法律风险的指标，进行法律风险管理的策略，实施法律风险管理的应对措施。

企业制订法律风险管理计划一般应遵循如下步骤。

第一步，确定企业法律风险管理过程与工具。确定企业将遵循的法律风险管理过程是制订企业法律风险管理计划的第一步，其目的在于确定企业所面临的法律风险的类别，并对各类别法律风险进行评估，确定其优先管理级别。同时，企业还应确定用于记录和存储法律风险信息的各种工具或技术，如信息管理系统、法律风险评估与控制技术等。

第二步，创建初始企业法律风险列表。企业应当按照法律风险评估结果创建一个企业初始法律风险列表，确定企业法律风险等级及分布，并以此指导法律风险管理过程。

第三步，确定企业法律风险管理组织职能。企业要确定哪些组织及人员将负责企业管理法律风险，并确定他们具体的任务和职责。

第四步，确定企业法律风险管理策略。要为法律风险管理组织及人员制定应对法律风险列表上的每条法律风险的方式方法、补救措施和应急计划。

第五步，确定企业法律风险指标。所谓风险指标，即表明即将出现法律风险的可量化条件。企业要为法律风险管理组织及人员应对法律风险列表中的每条法律风险界定出相应的风险指标。

第六步，为报告与复审企业法律风险设定时间表。企业法律风险管理工作只有持续不断进行，才能取得更好实效，因此，法律风险管理计划中应包含定期报告企业法律风险状态和召开法律风险复审会议的时间表，还应规定召开不定期企业法律风险复审会议的前提条件。

企业法律风险管理计划的制订，应特别注意以下几个问题。其一，管理计划应当紧密围绕企业的总体经营目标。其二，管理计划应当对不同性质的法律风险区别对待。对纯粹性法律风险，应该强化防范与控制该法律风险的发生，以降低、减少风险损失影响为目标；但对于机会性法律风险则应该提出可行的、有助于企业实现预期目标的具体方案。其三，管理计划应当依据企业的法律风险偏好制订。不同的企业有着不同的风险偏好，即使是同一个企业，其在不同的发展阶段也可能会有不同的风险偏好。因而，管理计划应当顾及企业风险偏好，以符合企业实际需要。其四，管理计划不是孤立的，而应当与企业法律风险管理机制结合起来，只有这样，才能达到法律风险管理的目的。

三、企业法律风险管理组织

(一) 组织保障

合理的法人治理结构是企业有效运转的核心，也是防范企业法律风险的重要工具。在 2004 年 COSO 发布的《企业内部风险管理——整合框架》中强调了“人”在企业风险管理中的重要性。并且指出，人和环境是推动企业发展的引擎，企业的每位员工都受内部控制的影响，并通过自身的工作影响着他人的工作和整个内部控制系统，所以，所有员工都应清楚他们在企业、在内部控制系统中的位置和角色，并协调一致，共同推进内部控制的有效运转。

企业法律风险管理工作的有效运行，首先需要的便是组织保障。法律风险管理组织体系是企业法律风险管理体系的运行载体，该载体可以由企业若干部门或岗位相互联系、相互制约成为一个紧密整体，但该组织的规模大小、复杂程度应根据企业的需求确定。

强化企业法律风险管理的组织职能，需要建立健全企业法律风险管理组织架构，明确股东会、董事会、监事会、经理层、普通员工在法律风险管理中的权利和职能，将企业法律风险纳入严格的监督和管控范围之内。

（二）组织体系

健全的企业法律风险管理组织应包括以下五部分。

（1）企业法律风险管理委员会。有条件的企业应当成立法律风险管理委员会作为企业法律风险管理的决策机构，研究并决定企业法律风险管理的重大问题。法律风险管理委员会一般由企业董事长、总经理、法务总监、总法律顾问、各部门负责人等组成，定期召开会议，讨论企业法律风险管理重大事宜。

（2）企业法律风险管理委员会办公室。企业法律风险管理委员会办公室是企业法律风险管理的领导机构和日常监管机构，由企业法务部门、法律顾问等相关工作人员组成，负责全企业的法律风险管理的日常统计、监督工作。独立的法务部门是现代企业组织体系的重要组成部分。完善的法务部门应设立法规制度科、纠纷诉讼科、合同项目科、知识产权科、公司事务科、普法培训科、公共关系科等多个科室。

（3）企业法律风险管理专员。企业应当在研发、生产、销售、服务、财务、人事的等部门，设置企业法律风险管理员岗位，可专职，可兼职，负责该部门的法律风险管理的工作，具体包括提出涉及本部门法律风险管理机制的建设建议，提出涉及本部门的法律风险管理解决方案，处理本部门法律风险事件等。企业法律风险管理专员的工作实效直接决定了企业整体法律风险管理工作实效。

（4）外部法律资源。律师事务所、法律风险研究机构、税务师事务所、会计师事务所等外部资源虽然并不对企业法律风险内部控制承担责任，但也是企业法律风险管理的重要补充力量。企业可以通过聘请顾问、专业咨询、合同审查、商务谈判、委托代理、企业内训等方式，获取法律风险管理服务，提高法律风险管理能力，提升法律风险管理水平。

（5）法律风险管理践行者。企业的每个员工都是法律风险管理的践行者。法律风险产生于企业经营管理的各个领域、各个环节，因此，企业中的每个人都对法律风险控制负有责任，企业法律风险管理需要全体员工（充其量是一线员工）具体负责实施法律风险管理细则，执行法律风险管理相关措施，同时应反馈法律风险管理信息，并承担相关责任。只有把企业法律风险管理工作与各个部门、各个岗位结合起来，分工负责，发挥全体员工的作用，才能编织完整的企业法律风险网，形成企业法律风险管理的长效机制。所以，要树立全员管理理念，充分重视全体员工的法律风险管理职能。

需要说明的是，以上企业法律风险管理的组织设计是理想状态，是企业法律风险管理机制完善的组织设计目标。企业要根据自己的行业性质、规模大小、业务领域、组织架构、资源配置，合理设计符合企业实际、满足企业需要的法律风险管理组织机构，本着轻重缓急、稳妥推进的原则设置机构、配备人员，开展企业法律风险管理组织体系建设。

（三）组织分工

首先，要确立企业法律风险管理委员会在法律风险控制中的决策作用。法律风险管理委员会在企业法律风险管理机制建设、重大法律风险管理决策中居于领导地位，其通过战略安排企业的法律风险管理工作，制定法律风险管理目标，建立企业法律风险管理机制，设计法律风险组织架构以及企业管理层、各部门、各岗位在企业法律风险管理机制中的职责和任务，领导和指导企业高级管理人员法律风险管理以及评价他们法律风险管理方式，监督风险管理文化建设等，来履行其法律风险管理责任。

其次，要确立企业法务总监、总法律顾问在法律风险控制中的核心作用。关于企业法务部门和法律顾问，存在两种不同的观点：一种观点认为企业法务部门和法律顾问并非企业核心业务部门、一线部门，而是边缘化的部门，其仅仅是负责合同审查、工商管理、纠纷处理等职能；另一种观点认为企业法务部门和法律顾问是一个后勤保障部门，只会“踩刹车”，不会“加油门”，只会拖企业的后腿，贻误企业商机，不会给企业带来价值。这两种观点都是片面的。

传统上，在企业经营管理过程中，法务部门和法律顾问的职责已经非常广泛，主要有：① 协助企业正确执行国家法律法规和政策，对企业经营决策提出法律意见；② 参与起草、审核企业规章制度；③ 参加企业合同的谈判和起草工作，管理企业合同；④ 参与公司改制、企业合并、分立、投资、租赁、资产转让、招标及投标、破产等重要经济活动，处理相关法律事务；⑤ 办理企业工商、税务登记以及专利、商标、域名、商业秘密管理等有关法律事务；⑥ 接受企业委托，代理企业进行诉讼和非诉讼活动；⑦ 股份有限公司在境外上市时，向董事会推荐企业法律顾问担任董事会秘书；⑧ 配合企业进行法治宣传教育；⑨ 开展与企业生产经营有关的法律咨询；⑩ 负责企业外部法律风险管理资源的选择、联络及相关工作。

企业法务部门和法律顾问的首要职能是决策职能，即为企业经营管理活动的合法性、合规性提出意见，提供法律支持，制定《企业法律风险管理指南》；其次是管理职能，即对企业法律风险管理行为进行培训、监督、沟通、协调等；最后才是化解职能，即通过调解、复议、仲裁、诉讼等途径解决企业纠纷和矛盾。在企业法律风险管理体系中，企业法务部门的职能已大大拓展，全面负责企业法律风险管理实施、监督、协调等工作。由此可见，企业法务部门和法律顾问是能够给企业带来效益的不可或缺的关键部门。

法务总监作为法务部门高级管理人员，直接参与企业的经营决策，向企业法律风险管理委员会负责；总法律顾问制度是企业法律顾问制度的核心，是现代企业制度的重要组成部分，也是企业管理的重要内容，其对于企业依法经营管理、维护合法权益、有效防范风险具有保障作用。因此，法务总监和总法律顾问对企业法律风险管理负有首要责任，要明确其在企业法律风险管理中的核心地位。具体而言，企业法务总监和总法律顾问应当发挥自身专业优势，对企业各领域、各环节、各部门、各岗位进行法律风险调查，进行相关法律风险论证，提供法律分析意见，制定法律风险控制措施；不断完善企业法律风险管理流程，优化企业法律风险管理制度，推动企业法律风险管理的实施；对企业法律风险管理措施的落实情况和实施效果进行全程监控和客观评估，使企业法律风险管理职责到位、制度到位、责任到位，实现企业依法经营决策、依法维护合法权益。

再次，要发挥企业各部门负责人在法律风险控制中的主导作用。法律风险发生在企业各个经营管理环节中，发生在企业的具体业务操作中。因此，企业法律风险管理仅仅有法务部门、法律顾问是远远不够的，要发挥企业各个部门负责人在企业法律风险管理中的主导和监督作用。

企业各部门负责人构成了企业高级管理人员主体。企业各部门负责人要把企业制定的法律风险管理措施和手段，嵌入本部门，把更为具体的法律风险政策和程序责任分配给负责该单元各项职能的人员，督促各岗位加强法律风险管理，提高部门法律风险管理水平和效率。因而，企业各部门负责人可以说是本部门的法律风险首席执行官，其法律风险管理活动平行、向上、向下贯穿于企业经营管理活动的各个单元。

最后，要实行总公司、分公司法律风险管理联动机制。对于集团型的大公司，应当实行总公司、分公司、子公司法律风险管理联动机制。总公司、分公司、子公司除了按照上述企业法律风险管理组织架构设计、完善内部法律风险组织之外，还应设立法律风险管理联络岗位，承担集团内部法律事务协调工作，从而形成从总公司到各分公司、子公司，法律风险有专人管、有专人办，各层面、各环节法律风险有专人参与、专人负责的立体式法律风险管理体系。

(四) 组织构建

企业法律风险管理体系建设的目标是要对企业运营中各个领域、各个环节存在的法律风险进行全面排查，并将法律风险防范工作纳入企业经营管理的全过程，实现对企业法律风险的全方位防范和动态化监控，从而保障企业安全、健康、持续发展。

企业在构建法律风险管理组织体系时，应当明确以下内容:(1)本企业法律风险管理的组织结构和人员组成，如外部法律顾问，企业内部法律顾问、法律部门、法律岗位等的构成关系;(2)内外部法律风险管理资源的分工和合作方式;(3)法律风险管理体系的制定、实施和维护人员的职责;(4)执行法律风险应对措施、维护法律风险管理体系和报告相关风险信息人员的职责;(5)全体员工在其本职工作中有关法律风险管理方面的职责;(6)建立批准、授权制度;(7)建立考核方法、奖惩制度。

四、企业法律风险管理的资源配置

资源配置，是从人、财、物三个角度而言的。企业法律风险管理需要精干的法律风险管控机构、得力的法律风险管理人员、一定的资金投入、充分的物质保障等。企业需根据法律风险管理计划制定可行的方法，为法律风险管理分配适当的资源。具体要考虑下列各项内容:(1)法律风险管理相关人员的技术、经验和能力要求;(2)法律风险管理过程每一阶段所需要的人力、资金及其他资源;(3)法律风险管理目标、成本和收益的关系，提高法律风险管理的收益水平;(4)根据企业内部条件和管理需求，可引入信息和知识管理系统，提高信息沟通和管理的效率。

五、企业法律风险管理的实施机制

(一) 企业法律风险控制的基本流程

法律风险控制是决定企业法律风险管理成效的关键环节。法律风险控制流程大致可分为以下三个步骤。

(1)制定法律风险控制措施。制定法律风险控制措施就是确定对待法律风险行为的基本态度，制定相应的应对措施。企业应根据法律风险水平、自身法律风险偏好、法律风险控制现状以及法律风险管理成本收益分析，综合考虑法律风险应对态度，针对每个法律风险制定针对性的、切实可行的控制措施。与风险管理策略相对应，企业法律风险控制措施可分为四种类型：法律风险避免措施、法律风险转移措施、法律风险降低措施和法律风险接受措施。

(2) 形成法律风险控制计划。落实法律风险控制措施不可能一蹴而就，也不可能孤立进行，需要结合企业实际形成法律风险控制计划，即确定每个法律风险控制措施的完成时间、相关制度和流程、资源配备、责任人等情况。

(3) 实施法律风险控制计划。实施法律风险控制计划是一项具体化的法律风险管理工作，也是实现法律风险控制目的的重要步骤。实施法律风险控制计划，要注重控制计划的实效，要注意控制计划各个部分的衔接和互补，更要注意控制计划的实践反馈，及时修正、完善控制计划，以保证法律风险管理目的的最终实现。

(二) 企业法律风险管理的沟通与报告机制

企业要建立内部沟通和报告机制，以保证：① 法律风险管理体系的关键组成部分及其调整得到适当的沟通；② 在企业内部充分报告法律风险应对计划实施的效果和效率；③ 在适当的层次和时间提供法律风险管理的相关信息；④ 建立与内部利益相关者协商的程序。

企业需建立与外部利益相关者沟通的机制。这种机制应当保证：① 企业的对外报告符合法律法规和公司治理要求；② 企业与外部利益相关者保持有效的信息沟通；③ 在外部利益相关者中建立对企业的信心；④ 在发生突发事件、危机和紧急状况时与利益相关者沟通；⑤ 为企业提供外部利益相关者的报告和反馈。

企业法律风险管理信息的沟通和报告机制要考虑与其他风险信息报送的衔接关系，以保证相关部门信息的互动沟通，有助于对风险信息的组合分析，提高管理效率。

六、企业法律风险管理策略

一般而言，法律风险管理不同于商业风险管理。法律是企业经营管理的底线，要保证企业安全、持续、健康发展，就必须依法经营管理，依法维护自己权益，让法律为企业的发展保驾护航。但是，制定企业法律风险解决的内控方案，应满足合规的要求，坚持经营战略与风险策略一致、风险控制与运营效率及效果相平衡的原则，针对重大法律风险所涉及的各管理及业务流程，制定涵盖各个环节的全流程控制措施；对其他法律风险所涉及的业务流程，要把关键环节作为控制点，采取相应的控制措施。

“以最小的成本获得最大的保障”是风险管理的基本原则，为此，采取合适的风险管理策略显得尤为重要。风险管理策略是由风险管理目标和风险事件本身决定的。与风险管理策略相对应，其法律风险管理策略也包括避免法律风险、控制法律风险、分散与中和法律风险、转移法律风险策略、承担法律风险等。

（1）避免法律风险策略。避免法律风险策略是企业法律风险管理首先考虑和采用的策略，也是企业最简单可行的法律风险管理策略。虽然回避风险能从根本上消除隐患，但采取该策略的前提是法律风险能够确定，并且可以避免，同时避免该风险不会影响企业收益。因而，该策略的局限性也非常明显，对那些无法避免的法律风险，或者可以避免但成本过大的法律风险，就不宜采取该策略。另外，如果企业一味地消极采取避免法律风险策略，会使企业过于保守，错过很多商机。因而，通常对那些发生可能性高且影响程度大的法律风险采取避免策略。

（2）控制法律风险策略。当法律风险不能避免时，亦即当企业从事某项经营管理活动必然会面临某些法律风险时，企业应当首先采取预防法律风险的发生、减少法律风险发生，或者减少法律风险发生后所造成的损失的措施。控制法律风险主要通过两种手段实现：一是控制法律风险因素，减少法律风险发生的频率；二是降低法律风险损害程度。控制法律风险策略的基础是准确地预测或发现法律风险的发生，并果断地采取有效措施。因而，通常对那些发生可能性高但影响程度小的风险采取控制策略。

（3）分散与中和法律风险策略。分散风险，主要是指企业采取多元经营、多方投资、多方筹资、吸引多方供应商、资产多源化、争取多方客户以分散企业风险的方式。中和风险，主要是指在外汇风险管理中采取期货套期保值、减少外汇头寸、远期外汇业务等措施以中和风险。在企业法律风险管理中，通常对那些有分散方案或者中和方案的风险采取分散与中和策略。

（4）转移法律风险策略。转移风险，是指通过某种安排，把企业面临的风险全部或部分转移给另一方的风险控制策略。其中，保险是现代社会应用范围最广、最有效的转移风险手段。当企业在避免自己承担法律风险后对其经营管理活动产生不利影响，并且可以采用其他方式转移法律风险时，可以采取转移法律风险策略。比如进行担保或者保险等方式，或者通过合同条款规定，把部分法律风险转移给对方。在企业法律风险管理中，通常对那些发生可能性小但影响程度大的风险采取转移策略。

（5）承担法律风险策略。承担风险又称为自留风险，是指自己理性地或非理性地主动承担风险的策略。控制法律风险受到各种条件的限制，虽然人类社会已高度发展，控制风险技术也日益发达，但依然无法全部控制法律风险的发生，无法实现充分减少法律风险损失的目的。当企业不能避免法律风险，又不能完全控制法律风险或分散、中和、转移法律风险时，只能自己承担风险所造成的损失。在企业法律风险管理中，通常对那些发生可能性小且影响程度小的风险采取接受策略。

企业应当根据自身条件和外部环境，围绕企业发展战略，确定风险偏好、风险承受度、风险管理有效性标准，制定切合自身经营发展实际的法律风险管理策略，在稳健经营中防范、控制和化解法律风险。

企业应根据不同业务特点统一确定法律风险偏好和法律风险承受度，即企业愿意承担哪些法律风险，明确法律风险的最低限度和不能超过的最高限度，并据此确定法律风险的预警线及相应采取的对策。确定法律风险偏好和法律风险承受度，要正确认识和把握法律风险与收益的平衡，防止和纠正忽视法律风险，片面追求收益而不讲条件、范围，认为法律风险越大、收益越高的观念和做法；同时，也要防止单纯为规避法律风险而放弃发展机遇的观念和做法。

企业应根据风险与收益相平衡的原则以及各法律风险在风险坐标图上的位置，进一步确定法律风险管理的优选顺序，明确法律风险管理成本的资金预算和控制法律风险的组织体系、人力资源、应对措施等总体安排。

企业应定期总结和分析已制定的法律风险管理策略的有效性和合理性，结合实际不断修订和完善。其中，应重点检查依据法律风险偏好、法律风险承受度和法律风险控制预警线实施的结果是否有效，并提出定性或定量的有效性标准。

疏于法律风险控制，可能会造成重大损失；过度控制法律风险，可能会错失重要商机。因此，正确处理企业发展需求与法律风险承受能力之间的关系，在法律风险可承受的范围内，使企业利益最大化的同时，实现法律风险程度和法律风险控制成本的最小化，是企业面临的重大课题。在传统法律风险管理阶段，管理方案主要侧重于防范和控制，这对于纯粹法律风险的管理是有效的，也是适用的。但是对于机会法律风险而言，则并不适用。对机会法律风险一味采取防范和控制措施将导致企业丧失交易机会，进而无法获得收益。造成损失是企业不愿看到的，同样，丧失收益也违背了企业的根本目的。

企业在选择法律风险管理策略时绝不能忽视或者忽略法律风险，也不能对法律风险管理有着绝对的预期。法律风险管理可以帮助企业实现其经营目标，但它并不是万应灵丹。因此，企业除采取适当的法律风险管理策略之外，更应当注重法人治理结构的完善、法律风险防控制度的建设、全体员工法律素质的提高等。

第五章　企业法律风险管理体系的建设研究

随着我国法治建设脚步的不断加快，对现代企业法律风险实施高质量的管理，具有了越来越重要的意义。就现如今而言，多数现代企业所创建的法律风险管理制度以及模式仍然具有一定程度上的缺陷，如缺乏良好的法律风险预防观念、缺乏有效的管理体系以及手段等。本章围绕企业法律风险管理体系的主客体、企业法律风险管理体系的内容、企业法律风险管理体系的建设对策展开研究。

第一节　企业法律风险管理体系的主客体

“法律风险自始至终都贯穿于企业发展的整个过程，一旦有法律风险发生，那么给企业带来的打击是致命的，所以如何构建一个完善科学的法律风险防范体系是现在众多企业所面临的一个重要课题。”①

法律风险管理体系是一个系统性的工程，也是一个持续改进和发展的工程，是企业防范、控制、补救法律风险的各个子体系构成的体系总和，是企业根据法律风险的特性建立起来的，有效规避经济损失或其他风险的制度、机制和方法的有机整体。法律风险管理体系具有以下特点：第一，法律风险管理体系是细分后的管理体系，应纳入企业管理总体系，属于企业管理学研究范畴；第二，法律风险管理体系是以企业法律风险为管理对象而构成的特殊体系；第三，法律风险管理体系是针对企业不同类型法律风险实施管控而形成的多个体系的总和。

建立企业法律风险管理体系必须具有针对性和可行性，要适合企业自身特点，能够起到事前预防、事中控制和事后补救的作用。当然，其重心应在“防”与“控”上，即对法律风险进行事前预防和事中控制。既然知道了法律风险管理体系是一种特殊的管理体系，那么我们就有必要从管理理论入手，借用法律关系的构成要素理论分析和了解法律风险管理的构成要素。

① 李璐．企业法律风险管理体系构建论析 [J]. 财经界，2011(22)：107.

法律风险管理体系的构成要素包括主体、客体和内容。本节主要就企业法律风险管理体系的主体和客体展开详细论述。

一、企业法律风险管理体系的主体

法律风险管理的主体是指对法律风险实施管理，拥有管理主动权的人（本处所称的人是指自然人，不包括拟人化的法人组织。下同）和机构。由此可见，法律风险管理体系主体与前文中所表述的管理主体一样，都是指人或组织。与管理主体不同的是，在管理学理论中，管理主体是指社会组织中的全体成员，既包括高层管理者，又包括基层员工。

本书中所称的法律风险管理体系主体仅指狭义上理解的管理主体，即那些肩负着某种法律风险管理职责的人和机构。

（一）具有法律风险管理职责的人

1. 法务人员

企业法务人员既是法律服务者，又是公司法律风险防控的管理者。表面看来，法务人员是在为公司经营事务提供法律支持与服务，但本质上是在指导公司的决策、经营与管理活动，按照法律法规规定的要求进行。

企业法务人员是法律风险管理的主力，也是法律风险管理体系建设的重点内容，是公司法律风险管理工作的中坚力量。按法务人员的岗位不同，可将法务人员分为法务专员、法务主管、法务经理。

2. 外聘律师

外聘律师是指通过委托合同，接受企业方委托，代表企业利益，为其处理一定法律事务的专业法律人员。

外聘律师是企业法务工作不可或缺的有效补充。一个企业法务机构设置得再齐全，法务人员配备得再精良，也会有他们的短板和不足。外聘律师在为企业提供法律顾问服务时，应始终坚持以事先防范为主，事后补救为辅，通过参与企业经营管理决策，努力将企业在经营方面的法律风险降到最低。

3. 有一定法律风险管理职责的其他人员

根据不同类型的法律风险管理，需要赋予非法务人员一定的法律风险防控职责，如技术人员、安全生产总监、经营管理人员和财务人员等。在合同管理过程中，非法务人员按照专业分工对合同相应条款进行审核，以弥补法务人员业务专业知识的不足，避免专业疏忽而产生合同法律风险。

上述人员，包括他们的直接上级领导，虽不是法务人员，但同样肩负着一定的法律风险管理职责。

(二)被赋予法律风险管理职责的机构

特定法律风险管理职责的人员所在的部门或组织，就是被赋予法律风险管理职责的机构，其人员应列入法律风险管理主体之中。如规划发展部门负责政策研究，对企业经营决策的合法性具有防控职能；资产财务部对税收政策的掌握和运用，应确保企业资产处理、资金运作及账务处理不违法，税务缴付及时合规；技术部门对项目建设、设备及原材料采购标准，以及投产试车、生产运营等技术规范负责，确保相关合同中技术条款能满足要求，避免合同纠纷。

公司各下属单位应当设立专门法律事务管理机构，并配备专职法务人员。暂不具备设立条件的单位可设置法务岗，负责管理本单位法律事务。集团公司各下属单位的法律事务管理机构和法务岗在行政上隶属所在单位，业务上应接受集团公司法律事务部的指导和管理。

二、企业法律风险管理体系的客体

法律风险管理体系的客体是指法律风险管理的对象，也就是企业法律风险本身。根据《企业法律风险管理指南》(GB/T 27914–2011)的规定：企业法律风险是指基于法律规定、监管要求或合同约定，由于企业外部环境及其变化，或企业及其利益相关者的作为或不作为，对企业目标产生的影响。

企业法律风险主要表现在以下方面：企业设立、合并、分立的法律风险，企业合同法律风险，知识产权法律风险，人力资源管理法律风险，企业税收法律风险，内部人员失控法律风险，诉讼与仲裁法律风险和企业外部法律风险。

可见，法律风险管理的客体其实就是企业所面临的全部法律风险本身，而了解法律风险并加以防控是法律风险管理的重要内容。

除了要明白法律风险管理对象是企业法律风险之外，我们还要了解法律风险管理的服务对象，便于提供精准化的法律服务。这对集团公司法律事务部确定服务范围很重要。一般来讲，集团公司法律事务部是公司的一级法务机构，应保障公司各类法律业务的顺利开展，服务于公司的各职能和业务部门，包括但不限于集团公司管理层。同时，集团公司法律事务部是集团的法务总部，还应服务于集团所属各级公司，包括但不限于各级公司的法务机构和相关部门。

第二节　企业法律风险管理体系的内容解析

法律风险管理体系的内容是指法律风险管理主体对法律风险管理客体，按照科学有效的管理方法，对法律风险实施的防、控、救等措施和手段。有人将法律风险管理称作法律风险防控或法律风险管控，就是从法律风险管理内容的特色来直白表述的。

一、企业法律风险管理的基本原则

根据《企业法律风险管理指南》（GB/T 27914-2011）的规定，为了有效管理法律风险，支持企业的决策和经营管理活动，企业进行法律风险管理时可遵循以下原则。

第一，以企业战略目标为导向的原则。企业法律风险管理的目的在于促进企业战略目标的实现。在企业法律风险管理活动中应充分考虑法律风险与企业战略目标之间的相互关系及相互影响。

第二，审慎管理的原则。由于法律风险的特殊性，对于法律风险应坚持审慎管理的原则。要在尊重法律、坚持诚信的前提下，开展法律风险管理活动。风险管理的策略和方法不应违反法律的强制性和义务性规定。

第三，与企业整体管理水平相适应的原则。法律风险管理是企业管理的有机组成部分，与企业战略管理、流程管理、绩效管理、信息管理等密切相关。法律风险的识别、分析、评价和控制等活动只有与企业整体管理水平相适应，才能取得良好的效果。

第四，融入企业经营管理过程的原则。法律风险发生在企业的经营管理活动中，因此其识别、分析、评价和控制都不可能脱离企业经营管理过程。法律风险管理必须融入企业经营管理过程，成为其有机组成部分。

第五，纳入决策过程的原则。企业所有决策都应综合考虑风险，以便将风险控制在企业可接受的范围内。法律风险作为企业的重要风险范畴，应纳入企业决策过程，作为企业决策的重要因素。

第六，纳入企业全面风险管理体系的原则。法律风险管理是企业风险管理体系的组成部分，应与其他风险的管理相结合，以提高风险管理的整体效率和效果。

第七，全员参与、全过程开展的原则。法律风险存在于企业经营管理的各个环节，因此法律风险管理需要企业所有员工的参与并承担相关责任，特别是企业专职的法律管理部门（或人员）。只有这样，才能形成法律风险管理的长效机制。

第八，持续改进的原则。法律风险管理是企业内外部法律环境变化的动态过程，其各步骤之间形成一个循环往复的闭环。随着内外部法律环境的变化，企业面临的法律风险也在不断发生变化，企业应该对各种变化保持敏感性并做出恰当反应。

二、企业法律风险管理（防控）的可行性

企业自设立初始就存在着发生法律风险的可能性，并且随着企业不断地发展壮大，其所面临的法律风险也日趋复杂多样。一个企业，即使制度再完善也不可能完全杜绝法律风险的存在。

从事物发展的一般规律来看，任何组织都无法脱离社会而独立存在，也必然受一般性社会规律的约束。企业作为一种社会组织形式，必然受到客观条件的制约，企业管理者只有为企业创造良好的发展条件，才能使其在人为创造的客观环境中获得正常发展。

企业法律风险的产生多是人为控制不力造成的。如果我们能控制企业发展的不利因素，改善并健全企业治理结构，加强法律风险防控制度建设，针对不同情况采取有效措施，防范内部人员失控，那么我们就可以有效地防范与化解法律风险。

从国外企业构建法律风险防范制度的实践来看，一些跨国企业就是因为构建了比较完善的法律风险防控制度，才有效地解决了企业的众多问题。

鉴于防范与化解企业法律风险关系到每个企业的生死存亡，同时也关系到其所属国家的经济发展与社会稳定，很多国家都把企业法律风险提升到战略层面加以重视。

三、企业法律风险管理的方法

法律风险管理包括风险识别、风险估计、风险驾驭、风险监控等一系列活动。对于现代企业来说，风险管理就是通过风险的识别、预测和衡量，选择有效的手段，尽可能降低成本，有计划地处理风险，以获得企业安全生产的经济保障。

可见，风险的识别、风险的预测和风险的处理是企业风险管理的主要步骤。

（一）风险识别

风险的识别是风险管理的首要环节，只有在全面了解各种风险的基础上，才能够预测风险可能造成的危害，从而选择处理风险的有效手段。风险识别的方法有很多，常见的方法有以下几种。

（1）生产流程分析法。生产流程分析法是指对企业整个生产经营过程进行全面分析，包括各个环节可能遭遇的风险，并找出各种潜在的风险因素。生产流程分析法可分为风险列举法和流程图法。风险列举法指风险管理部门根据企业的生产流程，

列举出各个生产环节的所有风险；流程图法指企业风险管理部门将整个企业生产过程系统化、顺序化，并绘制流程图，从而发现企业面临的风险。

（2）财务表格分析法。财务表格分析法是指通过对企业的资产负债表、损益表、营业报告书及其他有关资料进行分析，发现企业所面临的风险。

（3）保险调查法。采用保险调查法进行风险识别有以下两种形式。①保险险种一览表，企业可以根据保险公司或者保险刊物的保险险种一览表，选择适合本企业需要的险种。这种方法仅对可保风险进行识别，对不可保风险则无能为力。②委托保险人或者保险咨询服务机构对企业的风险管理进行调查设计，找出存在的风险。

（二）风险预测

风险预测实际上就是估算、衡量风险，即由风险管理人运用科学的方法，对掌握的统计资料、风险信息及风险的性质进行系统分析和研究，进而确定各项风险的频度和强度，为选择适当的风险处理方法提供依据。风险预测一般包括以下两个方面。

（1）预测风险的概率。通过资料积累和观察，发现造成损失的规律性。例如，某个时期，1 万栋房屋中有 10 栋发生火灾，则风险发生的概率是 1/1000。由此对概率高的风险进行重点防范。

（2）预测风险的强度。假设风险发生，预测企业的直接损失和间接损失，对于容易造成直接损失并且损失规模和程度较大的风险进行重点防范。

（三）风险处理

风险处理的常见方法如下。

（1）避免风险。消极躲避风险。例如，为了避免火灾可将房屋出售，为避免航空事故改用陆路运输等。该方法因存在以下问题，所以一般不采用：①可能会带来另外的风险。例如，航空运输改用陆路运输，虽然避免了航空事故，但是却面临着陆路运输事故的风险。②会影响企业经营目标的实现。例如，为避免生产事故而停止生产，企业的收益目标无法实现。

（2）预防风险。采取措施消除或者减少风险发生的因素。例如，为了防止水灾导致仓库进水，可采取增加防洪门、加高防洪堤等措施，大大减少因水灾导致的损失。

（3）自保风险。企业自己承担风险，有以下几种途径：①小额损失纳入生产经营成本，损失发生时用企业的收益补偿。②针对发生的频率和强度较大的风险建立意外损失基金，损失发生时用它补偿。这样做带来的问题是挤占了企业的资金，降低了资金使用率。③对于大型的企业，可建立专业的自保公司。

(4) 转移风险。在危险发生前，通过出售、转让、保险等方法，将风险转移出去。

第三节 企业法律风险管理体系的建设对策

一、建设法律风险管理主体

“企业法律风险管理体系是企业在实现战略目标的过程中，为了合理有效地控制企业面临的法律风险而建立的由一系列制度、流程、活动构成的有机整体。”①法律风险管理体系的主体是指法务机构和法务人员，以及其他在企业法律风险管理工作中有一定管理职责的部门和人员。法律风险管理体系主体建设的主要内容就是法务机构建设和法务人员培养，即企业的法律队伍建设。

做好企业法律队伍建设，可采取以下途径。

(一) 法务机构的建设

法务机构是指企业内部为管理法律风险而设立的组织，如法律事务部、法律事务岗或者法律事务科等。企业内部法律风险管理不是一个部门、一个组织能完成的，因此需要其他相关部门的配合。与法律事务部门配合，且按照制度分工履行一定法务管理工作职能的部门或岗位也是法务机构。例如，企业在各职能部门或经营单元设置的专职或者兼职合同管理员就属于法务机构。

根据企业内部法律事务的多寡，可设立法律事务部（含二级部门）或法律事务岗位，还可以设立专兼职合同管理员，以保障和服务企业的经营活动，控制法律风险。

法律事务多的企业应当设置法律事务部。目前，法律事务部的人员设置没有量化标准，大多由领导根据个人的管理取向来定。笔者认为，一个企业的法律业务如果发展到必须由三名以上的法务人员才能完成时，就要考虑设置法律事务部了。当然，也可以先设二级部门。

如果企业的法律业务交由两名以下的法务人员便可完成，就没必要设置独立的部门，直接设法务岗位即可。但要说明的是，这样的企业，管理层要加强法律意识，要充分认识法务人员在企业经营管理中发挥的作用。

---

① 袁帅．企业法律风险管理研究 [J]. 经济研究导刊，2011(25)：127-129.

企业一旦设立法务机构，成立法律事务部门，就必然要设置法务管理岗位。法务管理岗位主要负责法务机构内的组织管理工作，包括对法律业务的管理和对法务人员的管理等。

如果法律事务部足够大——当然是在法律业务足够多的前提下，就有必要对法律业务进行专业分工。初级分工直接对法务人员进行工作安排，但高级分工应具有组织管理的内涵，需要设立法务主管或者二级法务经理，进行系统的组织与管理，向下直接领导法务人员开展相应的工作，对上接受法律事务部经理的领导。

当企业经营业务延伸较快，而法务人员力量又不足时，可以在生产经营管理末梢设立专职或者兼职的合同管理员。合同管理员在行政上接受所在部门的管理，但在与合同法律风险管理相关的业务上，接受法务机构的指导。法务机构要定期组织合同管理员开展业务学习，指导合同管理员开展法律风险管理工作。

根据以上分析可以得出：法务机构包含了法律事务部（含二级部门）、法务管理岗位、法律业务岗位和专兼职合同管理员岗位。按照“因事设岗”的原则，合理配置法务人员。当专业法务人员不足时，可建立兼职合同管理员队伍来补充。

（二）法务机构的管理

法务机构管理的方式和权限受限于法务机构的定位。法务机构在企业内的定位多是以领导人的主观意识为基准的。大多数企业总经理或者执行总裁认为，内部法务机构就是为企业打官司、解决企业法律纠纷。其实不然，企业既然设置法务机构，就要充分发挥其“事前预防，事中控制”的作用，只要求其当“消防员”，解决已经发生的法律风险是对法务机构的职责与作用了解不足的表现。

当然，法律工作表面看来是在提供法律服务，但其本质仍应定义为法务管理。要让法务机构充分发挥作用，做到“法律业务全覆盖，法务工作无盲点”。只做“事后救济”的工作是远远不够的，这个观念要不得，一定得改变。法律事务部，或者说法务机构是企业内部的一个职能部门，与其他业务监督管理部门一样，应发挥“事前预防”的功能。企业领导人不懂法律知识不要紧，但绝对不能没有法律风险意识；要重视法务机构，帮助其树立管理权威，带头尊重法务人员，尊重法律意见。

法务人员和法务机构也要认识到这一点，不能人云亦云，随波逐流；要有所作为，从“大处着眼，小处着手”开展法务管理工作，提供优质法律服务。要学会组织领导法律事务，包括“向上领导”和“向下领导”。“向上领导”要求法务机构和法务人员，多向企业中高层领导灌输法律知识，强化风险意识，培养“依法治企”理念，提出法律风险管控措施与方案，引领他们重视法务工作，取得领导人对法务工作的支持与配合，强化法律风险预防，将法务工作重心从“法律救济”转向法律风险预防与控制上来；“向下领导”要求法务机构和法务人员，普及法律知识，搞好法律宣传，增强全员法律风险意识，培养守法观念，营造重视法律的工作环境，建立“法治文化”，以提升法律工作地位，尊重法律意见，塑造“依法、重法、守法”企业风气，取得员工的信任和支持。

1. 企业对法务机构的管理

在企业内部，对法务机构管理的前提是对法务工作的定位。如果想发挥法务工作监督管理控制法律风险的作用，就应该把法务机构置于一级职能部门地位；如果只是想让法务机构发挥事后补救作用，则可以不设一级职能部门，甚至可以完全外包。

将法务机构置于企业一级职能部门，就得充分发挥其“事前预防，事中控制，事后救济”的综合作用，通过企业制度确定其法律风险管理职责，明确管理权限，发挥法务机构的专业创新能力和自主管理能力。

2. 法务机构的内部管理

法务机构的内部管理主要是指在集团化公司中，不同层级的法务机构间的管理关系和管理职责范围。

各级法律机构人员的组成和素质通常是参差不齐的，这必然会导致个别法务机构业绩突出，而有些又无法发挥应有作用的现象。总部法务机构应多给予地域偏远、法务人力不足的机构帮扶，在人员招聘、薪酬待遇、业务培训、工作指导等方面予以倾斜，从而充分调动法务人员的工作积极性，为进一步发挥法务工作的职能提供有利条件。

二、梳理与排查法律风险管理客体

法律风险管理客体是指企业所面临的法律风险，包括现有风险和将来可能会面临的法律风险，是法律风险管理的对象。当然，不是所有企业都面临同样的法律风险，不同的企业所面临的法律风险会有所不同。这就要求企业法律风险管理的重点是本企业自身所特有的法律风险，不可千篇一律，也不可照本宣科。

梳理与排查企业法律风险管理客体就是确定本企业法律管理的重点，包括法律风险排查和法律风险评估。

(一) 法律风险排查

1. 明确法律风险环境信息

进行法律风险排查前，要先明确法律风险环境信息。我国《企业法律风险管理指南》中对法律风险环境信息的定义是：应用适当的方法，对企业内外部环境中与法律风险相关的信息进行收集、分析、整理、归纳的一系列过程。同时，明确法律风险环境信息是后续法律风险管理活动得以顺利实施的必要基础。明确法律风险环境信息是一个动态的过程，应保持法律风险环境信息的持续更新。

(1) 外部法律风险环境信息

外部法律风险环境信息是指与企业法律风险管理相关的政治、经济、文化、法律等各种信息。

企业应根据本行业和企业业务经营管理的特点，具体分析明确外部法律风险环境信息的收集范围和分析方式，为法律风险评估和应对提供充分的信息保障。外部法律风险环境信息包括但不限于以下各类：① 本行业的业务模式及特点。② 国内外与本企业相关的政治、经济、文化、技术及自然环境等。③ 国内外与本企业相关的立法、司法、执法和守法情况及其变化。④ 与本企业相关的监管体制、机构、政策及执行等情况。⑤ 与本企业相关的市场竞争情况。⑥ 本企业在产业价值链中的定位及与其他主体之间的关系。⑦ 企业主要的外部利益相关者及其对法律、合同、道德操守等的遵守情况。⑧ 与企业法律风险及管理相关的其他信息。

地区间的环境差异是普遍存在的。对于跨区域经营的企业，在进行外部法律风险环境调查时，应特别关注不同地区间可能存在的环境差异。

(2) 内部法律风险环境信息

内部法律风险环境信息是指与企业法律风险及其管理相关的各种信息，包括法律风险和法律风险管理的历史及现状。内部法律风险环境信息包括但不限于以下各类：① 企业的战略目标。② 企业盈利模式和业务模式。③ 企业的主要经营管理流程及活动、部门职能分工等相关信息。④ 企业在法律风险管理方面的使命、愿景及价值理念。⑤ 企业法律风险管理工作的目标、职责、相关制度和资源配置情况。⑥ 企业法律事务工作及法律风险管理现状，其中对法律风险管理现状可从方针、组织职能和资源配置、制度和流程内控、沟通和报告、法律风险管理文化和技术手段等方面分析。⑦ 内部利益相关者的法律遵从情况和激励约束方式。⑧ 企业签订的重大合同及其管理情况。⑨ 根据企业发生的重大法律纠纷案件或法律风险事件的情况，建立相关的法律规范库和法律风险库。⑩ 企业知识产权管理情况。⑪ 与法律风险及其管理相关的其他信息。

以上法律风险环境信息的收集范围和内容，应根据企业的法律风险状况变化及企业的管理需要进行补充调整。

(3) 企业法律风险管理准则

企业法律风险管理准则是衡量法律风险重要程度的标准，应体现企业对法律风险管理的目标、价值观、资源、偏好和承受度。企业法律风险准则应在法律风险管理工作开始实施前制定，并根据实际情况进行相应调整。确定法律风险准则时要考虑但不限于以下因素：① 企业法律风险管理的范围、对象，以及法律风险的分类。② 法律风险发生的可能性、影响程度，以及法律风险的度量方法。③ 法律风险等级的划分标准。④ 利益相关者可接受的法律风险或可容许的法律风险等级。⑤ 重大法律风险的确定原则。

2. 法律风险的排查

法律风险的排查是一项具体且细致的工作。法律风险排查前，应制订好排查方案，不仅要让所有人清楚排查的目的，还要讲明排查的方法，让各相关单位有据可依。

（二）法律风险评估

法律风险评估包括法律风险识别、法律风险分析和法律风险评价三个环节。

1. 法律风险识别

法律风险的识别，首先是查找企业各业务单元，各项重要经营活动、重要业务流程中存在的法律风险，其次是对查找出的法律风险进行描述、分类，对其形成原因、影响范围、潜在的后果等进行分析归纳，最后生成企业的法律风险清单。

法律风险识别的目的是全面、系统和准确地描述企业法律风险的状况，为下一步的法律风险分析明确对象和范围。进行法律风险识别时要掌握最新的信息，特别是法律法规的变化信息。除了识别可能发生的法律风险事件外，还要考虑其产生的原因和可能导致的后果。识别法律风险需要企业所有相关人员的参与。

(1) 构建法律风险识别框架

为保证法律风险识别的全面性、准确性和系统性，企业应构建符合自身经营管理需求的法律风险识别框架。该框架应提供的识别法律风险的角度包括但不限于以下几个方面。

第一，根据企业主要的经营管理活动识别。即通过对企业主要的经营管理活动（如生产活动、市场营销、物资采购、对外投资、人事管理、财务管理等）进行梳理，查找每项经营管理活动可能存在的法律风险。

第二，根据企业组织机构设置识别。即对企业各业务管理职能部门、岗位的业务管理范围和工作职责进行梳理，查找各机构内可能存在的法律风险。

第三，根据利益相关者识别。即通过对企业的利益相关者（如股东、客户、供应商、员工、政府等）进行梳理，查找相关的法律风险。

第四，根据法律风险源识别。即通过对法律环境、违规、违约、侵权、怠于行使权利、行为不当等的梳理，查找企业存在的法律风险。

第五，根据法律风险发生后承担的责任梳理。即通过对刑事法律风险、行政法律风险、民事法律风险的梳理，查找不同责任下企业存在的法律风险。

第六，根据不同法律领域的识别。即通过对不同的法律领域（如合同、知识产权、招标投标、劳动用工、税务、诉讼仲裁等）进行梳理，查找不同领域内存在的法律风险。

第七，根据法律法规识别。即通过对与企业相关的法律法规的梳理，查找不同法律法规中存在的法律风险。

第八，根据以往发生的案例识别。即通过对本企业或本行业发生的案例进行梳理，查找企业存在的法律风险。

企业可以根据自身的不同需要，选择上述不同的角度或组合，构建法律风险识别框架。

(2) 进行法律风险识别

根据构建的法律风险识别框架，可采用问卷调查、访谈调研、头脑风暴、德尔菲法、检查表法等方法进行法律风险识别，并确定分类和命名规则，对每个法律风险设置相应的编号或名称。

以法律风险源分类和企业经营管理活动两个角度构建的法律风险识别框架为例，此阶段需要逐一判断每项经营管理活动中是否可能存在某种法律风险源或法律风险事件，并尽可能地列举这些事件。同一经营管理活动中同一种类的法律风险事件可归属于同一法律风险类别，并据此确定该法律风险的名称，如 ×× 违规风险、×× 侵权风险等（×× 为某一经营管理活动的名称）。

(3) 形成法律风险清单

在法律风险事件及法律风险名称确定后，应将这些事件统一列表，并在列表中补充每项风险事件的风险原因、可能产生的后果、相关的案例、适用的法律法规、法律分析意见及其涉及的部门、经营管理流程等信息，最终形成企业的法律风险清单。

2. 法律风险分析

法律风险分析是指对识别出的法律风险进行定性、定量的分析，包括法律风险源或导致法律风险事件的具体原因、法律风险事件发生的可能性及其后果，以及影响后果和可能性的因素，为法律风险的评价和应对提供支持。

根据法律风险分析的目的、可获得的信息数据和资源，法律风险分析可以是定性的、半定量的、定量的分析，也可以是这些分析的组合。在实践中经常采用定性分析以了解法律风险等级和揭示主要法律风险。在可能和适当的时候，应当进一步进行更具体的定量法律风险分析。

对于法律风险事件发生的可能性和影响程度的分析应综合采用建模、专家意见，以及经验推导来确定，要注意与企业内外部相关利益者的沟通，同时也要考虑建模和专家意见本身的局限性。

（1）法律风险可能性分析。对法律风险发生可能性进行分析时，可以考虑但不限于以下因素：① 外部监管执行力度，包括企业外部相关政策、法律法规的完善程度，以及相关监管部门的执行力度等。② 内控制度的完善与执行，包括企业内部用以控制法律风险的规章、制度的完善程度及执行力度等。③ 相关人员法律素质，包括企业内部相关人员对相关政策、法律法规、企业规章制度，以及法律风险控制技巧的掌握程度等。④ 利益相关者的综合状况，包括利益相关者的综合资质、履约能力、过往记录、法律风险偏好的表达等。⑤ 所涉及工作的频次，即与法律风险相关的工作在一定周期内发生的次数。

对于不同类型的法律风险来说，影响其发生的可能性因素也会有所不同。

（2）法律风险影响程度分析。对法律风险影响程度进行分析时，可以考虑但不限于以下因素：① 后果的类型，包括财产类的损失和非财产类的损失等。② 后果的严重程度，包括财产损失金额的大小、非财产损失的影响范围、利益相关者的反应等。

法律风险与其他风险在一定条件下具有伴生性和相互转化性。企业要对法律风险与其他风险之间的关联性进行分析，明确各风险事件之间的影响路径和传递关系，以及法律风险与其他风险之间的组合效应，从而在风险策略上对法律风险和其他相关风险进行统一的管理。

3. 法律风险评价

法律风险评价是指将法律风险分析的结果与企业的法律风险准则相比较，或在各种风险的分析结果之间进行比较，确定法律风险等级，帮助企业做出法律风险的应对决策。法律风险评价包括以下内容。

（1）在法律风险分析的基础上，综合考虑法律风险管理的目标、成本、收益和资源的投入安排等因素，对法律风险进行不同维度的排序，包括法律风险事件发生的可能性和影响程度的大小及风险水平的高低。

（2）在法律风险水平排序的基础上，对照企业法律风险准则，可以对法律风险进行分级，具体的等级划分可以根据企业的管理需要设定。

（3）在法律风险排序和分级的基础上，企业可以根据其管理的需要，确定重点关注和优先应对的法律风险。

三、规范法律风险管理的内容

法律风险内容的建设就是塑造这些措施和手段的过程，包括工作流程、管理制度和保障措施等。法律风险管理内容主要包括法律风险应对、检查和监督、沟通和记录等。

(一) 法律风险应对

法律风险应对是指企业针对法律风险或法律风险事件所采取的相应措施，并将法律风险控制在企业可承受的范围内。法律风险应对包括选择法律风险应对策略、评估法律风险应对现状、制订和实施法律风险应对措施三个环节。

1. 法律风险应对策略的选择

法律风险应对策略包括规避风险、控制风险、转移风险、接受风险和其他策略等。选择法律风险应对策略应考虑但不限于以下几方面的因素。

(1) 企业的战略目标、核心价值观和社会责任等。

(2) 企业对法律风险管理的目标、价值观、资源、偏好和承受度等。

(3) 法律风险应对策略的实施成本与预期收益。

(4) 利益相关者的诉求和价值观、对法律风险的认知和承受度，以及对某些法律风险应对策略的偏好。

选择几种应对策略，将其单独或组合使用。

2. 评估法律风险的应对现状

如果企业对某些法律风险采取了规避、控制或转移的应对策略，则应该对这些法律风险的应对现状做进一步的评估，以了解目前的法律风险应对策略存在哪些不足和缺陷，为制订法律风险应对计划提供支撑。评估法律风险应对现状至少应考虑以下几方面的因素。

(1) 资源配置。企业内部的相关机构设置能否满足法律风险应对需要，用于法律风险应对的人员配备是否充足，以及用于法律风险控制的经费是否充足等。

(2) 职责权限。明确与风险应对相关的职责和权限。

(3) 过程监控。按要求对持续性业务或管理活动进行定期或不定期的监控、证据资料保留、信息沟通、告警等。

(4) 奖惩机制。对相关工作人员、管理人员在法律风险应对工作中的表现、成绩是否设立了奖惩机制等。

(5) 执行者能力要求。企业对与法律风险应对相关的内部执行者 (公司内部领导、员工) 是否有明确的资质、能力要求 (业务资质、业务技能、法律素质等)。

(6) 部门内法律审查。要求业务部门内部对一般性的法律问题进行审查 (一般性法律问题指从事某项业务必须掌握的基础性、常识性的法律问题，各部门人员可以通过培训掌握相关内容)。

(7) 专业法律审查。要求法律部门或律师对专业性法律问题进行审查或提供相关法律意见。

(8) 风险意识。工作人员、管理人员对风险的存在、风险将会造成的后果，以及如何开展风险应对等方面是否认识和理解。

(9) 外部法律风险环境。相关法律环境是否完善、稳定，社会守法状况，执法力度和司法方式等。

3. 法律风险应对措施的制定和实施

(1) 应对措施通常包括以下几种类型。

资源配置类：指设立或调整与法律风险应对相关的机构、人员，补充经费或风险准备金等。

制度、流程类：指制定或完善与法律风险应对相关的制度、流程。

标准、指引类：指针对特定法律风险，编撰指引、标准类文件，供业务人员使用。

技术手段类：指利用技术手段规避、控制或转移某些法律风险。

信息类：指针对某些法律风险事件发布警告或预警信息。

活动类：指开展某些专项活动，规避、控制或转移某些法律风险。

培训类：指对某些关键岗位人员进行法律风险培训，提高其法律风险意识和法律风险管理技能。

(2) 在法律风险应对措施确定之后，就应该制订应对措施的实施计划。实施计划中至少应该包括以下信息：① 实施法律风险应对措施的机构及人员安排，明确责任和奖惩。② 应对措施涉及的具体业务及管理活动。③ 报告、监督和检查的要求。④ 资源需求和配置方案。⑤ 实施法律风险应对措施的优先次序和条件。⑥ 实施时间表。

法律风险应对是一个递进的动态过程，需要根据内外部法律风险环境变化对制订的措施进行评估调整，以确保措施实时的有效性。企业在制定法律风险应对措施后应评估其剩余风险（剩余风险是指预期采取法律风险应对措施后的法律风险）是否可以承受。如果不可以承受，应调整或制定新的法律风险应对措施，并评估新的措施效果，直到剩余风险可以承受。执行法律风险应对措施会引起组织风险情况的改变，需要跟踪、监督有关风险应对的效果和组织的环境信息，并对变化的风险进行评估，必要时重新制定法律风险应对措施。

(二) 检查和监督

企业应实时跟踪内外部法律风险环境的变化，及时监督和检查法律风险管理流程的运行状况，以确保法律风险应对计划的有效执行，并根据发现的问题对法律风险管理工作进行持续改进。法律风险管理的监督和检查环节使得法律风险管理流程形成可持续运转的闭环，是法律风险管理能够持续改进的不可缺少的组成部分。

企业法律风险管理监督和检查的内容应包括但不限于以下内容。

(1) 内外部法律风险环境的发展变化，如法律法规、相关政策的出台和变化，司法、执法及社会守法环境的变化，企业自身战略的调整改变等。

(2) 监测法律风险事件，分析趋势及其变化，并从中吸取教训。

(3) 对照法律风险应对计划与实际检查进度，修正偏差，确保风险应对措施的设计和执行有效进行。

(4) 报告关于法律风险变化、风险应对计划的进度和风险管理方针的遵循情况。

(5) 实施法律风险管理绩效评估。

企业还可以根据自身的需求和资源状况，选择建立重大法律风险预警制度，即根据对内外部法律风险环境变化的监控结果，及时发布法律风险预警信息，并制定相应的应急预案。应急预案要明确应急处理的相关组织机构、处理流程、沟通机制、应急措施和资源的配置保障，确保企业应对突发法律风险事件时做出快速反应，从而降低企业风险。

（三）沟通和记录

1. 沟通

企业在法律风险管理过程中的每个阶段都应当与内外部利益相关者进行有效沟通，以保证实施法律风险管理的相关人员和利益相关者能够充分了解企业面临的法律风险及其给企业带来的影响。

企业各层级人员的价值观、诉求、假设、认知和关注点不同，其法律风险偏好和对法律风险管理的期望也不同，而这些差异会对法律风险管理的决策和执行产生重要影响。因此，企业在法律风险决策和管理执行过程中应与内外部利益相关者进行充分沟通，并保存相关记录或档案材料，尤其是要与监管机构及立法、司法机关等外部利益相关者建立顺畅的沟通渠道。

2. 记录

在法律风险管理过程中，记录是实施和改进整个法律风险管理过程的必要工作。建立记录应当考虑以下几个方面。

(1) 出于管理的目的而重复使用信息的需要。

(2) 进一步分析法律风险和调整风险应对措施的需要。

(3) 法律风险管理活动的可追溯要求。

(4) 沟通的需要。

(5) 法律法规和操作上对记录的需要。

(6) 企业本身持续学习的需要。

(7) 建立和维护记录所需的成本和工作量。

(8) 获取信息的方法、读取信息的容易程度和储存媒介。

(9) 记录保留期限管理。

第六章　企业法律风险防控的实践与思考

企业法律风险是指基于法律规定或合同约定，由于企业外部法律环境发生变化或法律主体的不作为，而对企业产生负面法律责任或后果的可能性。企业作为市场竞争主体，在经济活动中不可避免地会遇到各种各样的法律风险。基于此，本章围绕企业治理中的法律风险防控、企业合同法律风险防控、企业知识产权法律风险防控、企业劳动用工法律风险防控展开研究。

第一节　企业治理中的法律风险防控

一、公司治理结构概述

良好的公司治理结构是公司竞争力的源泉和经济长期增长的基本条件，它是为解决公司在《中华人民共和国公司法》(以下简称公司法) 的制约下，在市场经济经营过程中，产生的只按公司法无法得以解决的一系列新问题而形成的一整套制度。

通俗地讲，公司的治理结构就是公司的管理结构，不同公司有不同的治理模式，公司的治理结构是企业法律风险防范机制的基础和前提。同时，治理结构决定了企业法律风险防范与控制机制的核心导向。

公司组织制度是完善的公司治理结构不可或缺的内容。在市场经济的发展中，公司已经形成了一套完整的组织制度，其基本特征是：所有者和经营者之间，通过公司的决策机构、执行机构、监督机构，形成各自独立、权责分明、相互制约的关系，并以法律和公司章程的形式加以确立和实现。公司是由许多投资者即股东投资设立的经济组织，必须充分地反映公司股东的个体意志和利益要求；同时，公司作为法人应当具有独立的权利能力和行为能力，必须以众多股东个体意志和利益要求为基础，并以自己的名义独立开展业务活动。公司的治理结构坚持决策权、执行权和监督权三权分立的原则，由此形成了公司股东大会、董事会和监事会并存的组织框架。股东会是由全体出资人 (公司股东) 组成的公司最高权力机构；董事会是由股东会或股东大会选出的，是公司的日常经营决策机构，向股东会负责；监事会是由股东会或股东大会选举产生的，代表股东利益并对董事会及其成员以及高层经营管理人员进行监督的机构。经理人员是董事会领导下的公司管理和执行机构。这种结构既能防范公司治理中的法律风险，又能切实保障所有者的权益，适应市场经济的运行机制。

二、股东（大）会与公司治理中的法律风险防控

股东（大）会作为公司权力机构，如何行使权力才能发挥其在企业治理结构中应有的作用，如何处理好股东与股东会的关系，这些问题在公司的经营管理中具有重要意义。

（一）股东（大）会概述

1. 股东（大）会的性质和职权

公司股东（大）会由全体股东组成，是公司的权力机构，行使下列职权：① 决定公司的经营方针和投资计划；② 选举和更换由非职工代表担任的董事、监事，决定有关董事、监事的报酬事项；③ 审议批准董事会的报告；④ 审议批准监事会或者监事的报告；⑤ 审议批准公司的年度财务预算方案、决算方案；⑥ 审议批准公司的利润分配方案和弥补亏损方案；⑦ 对公司增加或减少注册资本作出决议；⑧ 对发行公司债券作出决议；⑨ 对公司合并、分立、解散、清算，或者变更公司形式作出决议；⑩ 修改公司章程；⑪ 公司章程规定的其他职权。

对上述所列事项，股东以书面形式一致表示同意的，可以不召开股东（大）会会议，直接作出决定，并由全体股东在决定文件上签名、盖章。

2. 股东（大）会会议的召集

有限责任公司股东（大）会会议分为定期会议和临时会议。定期会议应当依照公司章程的规定按时召开。代表 1/10 以上表决权的股东，1/3 以上的董事，监事会或者不设监事会的公司的监事提议召开临时会议的，应当召开临时会议。

股份有限公司股东（大）会应当每年召开一次年会。有下列情形之一的，应当在两个月内召开临时股东（大）会：第一，董事人数不足本法规定人数或者公司章程所定人数的 2/3 时；第二，公司未弥补的亏损达实收股本总额 1/3 时；第三，单独或者合计持有公司 10% 以上股份的股东请求时；第四，董事会认为必要时；第五，监事会提议召开时；第六，公司章程规定的其他情形。

公司设立董事会的，股东（大）会会议由董事会召集，董事长主持；董事长不能履行职务或者不履行职务的，由副董事长主持；副董事长不能履行职务或者不履行职务的，由半数以上董事共同推举一名董事主持。

有限责任公司不设董事会的，股东会会议由执行董事召集和主持。

公司董事会或者执行董事不能履行或者不履行召集股东会会议职责的，由监事会或者不设监事会的公司的监事召集和主持；监事会或者监事不召集和主持的，代表1/10以上表决权的有限责任公司的股东、连续90日以上单独或者合计持有10%以上股份的股份有限公司的股东可以自行召集和主持。

（二）股东及股东（大）会行使权利和职权时的法律风险防控

（1）股东资格确认的风险防控。实践中由于股东法律意识不强或其他原因，常常出现隐名股东和挂名股东的现象。这就很容易出现股东资格上的瑕疵，股东行使权利时就会出现很大的法律风险。为了确认实际出资人的股东资格，应该从以下几个方面加以防范：审查公司章程、查阅工商登记、妥善保存出资证明；如果是隐名股东，应核实与显名股东签订的书面协议。

（2）股东权利不当行使的法律风险防控。股东权利的不当行使主要是指大股东或控股股东利用持股比例较高的优势，把持股东会决议的通过或拒不出席股东会会议，迫使股东会会议达不到表决权比例而"流产"。为防范此类风险的发生，应充分利用公司法赋予章程的自治原则，在章程中设置对大股东或控股股东权利的限制机制。比如，在章程中约定股东的真诚义务，不得控制公司、损害其他股东权益，股东在重大事项表决时表决权比例适当调整，股东拒不参加股东会会议的制度限制及相应的责任，等等。

公司法对股东代表诉讼进行规定，这是我国公司治理结构的一大发展，是公司良性运作和中小股东权益保障的必然要求。

（3）股东权利滥用的法律风险防控。公司法赋予股东依法享有资产收益权、重大决策参与权、选择管理者的权利等，包括收益权、管理权、知情权、诉权及其他派生权利等。一个正常理智的股东应合理行使法律赋予的权利，不应滥用股东权利。为防止部分股东与公司同业竞争或企图谋求其他不正当利益而利用知情权、质询权、诉权获取公司商业情报，应在章程中对上述权利的行使做出合理的限制性规范，如审查查询目的的正当性，对行使权利的范围、方式、方法、程序做出规定，对获取知情权后的后置义务如保密、责任承担做出规定，以避免股东权利行使的随意性。

（4）股东会僵局的法律风险防控。股东会产生僵局的原因有两种：一是股权设置畸形，股权均衡导致各占50%，形成了股东之间只能完全同意否则无法形成决议的局面。二是股东在章程中设定了更高的表决权要求，在大股东不参加表决或不同意表决内容的情况下，股东会无法形成决议，出现股东会僵局，从而导致公司无法正常运营，股东权益、公司权益受到损害。为防止股东会僵局的出现或股东会僵局出现后合理破解僵局状态，股东应充分利用公司自治原则，在章程中设置避免股东会僵局出现的机制和僵局出现后的解决机制。

(5) 股东会召开通知的法律风险防控。公司法确立了股东会的两种形态：定期会议和临时会议。对会议召开的时间只规定了提前 15 天通知（公司章程或全体股东同意的规定除外），但对通知的主体、召开的地点、通知的方式、通知的程序没有做具体规定。为防止通知的方式、程序、内容不当，而导致股东会不能召开或无效的风险出现，应在章程中对下述事项予以明确：通知的主体，即由哪个部门负责通知及没有通知的法律后果、责任；通知的方式，即通知到和视为通知到的情形；通知的内容，即会议召开的时间、地点，会议的内容，会议召开的形式等。

(6) 出席股东会的股东人数的法律风险防控。公司法仅规定了股东会由全体股东组成，但股东出席比例达到多少才能召开却没有规定。为了确保股东会的决策符合大多数股东的利益，同时防止因人数不足而导致股东会无法召开以及若干股东会同时召开的情况发生，有必要在公司章程中规定最低出席人数，以及最低人数不足时的补救办法。

(7) 股东会表决权的法律风险防控。公司法第四十二条规定：股东会会议由股东按照出资比例行使表决权；但是，公司章程另有规定的除外。由此可见，如果公司章程对表决权没有规定，则实行法定的“按资表决”，即谁出资多，谁的表决权就越大。因为有限公司具有“人合性”的特点，所以公司法将“表决权”的“优先权”又赋予公司章程。为维护大多数股东的权益，维护公司利益，股东根据企业自身情况，由公司章程规定是按“按人表决”还是“按资表决”以及表决的时间、表决的方式、未按规定表决的法律后果等，以更好地防范和控制公司风险的发生。

(8) 股东会会议的议事方式的法律风险防控。公司法第四十三条规定：股东会的议事方式和表决程序，除本法有规定的外，由公司章程规定。股东会会议作出修改公司章程、增加或者减少注册资本的决议，以及公司合并、分立、解散或者变更公司形式的决议，必须经代表 2/3 以上表决权的股东通过。根据该条规定，股东对于“特殊决议”没有太大的作为空间，但公司章程对“普通决议”可以规定议事的规则与表决程序。对于法律未规定的事项，股东应在不违反法律规定的前提下，根据公司实际情况，由参加会议过半的人数表决通过相关决议。

(9) 股东会决议无效或被撤销的法律风险防控。股东会决议无效。股东会决议内容违反法律、行政法规的自始无效，如股东会决议按公司法规定修改公司章程、增加或者减少注册资本的决议，以及公司合并、分立、解散、变更公司形式的决议必须经代表 2/3 以上表决权的股东通过改为 1/2，则因股东会的决议内容违反了公司法的强制性规定而无效。

股东会决议被撤销。可撤销的情形有三种：一是会议召集程序、表决方式违反法律、行政法规；二是会议召集程序、表决方式违反公司章程；三是股东会决议内容违反公司章程。对于可撤销的情形，股东可在决议作出后的60日内要求法院撤销。因此，公司作出股东会决议时，应遵守法律和章程的规定，以免决议无效或被撤销。

三、董事会制度与公司治理中的法律风险防控

（一）董事会

董事是董事会的组成人员，是负责公司业务决策和行使管理权的人。董事任期由公司章程规定，但每届任期不得超过三年。董事任期届满，连选可以连任。董事任期届满未及时改选，或者董事在任期内辞职导致董事会成员低于法定人数的，在改选出的董事就任前，原董事仍应当依照法律、行政法规和公司章程的规定，履行董事职务。

董事会是由股东选举产生的，负责公司日常经营决策和日常经营管理的机构，是公司业务的执行机构。我国公司法规定，有限责任公司设董事会，其成员为3～13人；但是股东人数较少或者规模较小的有限责任公司，可以设1名执行董事，不设董事会。执行董事可以兼任公司经理。股份有限公司的董事会是必设机构，成员为5～19人。

两个以上的国有企业或者两个以上的其他国有投资主体投资设立的有限责任公司，其董事会成员中应当有公司职工代表；其他有限责任公司和股份有限公司董事会成员中也可以有公司职工代表。董事会中的职工代表由公司职工通过职工代表大会、职工大会或者其他形式民主选举产生。

董事会设董事长1人，可以设副董事长。有限责任公司董事长、副董事长的产生办法由公司章程规定，股份有限公司董事长、副董事长由董事会以全体董事的过半数通过选举产生。

董事会对股东会负责，行使下列职权：第一，召集股东会会议，并向股东会报告工作；第二，执行股东会的决议；第三，决定公司的经营计划和投资方案；第四，制订公司的年度财务预算方案、决算方案；第五，制订公司的利润分配方案和弥补亏损方案；第六，制订公司增加或者减少注册资本以及发行公司债券的方案；第七，制订公司合并、分立、解散或者变更公司形式的方案；第八，决定公司内部管理机构的设置；第九，决定聘任或者解聘公司经理及其报酬事项，并根据经理的提名决定聘任或者解聘公司副经理、财务负责人及其报酬事项；第十，制定公司的基本管

理制度；第十一，公司章程规定的其他职权。

(二) 董事及董事会行使职权时的法律风险防控

1. 董事违反忠诚义务的法律风险防控

公司法规定了董事的忠诚义务。这些义务主要有：第一，国家公务员不得兼任公司的董事、监事、经理。第二，董事、监事、经理应当遵守公司章程，忠实履行职务，维护公司利益，不得利用在公司的地位和职权为自己牟取私利。董事、监事、经理不得利用职权收受贿赂或者其他非法收入，不得侵占公司的财产。第三，董事、经理不得挪用公司资金或者将公司资金借贷给他人。第四，董事、经理不得将公司资产以其个人名义或者以其他个人名义开立账户存储。第五，董事、经理不得以公司资产为本公司的股东或者其他个人债务提供担保。第六，董事、经理除公司章程规定或者股东会同意外，不得同本公司订立合同或者进行交易。第七，董事、监事、经理除依照法律规定或者经股东会同意外，不得泄露公司秘密。第八，董事、监事、经理执行公司职务时违反法律、行政法规或者公司章程的规定，给公司造成损害的，应当承担赔偿责任。

董事作为公司的日常决策机构人员，公司法赋予了其更高的道德要求。董事一旦违背忠诚义务，给公司或股东造成损失，要承担赔偿责任。为了防范董事可能出现的道德风险，股东在选举董事时，应该对被选举的人员做立体的考量和评价；同时，股东会、监事会、独立董事应该加强对董事的监督并完善监督制度。

2. 董事违反竞业禁止的法律风险防控

公司法竞业禁止的含义规定为“董事、经理不得自营或者为他人经营与其所任职公司同类的业务或者从事损害本公司利益的活动”。它有以下两种情况：一种是公司的董事、经理不得同时自营或者为他人经营与其所任职公司同类的营业，即公司的董事、经理同时自营或者为他人经营的营业内容不能与其任职公司的营业内容相同，相同者，就构成同业竞争；另一种是自营或者为他人经营的营业内容虽与其任职公司的营业内容不同，但活动有损于本公司利益，如双方签订的合同显失公平。法律对董事的竞业禁止，要求董事具有良好的道德操守，敬业爱岗、恪守诚信。为防止董事违反竞业禁止给公司造成损害，公司应完善管理制度，加大监督力度。

董事、经理是公司的高级经营管理人员，从理论上讲，其与公司之间形成的是一种基于信任而产生的委托或信托关系。这使得董事、经理对公司负有“忠实义务”。所谓忠实义务就是指董事、经理在经营公司业务时，应积极保护公司的利益，始终以最大限度地实现和保护公司的利益为己任，当其自身利益（包括与自己有利害关系的第三人的利益）与公司利益发生冲突时，董事、经理必须以公司利益为重，不得将自身利益置于公司利益之上。竞业禁止乃是忠实义务的具体体现之一。

董事、经理违反忠实义务的法律救济措施主要有：第一，公司有权行使收入归并权。即要求将董事、经理的违法经营所得或者所获报酬归于公司，这一责任形式主要适用于竞业禁止；第二，主张撤销非法的合同或交易。对于违法的自我交易，公司可以主张撤销，使之归于无效，这一责任形式针对自我交易。第三，赔偿损失。即公司有权要求董事、经理赔偿给公司造成的损失，这一责任形式属于概括性的责任形式，可以适用于所有违反忠实义务的情形。赔偿损失，也可以说是其他责任形式的必要补充，公司有权在其他责任形式与赔偿损失之间进行选择。当行使收入归并权、撤销非法的合同或交易的责任形式不足以充分保护公司利益或者不便于行使时，公司可以要求赔偿损失。

3. 董事违反法律法规及过错行为的法律风险防控

遵纪守法是每个公民应尽的责任和义务。董事作为公司决策机构人员应具有更强的法律意识和更高的法律素养。公司法规定：董事应当对董事会的决议承担责任。股份有限公司董事会的决议违反法律、行政法规或者公司章程、股东大会决议，致使公司遭受严重损失的，参与决议的董事对公司负赔偿责任，但经证明在表决时曾表明异议并记载于会议记录的，可以免除责任。

董事应当明白肩负的企业责任、社会责任和道德责任，不但要熟悉行业的专业知识和管理知识，还应知晓所在行业的法律风险环境及可能面临的风险因素，时刻严于律己，警钟长鸣。只有这样，才能更好地防范法律风险。

4. 行使董事会职权的法律风险防控

公司法第四十六条规定了董事会的具体职权范围，对公司法明文规定的董事会职权，公司章程不能更改，也不能与之冲突。但公司章程可以对法定职权进行细化，使其便于操作。另外，公司章程可赋予董事会除法定职权以外的其他职权。董事会必须遵守法律规定和章程规定，不能超越规定越权行使权力，否则可能导致董事会决议的无效或被撤销，给公司造成损害。

四、经理制度与公司治理中的法律风险防控

(一) 经理

经理是公司内部负责日常管理的机构，经理由董事会聘任。随着资本市场的不断发展，股东参与公司管理的意愿渐渐淡化，专职管理者已成为公司不可或缺的人才。因为经理是董事会决议的执行者、日常经营管理者，所以经理的选任关系着公司能否正常健康运营，经理是否尽心履职，也直接关系着公司发展的步伐。

(二) 经理行使职权时的法律风险防控

1. 选任经理时的法律风险防控

作为经理，不但要有管理能力，更重要的是要有良好的品行。如果经理的品行出现道德危机，很可能做出损害公司利益或股东利益的事情，所以选任经理，一定要选任能力强、品行好的双优人才。只有这样，才能有效防范经理道德危机引发的各种法律风险。

2. 经理行使职权时的法律风险防控

公司法第四十九条规定经理的法定职权为：(1) 主持公司的生产经营管理工作，组织实施董事会决议；(2) 组织实施公司年度经营计划和投资方案；(3) 拟订公司内部管理机构设置方案；(4) 拟订公司的基本管理制度；(5) 制定公司的具体规章；(6) 提请聘任或者解聘公司副经理、财务负责人；(7) 决定聘任或者解聘除应由董事会决定聘任或者解聘以外的负责管理人员；(8) 董事会授予的其他职权。

另外，公司章程对经理职权另有规定的，从其规定。

从以上规定可以看出，对经理的职权，公司法给予了很大的灵活性。因经理是董事会的执行者，是日常经营活动的管理者，如果经理权限过小，就会束手束脚，不能最大限度地发挥经理的作用；如果太大，又不利于监督，对公司利益产生风险。公司应根据公司发展的不同阶段、规模大小、经理的表现等多方因素，科学合理地授权和规范，同时应完善管理制度，加强监管措施。

3. 经理对外行使职权时的法律风险防控

经理的权能可以分为对内的管理权和对外的代理权。前者是指经理对内生产经营管理的职能；后者是指对外代表公司从事业务往来的职权。因为经理对外可以代表公司，经理的行为最终由公司承担后果，所以，对经理的行为要加以勤勉限制，即经理的对外行为必须从公司的利益出发，否则要承担赔偿责任。公司可从制度建设及聘用程序中对经理的行为加以规范。

五、监事会制度与公司治理中的法律风险防控

(一) 监事会

监事是监事会的组成人员，依据公司法的规定，监事的任期每届为3年，可以连选连任。监事任期届满未及时改选，或者监事在任期内辞职导致监事会成员低于法定人数的，在改选出的监事就任前，原监事仍应当依照法律、行政法规和公司章程的规定，履行监事职务。

1. 监事会的设立

有限责任公司设监事会，其成员不得少于 3 人。股东人数较少或者规模较小的有限责任公司，可以设 1 ~ 2 名监事，不设监事会。

监事会应当包括股东代表和适当比例的公司职工代表，其中职工代表的比例不得低于 1/3，具体比例由公司章程规定。监事会中的职工代表由公司职工通过职工代表大会、职工大会或者其他形式民主选举产生。

监事会设主席 1 人，由全体监事过半数选举产生。监事会主席召集和主持监事会会议；监事会主席不能履行职务或者不履行职务的，由半数以上监事共同推举 1 名监事召集和主持监事会会议。

董事、高级管理人员不得兼任监事。

2. 监事会的职权

监事会、不设监事会的公司的监事行使下列职权：第一，检查公司财务；第二，对董事、高级管理人员执行公司职务的行为进行监督，对违反法律、行政法规、公司章程或者股东会决议的董事、高级管理人员提出罢免的建议；第三，当董事、高级管理人员的行为损害公司的利益时，要求董事、高级管理人员予以纠正；第四，提议召开临时股东会会议，在董事会不履行公司法规定的召集和主持股东会会议职责时召集和主持股东会会议；第五，向股东会会议提出提案；第六，依照公司法第一百五十一条的规定，对董事、高级管理人员提起诉讼；第七，公司章程规定的其他职权。监事可以列席董事会会议，并对董事会决议事项提出质询或者建议。

（二）监事、监事会行使职权时的法律风险防控

1. 监事会人员不当时的法律风险防控

（1）监事会成员不足法定人数。公司法规定，一般有限责任公司应设监事会，监事会成员人数至少为 3 人。但同时又规定，如果股东较少或规模较小的有限责任公司则不用设立监事会，设 1 ~ 2 名监事即可。设立监事会的，一定要保证监事会的成员人数在 3 人以上，其中包括 3 人。

（2）监事会成员中职工人数不足 1/3。公司法规定监事会成员中应包括股东代表及职工代表，具体比例由公司章程规定，但其中职工代表不得少于 1/3。但有的公司监事会中没有职工代表，或职工代表不足 1/3。如果监事会出现以上情况，监事会的构成就违反了法律规定，其作出的决议可能会归于无效。

（3）董事、高级管理人员兼任监事。监事会的职权是监督董事与高级管理人员的，如果允许董事与高级管理人员兼任监事，则相当于“既当球员又当裁判”。因此，在公司章程中必须明确界定“高级管理人员”的范围，避免监事与高级管理人

员的任职重合，从而影响对公司的有效监督。

2. 监事滥用职权的法律风险防控

公司法规定，当监事会、不设监事会公司的监事发现公司经营情况异常，可以进行调查；必要时可以聘请会计师事务所等协助其工作，费用由公司承担。但是，如果监事滥用这一职权，则会扰乱公司的正常经营；引发董事会与监事的对立；甚至会因频繁调查而泄露公司的商业秘密。为防范监事滥用职权，给公司造成损害，有必要在章程中明确规定：监事滥用职权给公司造成损害的应承担赔偿责任。

第二节　企业合同法律风险防控

"合同是企业发展经营过程中非常重要的环节，是企业开展一切日常经济活动谋取利益的关键和纽带，但是企业也会因合同问题面临很多问题和困扰。合同法律风险是现代企业发展中最为常见的一种法律风险。"① 合同法律风险是指在合同订立、生效、履行、变更和转让、终止及违约责任、合同管理的过程中，合同当事人一方或双方利益损害或损失的可能性。笔者结合合同法律原理，以及大量的市场调研和从事合同法律实践的经验，对市场交易中常见的合同法律风险进行分析梳理，希望对企业管理中的合同法律风险防控具有借鉴和指导意义。

一、合同订立中的法律风险防控

合同，又称契约，是平等主体的自然人、法人、其他组织之间设立、变更、终止民事权利义务关系的协议。

合同的订立是指当事人各方通过平等协商，以一定方式在相互之间确立具体合同关系的行为。它是整个合同关系的基础阶段，在明确当事人之间特定权利义务的同时，也使其获取法律保护成为可能——依法成立并生效的合同具有法律约束力。合同订立涉及的可能带来法律风险的问题主要包括以下几个方面：订立合同应当遵循的基本原则，订立合同的主体（合同当事人），订立合同的形式，订立合同的方式，合同的条款，签订合同实践中应当注意的问题，合同订立阶段的法律责任，合同的生效条件、生效时间、效力，待定合同的补正，无效合同，可撤销合同等。对这些风险的规避必须立足于对相关法律规定的理解和掌握。

① 冉国平．企业合同法律风险分析及防控思路 [J]. 现代营销（下旬刊），2014(07)：79-80.

(一) 订立合同应当依法审核合同主体

签订合同是整个合同活动最基础的部分，当事人应当充分了解签订合同的对方当事人的具体情况，以确保所签订的合同能够得到法律保护，使自己通过合同活动所追求的经济目的能够安全、可靠和顺利实现。

任何合同都离不开合同的主体，如果订立合同的主体（合同当事人）不合格，那么企业想通过合同关系得到相应经济利益的愿望就会落空。这种合同主体的不合格主要表现在两个方面：一是合同当事人不具备相应的订立合同的主体资格（这集中表现在其不具备相应的民事行为能力上），使得合同成为效力待定的合同；二是合同当事人不具备相应的履行合同的能力（这集中表现在其资信能力上）。例如，实践中有些合同当事人根本没有相应的履行合同的能力，甚至根本不想订立一份合法有效的合同，只是假借订立合同，意图谋取非法利益。

要防控上述法律风险，就必须充分把握合同当事人订立合同的主体资格以及合同当事人履行合同的能力，以确保订立合同、追求相应经济利益的目的安全、可靠和顺利实现。

1. 合同当事人订立合同的主体资格的判断

订立合同的主体即合同当事人，必须是具有相应民事权利能力和民事行为能力的自然人、法人和其他组织。

第一，自然人。自然人包括本国公民、外国人和无国籍人。对于自然人的民事权利能力和民事行为能力，我国民法典规定，我国公民、在我国领域内的外国人和无国籍人，适用民法典关于公民的规定。

根据我国民法典的规定，自然人的民事权利能力始于出生时，终于死亡时，且一律平等。自然人的民事行为能力分为完全民事行为能力人、限制民事行为能力人和无民事行为能力人。18 周岁以上的公民以及 16 周岁以上不满 18 周岁、以自己的劳动收入为主要生活来源的公民，是完全民事行为能力人，可以独立进行民事活动；8 周岁以上不满 18 周岁的未成年人是限制民事行为能力人，可以进行与其年龄、智力或精神健康状况相适应的民事活动，其他民事活动须由其法定代理人代理或征得其法定代理人的同意；不满 8 周岁的未成年人和不能辨认自己行为的成年人是无民事行为能力人，由其法定代理人代理民事活动。

我国民法典同时规定了个体工商户和农村承包经营户两类民事主体。需要说明的是，作为个体工商户、农村承包经营户经营者的公民应当具有相应的民事行为能力。个体工商户应当在法律允许的范围内，依法经核准登记，从事工商业经营。农村承包经营户作为农村集体经济组织的成员，应当在法律允许的范围内，按照承包合同规定从事商品经营。

公民通过订立合同参加民事活动，应当以其自己的财产承担民事责任。个体工商户、农村承包经营户通过订立合同参加民事活动，个人经营的，以个人财产承担民事责任；家庭经营的，以家庭财产承担民事责任。

第二，法人。法人是具有民事权利能力和民事行为能力，依法独立享有民事权利和承担民事义务的组织。法人应当具备下列条件：依法成立，有必要的财产或者经费，有自己的名称、组织机构和场所，能够独立承担民事责任。法人包括企业法人（如股份有限公司、有限责任公司、全民所有制企业法人、集体所有制企业法人、私营企业法人、联营企业法人、中外合资经营企业法人、中外合作企业法人、外资企业法人等）和非企业法人（如机关法人、事业单位法人、社会团体法人等）。法人通过订立合同参加民事活动时，以其所有的或者国家授予其经营管理的财产独立承担民事责任。

法人的民事权利能力和民事行为能力，与其经过核准登记的经营范围（对企业法人而言）或者法律、法规、章程等确定的职能、宗旨、登记核准的活动范围（对机关法人、事业单位和社会团体法人而言）相一致，从法人成立时产生，到法人终止时消失。法人不能从事与其民事权利能力和民事行为能力不一致的合同活动。例如，民法典规定，除经国务院批准为使用外国政府或者国际经济组织贷款进行转贷的外，国家机关不得为保证人；学校、幼儿园、医院等以公益为目的的事业单位、社会团体不得为保证人；企业法人的分支机构、职能部门不得为保证人。如果这些主体违反规定担任保证人，则保证合同无效。

据此，合同主体应当在其核准登记的经营范围内从事经营活动，一般不得越权经营。

第三，其他组织。其他组织是指合法成立，有一定的组织机构和财产，但不具备法人资格的组织。根据现有法律规定，其他组织主要包括以下主体：法人依法设立并领取营业执照的分支机构；经核准登记领取营业执照的乡镇、街道、村办企业；依法登记领取营业执照的私营独资企业、合伙企业、合伙型联营企业、中外合作经营企业、外资企业；经民政部门核准登记领取社会团体登记证的社会团体；中国人民银行、各专业银行设在各地的分支机构；保险公司设在各地的分支机构等。

其他组织的民事权利能力和民事行为能力，与其相应的法律规定或法律文件（如营业执照、社团登记证）确定的活动范围相一致，从该组织成立时产生，到该组织终止时消灭。

其他组织通过订立合同参与民事活动时，其民事责任的承担，需视该组织的具体情况依据法律规定加以确定。一般首先由该组织以其自己所有的或经营管理的财产对外承担民事责任，不足以承担时，由其所属的法人依法承担（如法人依法设立的分支机构等），或者由设立该组织的成员以其所有的或经营管理的财产按照法律规定或约定承担连带清偿责任（如合伙组织等）。

2. 合同当事人履行合同能力的判断

针对实践中签订合同容易出现的问题，笔者认为，在签订合同时，对合同当事人履行合同能力的判断，应当把握以下几个方面。

第一，从自己的实际情况出发。根据自己的实际经营情况和履行合同的能力，谨慎从事，宁可少签一个合同，也不要签不太可能履行的合同；不要擅自经营超出企业自身经营范围的业务，也不要与超出其经营范围的对方当事人签订合同，尤其是不能签订合同标的依照法律规定属于专营或禁止、限制流通物的合同。

第二，认真审查对方的有关情况。

一是考察对方的主体资格。例如，在法人问题上，有些貌似法人的企业单位却并非法人。这些单位主要有：其一是法人的内部机构和分支部门。尽管有些法人的内部机构和部门采取经济责任制或内部承包制后，实行了相对独立的经济核算，生产经营上也有一定的独立性，但按照法律的规定，它们是不能对外独立承担民事责任的，因此也不能以自己的名义对外签订合同。如果它们以自己的名义与其他单位签订了合同，那么这类合同在法律上是难以得到保护的。其二是不具备法人资格的法人联合组织。法人联合组织本身并无独立财产，只是成员之间的协调机构，有的企业联营只是企业之间以合同关系为基础而建立的协作组织。其三是假冒企业法人或假借其他企业法人的名义从事非法经营活动的个人或单位。比如，没有建筑资质的单位或者个人借用有资质的建筑施工企业的名义和发包方签订建设工程施工合同等。

至于对其他组织、个体工商户、农村承包经营户主体资格的审查，主要是从其有没有依法经核准登记、领取营业执照和有没有享受权利、承担义务的能力，即有没有实际履行合同能力等方面去考察。如果在与对方签订合同有上述疑问时，应当到工商行政管理部门进行查询。

二是考察当事人的资信情况。了解当事人的资信情况是考察合同当事人履约能力的首要问题。对当事人的资信能力的了解，既可以要求对方提出自己资信情况的有关证明文件，也可以自己通过有关途径获取第一手信息。

一般而言，与当事人资信情况有关的因素主要有以下几点。

当事人的注册资本的多少。通常，注册资本往往与该当事人的经营规模、经营范围有一定的联系。注册资本额大的，其经营规模也大，反之则小。注册资本一般可以从营业执照上查知，对于当事人营业执照上的注册资本要注意两个问题。其一，营业执照上的注册资本与当事人的实有资本并非完全一致。从实践中看，注册资本数额往往大于其实有资产数额。造成此种现象的原因有：当事人或者在进行设立登记时弄虚作假，提供假资信证明，或者于注册后抽逃资金，将其挪作他用；根据公司法的规定，在公司制企业设立时对其注册资本的要求已由实际足额缴纳转为可以两年内缴足。其二，营业执照依法不得擅自复印，但实践中违法复印现象十分普遍。这就带来一个问题，对于对方提供的营业执照复印件如何认同。首先，要明确复印件不是营业执照本身，不能代替营业执照；其次，要争取看到营业执照正本或副本，同时注意其是否办理了年检，以防对方在复印件上制造假象，这在实践中并不少见。

当事人的银行信誉如何。即金融机构对当事人的贷款、还款方面的评价。目前，我国金融机构在对企业的信用评级方面还没有形成统一的标准、统一的措施，实践中的信用评级是各地区、各系统、各机构各行其是，其做出的结论当然是有差别的。

当事人的资金周转及负债情况。资金周转正常的当事人其资信当然有保证。当事人负债情况也在一定程度上反映了其资信能力。虽然各经济主体在从事经济活动中难免有负债情况，但这里要说明的是，超过正常限度的负债经营往往潜伏着巨大的危机。引起三角债的一个重要原因也就在于许多企业不顾偿债能力，超限度地负债经营，使得自己根本无履约能力，由此导致合同得不到履行。企业的经营效益、企业职工的待遇如何。经营效益好的当事人其资信当然也好。职工的待遇，如工资、奖金、福利等，也在很大程度上反映了该当事人的资信情况。当事人的生产规模、经营能力如何，这些也影响着当事人的履约能力，从而决定着当事人的订约能力。

从生产规模来看，当事人生产规模的大小决定了它能签订的合同涉及的标的额的大小。显然，一家年产10万吨钢板的企业不可能签订一份年供货200万吨钢板的合同。对生产规模的了解可以从该当事人每年的各种产量报表、购进原材料情况、消耗能源情况、对交通线路的利用情况等多方面进行，甚至生产场地的规模也是一个考虑因素。

从经营活动来看，当事人的经营能力反映了它在现有物质条件的基础上从事经济活动的能力。同样生产规模的当事人，经营能力的不同也必然导致各自订立的合同能力的不同。有的当事人能充分发挥自己的潜力满负荷运转，有的却不然。与后者不能签订的合同，在一定条件下却能与前者签订。对当事人经营能力的认识主要考察其生产经营管理情况，最近一段时期内与其他经济主体订立合同及履行合同的情况，其提供的产品的情况、产品的信誉、提供的劳务，库存情况，有无积压等。

总之，订立合同的当事人应当具有与其经营范围和经营规模相适应的自有资金和履行合同、承担责任的能力。无实际履行能力的企业是不能与其签订合同的。实践中常有这样一些现象，有些企业虽经工商行政管理部门核准登记，取得了营业执照，但是明知自己没有履约能力，仍然与其他单位签订合同，这种行为具有欺诈性质。当然这也不能一概而论，如在实践中，有些企业签订的合同规模虽然超过了自己资金或已有的货源规模，但在合同规定的履行期限内通过正当渠道可以筹集到履行合同所需要的资金，或者经过努力可以落实履行合同所需要的货源，依照有关法律规定，其签订的合同仍为有效合同。

需要说明的是，在进行以上几方面情况的具体考察时，仍然要具体情况具体分析，尤其要把握住实际情况而不能为各种表面现象所迷惑。目前，各种弄虚作假、违法乱纪现象仍然存在，如骗取营业执照、骗取大额注册资本的登记、通过不正当途径取得各种信誉评比的好等级、采取不正当手段骗取各种大赛的大奖等，这些不仅严重扰乱了正常的社会经济秩序，也给当事人参与经济交往、与他方订立合同带来了较大的困难。当然，随着我国法治建设、经济建设的发展，这种不正常现象是会减少并最终消除的。

三是审查对方法定代表人的身份。依照法律规定只有企业的正职才能作为法定代表人，如企业的厂长、经理或公司的董事长。如果没有正职才可由其主管副职作为企业的法定代表人，也只有法定代表人才有权依法代表企业对外签订合同或由其授权他人对外签订合同。因此，在签订合同时，需要审查对方法定代表人的身份或委托代理人的代理身份是否合法等一些基本情况。

（二）订立合同应当慎重选择合同形式

合同订立的形式是合同当事人商定的合同内容的外在表现形式，是合同内容的载体。合同订立的形式取决于企业对合同关系是重视安全还是重视方便的选择。实践中常见的问题是，企业为了贪图方便而忽视了合同关系的安全，选择的合同形式往往以口头形式为主，以致在发生纠纷时，难以完成诉讼法上规定的举证责任，难以证明确定的合同关系的存在，从而导致对自己不利的后果。一些采取了书面形式的合同，有时会对具有合同性质的书面材料保管不善，导致发生纠纷时，无法举证，同样会输掉官司。

要规避此类法律风险，就必须正确选择合同的形式，并注意对具有合同性质的书面材料进行妥善的保管。

第一，口头形式。是指当事人通过对话（包括当面交谈或者电话协商）方式确定了合同内容并且不以书面形式表现出来的合同形式。口头形式简便易行，有利于民事交往的迅速进行。但由于口头形式无文字凭据，一旦发生纠纷，当事人往往难以举证、难以分清是非，不利于保护自己的合法权益。

第二，书面形式。是指合同书、信件和数据电文（包括电报、电传、传真、电子数据交换和电子邮件）等可以有形地表现所载内容的形式。采取书面形式订立合同，能够将当事人协商确定的合同内容明确地记载下来，有利于保证民事活动的安全；一旦发生纠纷，便于当事人举证和分清责任。因而，书面合同是合同的主要形式。

第三，其他形式。除了口头形式和书面形式，合同还可以以其他形式订立。至于其他形式的种类，从学理上分析，主要是指默示形式，即合同当事人并没有用评议或文字，只是根据其积极行为或消极行为，推断出行为人意思的形式。默示形式一般在法律中有明确的规定或当事人有约定时才能适用。

当事人采用何种形式订立合同，通常由其根据具体情况自主做出选择。选择的形式应该既有利于迅速简便地达成交易，又能保证交易的安全，但是，在下列情形下，当事人只能采用书面形式订立合同：第一，法律、行政法规规定采用书面形式的，应当采用书面形式。第二，当事人约定采用书面形式的，应当采用书面形式。如当事人在合同签订过程中，于合同成立之前要求签订确认书的，只有签订了书面确认书时，合同才成立。

合同形式作为合同的载体，是当事人在发生纠纷时字斟句酌的对象，因而非常重要，是企业法律风险必须注重防范的重点之一。笔者建议，第一，合同标题和合同内容要一致。如合同标题是“承揽合同”，合同内容就不得是“加工合同”的内容。第二，在多次要约、反要约的情况下，最后一定要签订正式的确认书，防止双方对合同具体内容理解上的不一致。第三，尽量签订规范的合同，不要以条据的形式代替合同，如“借款合同”的效力要比“借据”的效力更强一些。第四，企业法定代表人签章不代表法人行为，法人行为的确定依据是法人公章，注意区分法人行为和个人行为。第五，公证不是合同生效的必要要件。当事人签字盖章，达成合意，合同即生效，公证的功能是使已经签订的合同具有更强的证据效力，在法庭上可以直接作为定案的依据。第六，保单、车票、船票、收据、发票、保修单、说明书等书面文件本身不是合同，但可以作为合同关系存在的凭证，在交易中注意对相关票据的保存，一旦发生纠纷，可以证明合同关系的存在。第七，慎用格式条款。格式条款是当事人一方为了重复使用而预先拟定，并在订立合同时未与对方协商的条款。有的企业为了简化交易过程，多采用格式条款订立合同，但由于格式条款违反自愿原则，民法典对格式条款做出严格的规制，企业在使用格式条款时，不能违反民法典的相关规定。第八，合同内容修改的，应当在每份合同上修改过的地方加盖公章确认，避免出现合同文本内容不一致的情况。

（三）订立合同应当认真仔细拟定合同条款

忽视合同条款可能带来的风险，集中表现为确定合同条款时考虑不周或者随意作为，对合同的各个具体条款的法律意义理解不充分，导致合同内容存在缺陷，使得合同履行时纠纷不断，对方违约时难以充分保护自己的合法权益。要防控此类法律风险，就必须正确把握合同条款相应的法律意义，并仔细、合理拟定合同的具体条款。合同条款是合同内容的具体表现形式。按照民法典的规定，合同的内容由当事人约定。当事人应当根据具体情况确定合同条款。合同一般包括以下条款：当事人的名称或者姓名和住所，标的，数量，质量，价款或者报酬，履行期限、地点和方式，违约责任，解决争议的方法等。当事人可以参照各类合同的示范文本订立合同，拟定条款。

合同的名称是确定合同性质的重要标志。合同性质直接决定了处理合同纠纷时适用的法律，因此，拟定合同条款时应当确定合同的名称。

1. 合同的一般条款

第一，当事人的姓名或者名称和住所。合同是特定当事人之间的权利义务关系，因此，合同当事人必须加以确定。对于自然人，合同中应写明与其身份证完全一致的姓名及住所或者经常居住地。对于法人或者其他组织，合同中应写明与其核准登记的名称及其机构所在地完全一致的名称和机构所在地。如果出现不一致，在无法通过其他途径证明的情况下，合同当事人有可能难以享受所签订合同规定的权利，甚至难以求得法律救济。

第二，标的。标的是合同当事人权利与义务共同指向的对象，如焦煤买卖合同中的焦煤等。合同没有标的，当事人的权利与义务就无所依据，合同也就无法履行。标的的种类很多，大致可以分为三种：一是财产，包括有形财产（如财产租赁合同中的租赁物、买卖合同中的商品等）和无形财产（如供用电合同中的电力等）；二是劳务，如服务合同中提供的服务；三是一定的工作成果，如建设工程施工合同中施工完毕的建筑物。对于标的，合同中必须叙述得准确无误。针对不同的标的，对所涉及的包括名称、规格、型号、品种、花色、等级、物理性质、化学性质等项目都要逐一书写清楚，不能有误。例如，买卖电脑的合同，对电脑的表述至少应当包括品牌、生产厂家、规格、型号、配置等。如果笼统地在合同上写上买卖电脑，那么如果卖方送来的电脑比买方所想购买的电脑小一个型号，买方以此为由拒绝收货，谁对谁错？这就是在合同中对标的的描述未能达到使标的得到确定的程度，从而引起合同履行中的争议，对此双方均有过错。

企业在拟定合同条款时要认真审查合同标的物。对合同标的物审查包括：合同标的物是否属于限制流通物、专卖物（专营物）、禁止流通物，是否属于国家限价物资，其转让是否需要报有关机关审批，是否需要办理过户登记手续等。如果只顾急需或有利可图，而不考虑标的物本身的法律地位，就有可能违反法律、行政法规或国家的政策规定。

第三，数量。数量是以数字和计量单位对标的所作的规定。在合同中应当对标的的数量和计量方法同时做出明确规定，否则合同难以履行。在以财产为标的的合同中，相应的财产金额即数量；以劳务为标的的合同中，劳动量即数量；在以完成一定工作为标的的合同中，相应的工作量或者工作成果数量即合同的数量。数量可以是卖方供货的总量，也可以是分期分次的交货数量。有的合同中需要针对具体的标的规定合理的磅差和合理的损耗。例如，在工矿产品、农副产品买卖合同中对于大批量散装货物（如煤炭、粮食等）和鲜活动物（如水果以及猪、牛、鱼等），要按照有关规定或者实际情况确定合理的损耗和正负尾差。这是因为，这些货物往往会因时间、地点的变化而在重量、数量上发生变化。合同中对数量的计量方法或者计量标准，也应当明确规定。对于计量方法，凡是有国家统一规定的，应当按规定执行；国家没有统一规定的，按照双方商定的方法进行。在计量中不能用含义不明或者模棱两可的词句，如“打”“车”“捆”等，更不能不写计量单位，否则容易引起纠纷。例如，王某与某建设单位签订一项买卖合同，由王某供应该建筑队承建的某项工程的全部用砂，价格为10.20元，未写明计量单位，且无第三者在场证明。在结算时，王某以吨计价，而建筑单位以方计价，双方发生争执，遂起诉至法院。

第四，质量。质量即合同标的的质的规定性，一般指标的标准和技术要求等，包括性能（机械的、化学的、电磁的）、稳定性、效用、外观形态、耗能指标、工艺要求等级等。合同中应当明确规定标的的质量标准。我国现行产品质量标准分为国家强制性标准、行业强制性标准等。当事人所签订的合同，对标的的质量约定不得低于国家强制性标准或者行业强制性标准。没有上述标准或者一方当事人有特殊要求的，可以按经过双方协商同意的质量标准签订合同，但必须符合法律的强制性规定。为了避免纠纷，对按照双方协商同意的质量标准签订的合同，双方当事人可以在签订合同时将样品共同封存，各自盖章，交给合同的一方当事人（需方）或者中间人保存，以此作为验收凭据。凡是有正负次品比例、搭配比例等具体情况的，应当在合同中写明。对于买方有特殊要求的，应当按照双方商定的技术标准、样品或者买方提供的技术资料以及图纸等签订合同。标的物的包装质量一直被人们所忽视，但随着人们生活水平的提高，对商品的包装质量要求也越来越高。商品的包装质量在签订合同时不能忽视，特别是对于某些特殊产品（如剧毒品、易燃、易爆品等）的包装，国家往往有相应的具体规定，当事人所签订的合同应当符合这种规定。包装质量一般包括包装材料的好坏和包装操作的好坏，有的还包括装潢（特别是对生活用品等）。对包装质量的基本要求是牢固、适用、经济、美观，以适应标的物在流通过程中的搬运、装卸、存储等的要求。外包装上还应当根据具体情况有相应的货物安全识别标志。对于可多次使用的包装，是否回收以及如何回收，在合同中应当明确。实践中由于包装质量不符合要求造成财产损失引起合同纠纷的情形较多。因此，标的的包装质量应当引起当事人的重视。

合同中，除了约定质量标准外，还应当约定货物的验收方法和对产品提出异议的时间和办法。

第五，价款或者酬金。合同中的价款或者酬金，是当事人一方向交付标的的一方支付的表现为货币的代价。价款一般是对提供财产的当事人支付的货币。酬金一般是指对提供劳务或者完成一定工作的当事人支付的货币。不同的合同中价款或酬金有不同的称呼。例如，在借款合同中价款是指本金和利息，在财产租赁合同中价款是指租金，在运输合同中价款是指运费。对于标的物的价格国家有明确规定的，应当执行国家规定；国家没有规定的，由双方当事人协商议定。对价款或者报酬的规定应当指明是总价还是单价，尤其应当明确价款或者报酬的构成，即包括哪些价格因素，如：是否包括运费、附件配套设施？房屋买卖合同中，卖方所售价格是否包括电信经营、自来水入户等价格在内，代收费用有哪些？合同各方当事人应当对价款或者报酬的构成要素在理解上、认定上达成一致意见。

第六，履行的期限。合同的履行期限是指合同当事人履行义务的时间界限，是确定其是否按约实际履行或者迟延履行的客观依据。在合同中，对当事人应当履行的义务均要规定明确的期限，要求其按期履行；不按期限履行合同的，除法定免责情形外，还要承担违约责任。在确定履行期限条款时应当注意：一是不同的合同对期限有不同的规定。例如，买卖合同中卖方的履行期限是指交货日期，保管合同中保管方的履行期限是保管物品的起止日期等。二是合同履行期限条款一定要明确、具体。不同的商品要根据具体情况确定不同的期限，特别是农副产品中季节性强的容易腐烂、变质的鲜活产品，更要规定明确、具体的履行日期。三是合同中应当根据实际情况事先对当事人一方要求提前履行或者迟延履行合同的条件作出约定。四是当事人交货或者提货日期的计算方法因交货或者提货方法的不同而不同。凡是有运输工具送货的，以买方收货戳记为履行日期；采用自提方式的，以卖方通知的提货日期为履行日期；由卖方代办托运的，以卖方发运产品时承运部门的收货戳记为履行日期。履行期限条款对分期履行、分批履行的期限以及分期的时间、分期的数量，都应当做出具体明确的规定。

第七，履行的地点和方式。履行地点是指合同义务人履行合同义务，权利人接受合同权利的地址。履行地点可以按照法律规定，也可以由双方当事人在合同中作出约定。例如，建筑工程承包合同只能在建筑工程所在地履行；保管合同一般只能在保管地履行；对于买卖合同，双方当事人可以在合同中对交货地点作出约定。履行地点条款关系到标的物意外灭失风险的承担、履行的费用负担、诉讼管辖等事宜。如根据《中华人民共和国民事诉讼法》的规定，因合同纠纷提起的诉讼，由被告住所地或者合同履行地人民法院管辖。因此，合同的履行地点必须明确无误，否则不仅易起纠纷，而且会带来意想不到的损失。履行方式是指当事人以什么方式、方法来完成合同规定的义务。按照合同性质的不同，履行方式可以分为转移财产方式、提供劳务和完成一定工作成果方式；一次性履行方式、分期分批履行方式；送货方式、自提方式、代办托运方式以及结算方式等。当事人可以根据合同具体情况作出具体约定。

第八，违约责任。违约责任是指当事人未履行合同义务或者未完全履行合同义务，而应承担的民事责任。

第九，解决争议的方法。当事人可以在合同中对发生合同纠纷时采取何种方法解决作出约定。解决合同争议的方法，通常有协商解决、调解解决、仲裁解决或者通过诉讼程序解决等。当事人如果选择仲裁解决合同纠纷的，应当在合同中事先确定仲裁条款，达成仲裁协议，或者在发生争议后达成仲裁协议。需要强调的是，当事人在合同中约定解决争议的方法时，就仲裁解决和通过诉讼程序解决方法，两者只能选择其一，不能选择其二，否则，约定的仲裁协议无效。

2. 如何拟定合同条款

合同是各个合同条款的有机组合，而不是合同的主要条款甚至全部条款的简单罗列。因此，如何准确、全面地拟定合同条款显得十分重要。具体应当注意以下三个方面。

第一，准确把握各方当事人的意思表示。合同条款源于当事人的意思表示，只有各方当事人议定一致的内容才能成为合同的条款。把握当事人的意思表示主要应着眼于以下几方面：一是当事人议定的事项是否符合规定，有无遗漏，是否全面；二是合同条款是否正确反映了当事人的议定事项，有无失误或者不切实际的内容；三是合同条款反映当事人的议定事项是否明确，有无表达上的含混不清或者一语多义的情形；四是合同条款是不是各方当事人协商议定的内容，有无仅一方有所表示而另一方并未接受的内容被列为合同条款的情形；五是当事人议定事项是否包括了合同的主要条款，有无对主要条款的内容未予协商、未达成共识的情形，如有则需要各方当事人对所列条款进行协商，及时补充；六是有无先前已经协商确定而后又发生变动的情形，只要各方当事人同意这类变动，合同的条款也应作出相应变动等。

第二，考虑到未来变动因素。拟定合同条款不仅要对目前的议定事项予以规定，而且要考虑将来可能发生变化的情形，并据此拟定相应的条款。例如，未来可能发生的合同转让、变更、得不到履行的情形等，合同中应当尽可能预先对此作出相应的规定。

第三，对合同条款要做详细复核。某条具体的合同条款可能一蹴而就，但就整个合同而言，其条款必须详细复核，才可确保无误。例如，检查各合同条款前后是否一致，有无逻辑矛盾，彼此内容是否抵触；合同条款中引用的参照条款是否正确；合同条款所用术语、定义是否统一；有无一词多义而未予限定的情形；合同条款用语是否通俗易懂等。

3. 格式条款的运用

格式条款是当事人为了重复使用而预先拟定并在订立合同时未与对方协商的条款。当事人采用格式条款订立合同的，提供格式条款的一方应当遵循公平原则确定双方之间的权利和义务，并采取合理的方式提请对方注意免除或者限制其责任的条款，按照对方的要求，对该条款予以说明。对格式条款的理解发生争议时，应当按照通常理解予以解释。对格式条款有两种以上解释的，应当做出不利于提供格式条款一方的解释。格式条款和非格式条款不一致的，应当采用非格式条款。格式条款违反法律规定的，或者提供格式条款一方免除其责任、加重对方责任、排除对方主要权利的，该条款无效。

二、合同效力的法律风险防控

合同效力指合同的法律约束力，合同生效后当事人必须按照合同约定内容履行，否则就要承担相应的违约责任。如果说合同形式、内容只是合同的外在表现，那么合同效力则是合同内在的精神原则，法律通过赋予当事人依法订立合同以法律效力(法律的保护力)促使当事人积极履行合同，从而实现当事人在订立合同时的期待利益。由此，合同效力是民法典的重要内容，也是企业订立合同必须关注的重点。准确把握合同效力原理，防止由于合同效力引发的纠纷，是企业合同管理的重要部分。

(一) 正确把握合同生效条件

只有合同合法生效，才能受到法律的保护，当事人在合同中约定的权利才有实现的充分保障。只有具备合同生效条件的合同才能生效。忽视合同生效条件可能带来的风险集中表现为企业对合同生效条件认识不清，从而导致合同不能生效或者处于效力不确定状态，这种结果对企业的不利影响是显而易见的。

要防控此类法律风险，就必须正确认识和把握法律规定的合同生效条件，具体如下。

1. 当事人具有相应的民事行为能力

任何合同都是以当事人的意思表示为基础，并以产生一定的法律效力为目的。

因此，实施法律行为的当事人，必须具有相应的民事行为能力，能够正确认识和判断自己行为的法律意义。

根据民法典的有关规定，18周岁以上的成年人，16周岁以上不满18周岁、以自己的劳动收入为主要生活来源者，以及8周岁以上的未成年人从事与其年龄、智力相适应的民事活动者，精神病人从事与其精神健康状况相适应的民事活动者，都认为是具有相应的民事行为能力；8周岁以上的未成年人进行与其年龄、智力不相适应的民事活动，精神病人进行与其精神健康状况不相适应的民事活动，应由其法定代理人代理，或者征得其法定代理人同意；不满8周岁的未成年人，须由其法定代理人代理民事活动。违反以上条件的，即为欠缺相应的民事行为能力。企业法人应当在核准登记的生产经营范围内从事合同活动，国家机关、事业单位和社会团体法人必须从事与自己的性质、职能或业务范围相称的民事活动。法人超出自己的经营和业务范围从事民事行为的，属于不具有相应的民事行为能力，在法律上存在欠缺。

当事人不具有相应的民事行为能力订立的合同，属于效力待定的合同。

2. 意思表示真实

意思表示真实，是指当事人在自觉、自愿的基础上，作出符合其内在意志的表示行为，即其表示行为与内在意志相一致。维护意思表示的真实性，对于保护当事人的意志自由和正常的民事流转具有重要意义。

当事人意思表示不真实的民事行为，属于可撤销的合同。

3. 不违反法律或者社会公共利益

不违反法律或者社会公共利益，体现了合同的合法性特征。它对于当事人在合同活动中的自由意志能否得到法律的保护，具有决定性的意义。

合同内容合法必须同时具备两个条件：第一，不违反法律。不违反法律是指意思表示的内容不得与法律、行政法规的强制性或禁止性规定相抵触，也不得滥用法律的授权性或任意性规定达到规避法律强制规范的目的。例如，订立买卖国家重要文物、土地所有权等禁止流通物的合同，订立销售假冒伪劣商品的合同，都是直接违反法律的行为，其合同是无效的。第二，不违反社会公共利益。不违反社会公共利益，是指民事行为在目的或效果上不得有损社会经济秩序、政治安定和道德风尚，不得有损国家主权和民族尊严，不得有损国家、集体和公民的合法财产利益和人身利益。例如，利用不正当手段，欺行霸市、强行搭卖、排斥并打击其他竞争者等扰乱市场秩序的行为，就是有损社会经济秩序的行为。

对合同合法性的考察，可以从合同的目的、标的等方面进行。所谓合同的目的，是指行为人主观上所要达到的法律上和事实上的效果。例如，出卖某项动产，其目的可能是获得正当收益，也可能是销赃、逃避债务清偿、侵占共有人利益等。所谓合同的标的，是指由合同设定的民事权利义务所指向的事物。合同标的不合法，通常是指买卖、租赁、赠与、互易、使用借贷等转移物的所有或占有的合同中的标的物为禁止流通物或限制流通物。

违反法律或者社会公共利益的合同是无效合同。

（二）及时明确合同生效时间

忽视合同生效时间可能带来的风险集中表现为企业对合同的生效时间认识不清，合同明明没有生效，却自以为合同已经生效；合同明明已经生效，却自以为合同还没有生效。这种错误认识的后果是显而易见的。

要防控此类法律风险，就必须正确认识和把握法律、行政法规有关合同生效时间的规定。合同生效时间是指合同何时发生法律效力。合同生效时间分为以下几种。

（1）合同于成立时生效。依法成立的合同，自成立时生效。这是合同生效的一般情形。

（2）合同于办理法定手续后生效。法律、行政法规规定应当办理批准、登记等手续才能生效的合同，只有在办理该手续后合同才生效。中外合资经营企业合同、中外合作经营企业合同，必须经过批准才能生效。

（3）合同根据双方当事人的约定而生效。具体内容如下。

第一，当事人在合同中约定合同生效应当办理特定手续（如公证等）的，合同在办理该手续后生效。

第二，附条件的合同。附条件的合同是指合同效力的开始或终止取决于将来不确定的事实的发生或不发生的法律行为。当事人对合同的效力可以约定附条件。附生效条件的合同，自条件成就时生效。附解除条件的合同，自条件成就时失效。当事人为自己的利益不正当地阻止条件成就的，视为条件已成就；不正当地促成条件成就的，视为条件不成就。

附条件的合同中所附的条件，是指当事人约定的、未来有可能发生或可能不发生的某种合法事实。这种条件有如下特点：一是这种事实必须是进行民事行为时尚未发生的。如果已经发生或者同时发生的事实则不能作为条件。二是这种事实在将来可能发生或可能不发生。即这种事实是不确定的事实，其发生或不发生存在着不可预知性。如果将来肯定发生或根本不能发生的事实，则不能作为条件。三是这种事实必须是当事人协议选定的，而不是法律直接规定的或民事法律行为自身性质决定的。如果是法律规定的或民事行为本身性质决定的，也不能作为条件。四是这种事实应是合法的事实。即这种事实不能违反法律或社会公共利益，否则，就不能作为条件。

在附条件的合同中，按照条件对合同效力所起的作用，可将其划分为附延缓条件的合同和附解除条件的合同。附延缓条件的合同，即合同效力的开始以条件的成就为原因，延缓条件限制合同效力的发生，条件未成就时，该项合同不能生效；条件成就时，该项合同才能生效。附解除条件的合同，即合同自成立生效时发生法律效力，于条件成就时其法律效力丧失。解除条件与延缓条件相反，在解除条件未成就时，该项合同应当生效；在解除条件成就时，该项合同丧失效力，停止实施。附条件的合同还可划分为附积极条件的合同和附消极条件的合同。前者是把某种约定的客观事实的发生，作为条件成就的合同；后者是把某种约定的客观事实的不发生，作为条件成就的合同。

附条件的合同一经成立，在所附条件成就之前，任何一方都不能为了自己的利益，恶意地促成条件的成就或者阻止条件的成就。对当事人恶意促使条件成就的，视为条件不成就；恶意促使条件不成就的，视为条件已成就。

第三，附期限的合同。附期限的合同是指合同中规定了一定期限，并把此期限的到来作为效力开始或终止原因的法律行为。

作为合同的效力发生或终止的条件的期限，具有以下特点。一是期限是将来确定要到来的事实，其到来在时间上是明确可知的。二是期限是当事人约定的。法律直接规定或是合同性质上应当有的期限，都不构成此处的期限。三是法律行为所附期限，可以是期间，即指定某时间的经过；也可以是期日，即指明某特定之日。四是法律对合同所附期限是有限制的，不允许对法律行为附加不能期限。例如，“千年后赠你一套住房”中的期限，即为不能期限。所附期限违法的，视为未附期限。

根据期限对合同效力所起作用的不同，可以把附期限的合同分为附延缓期限的合同和附解除期限的合同。附延缓期限的合同指合同虽已成立，但于期限到来前暂不发生效力，权利人不能行使请求权，义务人也不履行相应义务，待到期限届至时，才发生效力。附延缓期限的合同因其效力的开始取决于所附期限是否届至，故延缓期限又叫“始期”。附解除期限的合同是指已发生法律效力的合同于期限到来时，消灭其效力，解除当事人双方的权利义务。其特点是，在期限到来之前，附解除期限的合同已发生法律效力，权利人有权主张权利，义务人应当履行相应的义务，这种法律效力直至所附期限届满时终止。因该种合同的法律效力在所附期限届满时终止，故解除期限又叫“终期”。

（三）正确处理效力待定的合同

忽视合同的效力待定可能带来的法律风险，集中表现为企业不能正确认识合同效力待定的法律意义，从而不知道如何处理这类合同，当然也不知道如何及时补正以使其生效，导致本来可以避免的损失无法避免，本来可以控制的损失扩大化。

要防控此类法律风险，就必须正确把握合同效力待定的法律意义及效力待定合同的补正方法。

效力待定的合同是指已经成立的合同因为欠缺一定的生效要件，其生效尚未确定，必须经过补正才能生效，在一定期限内不予补正者则为无效合同。主要有以下几种类型。

(1) 限制民事行为能力人订立的合同。限制民事行为能力人订立的合同，除纯获利益的合同或者与其年龄、智力、精神健康状况相适应而订立的合同以外，应当经法定代理人的追认，合同才有效。相对人可以催告法定代理人在一个月内予以追认。法定代理人未作表示的，视为拒绝追认。合同被追认之前，善意相对人有撤销的权利。撤销应当以通知的方式作出。

(2) 无权代理人订立的合同。行为人没有代理权、超越代理权或者代理权终止后以被代理人名义订立的合同，未经被代理人追认，对被代理人不发生效力，由行为人承担责任。相对人可以催告被代理人在一个月内予以追认。被代理人未做表示的，视为拒绝追认。合同被追认之前，善意相对人有撤销的权利。撤销应当以通知的方式作出。

(3) 表见代理订立的合同。表见代理是指对于无权代理人的代理行为，善意相对人有理由相信其有代理权，因而可以向被代理人主张代理效力。表见代理是有权代理，表见代理人订立的合同对被代理人有效。

第一，适用表见代理规则，必须具备以下要件。

一是客观上存在使相对人相信无权代理人有代理权的事由。这种理由是正当的和充分的，正是基于正当的理由才发生由本人承担责任的法律后果。表见代理的相对人（而非其他人）因为合理的原因即正当的理由，相信而且应当相信无权代理人拥有代理权，由此形成了代理行为的权利外观，从而产生合理信赖，与无权代理人发生法律行为，以追求与本人之间的法律关系的产生、变更和消灭。只有在此前提下，法律才强制本人承担授权的责任，而作为发生原因的“正当理由”，是成立表见代理的核心要件。

二是相对人主观上为善意且无过错。如果相对人因为自己的过错而相信行为人具有代理权，则不能成立表见代理。一般而言，代理相对人应对代理人有无代理权加以慎重地审查。如相对人因轻信代理人有代理权，或者因疏忽大意而未对行为人的代理资格或代理权进行审查而相信行为人的代理权，不能成立表见代理。

三是无权代理人同相对人之间的民事行为，符合民事法律行为的有效要件或代理行为的表面特征。根据我国法律的规定，有效代理的成立要件包括：首先，代理人必须具有代理权。表见代理的代理人虽然实际上不具有相应的代理权，但由于本人的原因使相对人相信其具有代理权。其次，代理人须以本人的名义实施民事法律行为。如代理人以自己的名义与相对人实施民事法律行为，就不是代理。表见代理仍须代理人以本人的名义与相对人实施民事法律行为。再次，代理人须在代理权限内实施代理行为。代理人虽然是以本人的名义与相对人实施民事法律行为，但代理人却是自己在向相对人进行意思表示或者受领相对人的意思表示，因此，代理人所为的意思表示或者受领的意思表示必须在代理权限内。最后，代理人须具有向相对人实施意思表示和受领意思表示的能力。无民事行为能力人和限制民事行为能力人等不能成为代理人。原来具有民事行为能力的代理人，因故丧失民事行为能力的，代理权终止。成立表见代理的代理人也必须具有民事行为能力。

第二，成立表见代理的事由。在我国，目前理论界、实践界普遍认为能够构成表见代理的事由主要有以下几种。

一是被代理人明知行为人以其名义对外从事民事活动而不否认的。一般情况下应当由行为人或者相对人负举证责任。只有在特殊情况下，如行为人以本人的名义与相对人实施的民事行为所产生的结果对本人有利，而相对人却以行为人无代理权为由行使撤回权时，本人可以举证证明自己事先知道此事实，使无权代理成为有权代理。

二是存在对第三人表示的已将代理权授予他人的行为。本人虽未曾授予行为人以代理权，但本人以书面或口头形式直接或间接地向第三人表示以他人为自己的代理人，即有向行为人授予代理权的行为表示，致使相对人信赖此表示，相信行为人具有代理权，而与之为民事法律行为。如本人以直接或间接方式声明授予行为人代理权，但实际上并未授权。在这种情况下，该行为人以本人的名义与相对人所为民事行为，成立表见代理。

三是交付有关证明文件与他人。被代理人将某种有代理权证明意义的文件（如盖有被代理人公章的空白介绍信、空白合同书，公章、合同专用章等）交给他人，他人以这种文件使第三人相信其为有权代理人，而与之为民事法律行为，成立表见代理。

四是代理授权范围不明。被代理人在代理授权时未指明代理权限，或者其指明的代理权限未在授权委托书上载明，导致代理人违反被代理人的意思或者超越代理权限时，第三人因善意且无过失地相信其为有权代理，而与之为民事法律行为，成立表见代理。

五是行为人持续行使的代理权被终止或者被限制后，被代理人未采取必要措施及时通知相对人。被代理人在委托代理人的代理权被终止或者被限制后，未采取防止原代理人继续从事代理行为所必要的措施（如收回授权委托书，公告声明代理关系终止，通知他所知道的相对人，等等），导致第三人因不知代理关系终止而继续信赖原代理授权，从而与原代理人为民事法律行为。

六是被代理人的高层管理人员或者负责营销人员从事与其职责相关的民事活动。

第三，表见代理的法律后果。表见代理作为特殊的无权代理，法律已经明确规定了法律后果的归属，表见代理人的代理行为有效，由本人承担合同的法律责任。

成立表见代理后，本人能否像无权代理中那样行使追认权？相对人能否像无权代理中那样行使撤销权？由于表见代理实质上属无权代理，有人认为应当赋予当事人对不确定法律关系的选择权，这其实是一种误解。表见代理是具有特殊表面特征的无权代理，其隐含着两个前提——本人不予追认和相对人不行使撤销权，从而适用法律的明确规定，具有确定的法律效果，由本人承担法律责任。如果本人予以追认，则该行为成为有权代理；如果相对人行使撤销权，则该行为不发生法律效力；两者之一的行使都是阻却表见代理的发生。因此，实际的代理行为从无权代理发展为表见代理，是当事人自由行使选择权的结果，根据“禁止反言”规则，本人不能再行追认，相对人也不能撤销。

成立表见代理后，无权代理人应当承担怎样的民事责任？即使无权代理人主观上可能是善意的，无权代理的发生也是与无权代理人的过错无法分开的。成立表见代理后，本人依法承担表见代理人的代理有效后带来的合同责任，相对人的利益已得到妥善保护，无权代理人只应当对本人承担民事责任。

（4）无处分权人订立的合同。无处分权的人处分他人财产，经权利人追认或者无处分权的人订立合同后取得处分权的，该合同有效。

应当注意到，无处分权人订立的合同处分的是有处分权人的财产，权利人的追认隐含着一个前提，即权利人已经接受了该合同的内容，如果在权利人追认后仍然以合同的相对性否认权利人的合同当事人的地位，则是对权利人合法权利的漠视，因此，应当承认权利人的合同当事人的地位。

（5）法定代表人越权订立的合同。法人或者其他组织的法定代表人、负责人超越权限订立的合同，除相对人知道或者应当知道其超越权限的以外，该代表行为有效，合同对该法人或其他组织有约束力。如果相对人知道或者应当知道其超越权限，该合同的效力有待补正，即法定代表人、负责人超越权限订立合同的行为得到有效追认后，该合同有效；未得到有效追认的，该合同不能生效。

三、合同履行的法律风险及防控

合同履行是整个合同运行的中间环节，起承上启下的作用，合同生效后，只有通过合同的履行才能实现当事人订立合同的目的，满足订立合同的期望利益，而合同的终止、违约责任的确定等都是由于合同履行而引起的，合同履行使当事人的权利义务进入实质的确定阶段。合同履行涉及多项法律规定，如合同履行的原则、合同约定不明确时的补救规则、涉及第三人利益的履行、合同的保全等，而每一个规则的运行都隐含一定的法律风险，要求企业必须重视合同的履行。

（一）认真、仔细适用合同约定不明确时的补救规则

当事人在约定合同条款时应当明确、具体，以便合同的履行。但是，由于客观情况的复杂性和当事人主观认识的局限性，有的时候当事人对合同的标的、数量作出了约定，而对合同标的的质量、价款或报酬、履行地点、履行方式、履行期限等内容没有约定或者约定不明确。在这种情况下，虽不影响合同的生效，但却直接妨碍着合同的顺利履行，往往容易发生纠纷，产生相关的法律风险。

要防控此类法律风险，就需要认真、仔细适用合同约定不明确时的补救规则。根据民法典第五百一十条的规定，合同生效后，当事人就质量、价款或者报酬、履行地点等内容没有约定或者约定不明确的，在合同的履行过程中，可以协议补充。当事人不能达成补充协议的，按照合同有关条款或者交易习惯确定。

按照民法典第五百一十一条的规定，当事人就有关合同内容约定不明确，依照民法典第五百一十条的规定仍不能确定的，适用下列规定。

第一，质量要求不明确的，按照强制性国家标准履行；没有强制性国家标准的；按照推荐性国家标准履行；没有推荐性国家标准的，按照行业标准履行；没有国家标准、行业标准的，按照通常标准或者符合合同目的的特定标准履行。

第二，价款或者报酬不明确的，按照订立合同时履行地的市场价格履行；依法应当执行政府定价或者政府指导价的，依照规定履行。

第三，履行地点不明确，给付货币的，在接受货币一方所在地履行；交付不动产的，在不动产所在地履行；其他标的，在履行义务一方所在地履行。

第四，履行期限不明确的，债务人可以随时履行，债权人也可以随时请求履行，但应当给对方必要的准备时间。

第五，履行方式不明确的，按照有利于实现合同目的的方式履行。

第六，履行费用的负担不明确的，由履行义务的一方负担；因债权人原因增加的履行费用，由债权人负担。

（二）把握合同履行过程中一些具体问题的处理规则

民法典对合同履行过程中相关涉及第三人利益合同、合同履行中当事人的抗辩权、合同履行困难、提前履行和部分履行以及合同的保全等具体问题都做出了明确的规定。合同的当事人在合同履行过程中如果对民法典的有关规则缺乏必要的认识，那么在涉及相关具体问题的处理时，就会直接妨碍合同的顺利履行，往往容易发生纠纷，承担相应的法律后果。

要防控此类法律风险，就需要严格按照相关的规则处理具体问题。

1. 涉及第三人利益的合同

涉及第三人的合同，又称涉他合同，是指当事人约定，向第三人履行债务或者由第三人向债权人履行债务的合同。

第一，向第三人履行的合同。向第三人履行的合同，是指当事人约定由债务人向第三人履行债务。因向第三人履行债务增加的费用，由债权人负担。第三人可以向债务人要求履行。债务人未向第三人履行债务或者履行债务不符合约定的，应当向债权人承担违约责任。

第二，由第三人履行债务的合同。由第三人履行债务的合同，是指双方当事人约定债务由第三人履行的合同。当事人约定由第三人向债权人履行债务的，第三人不履行债务或者履行债务不符合约定，债务人应当向债权人承担违约责任。

2. 合同履行中当事人的抗辩权

抗辩权是当事人所享有的一项重要权利，是指在双务合同中，一方当事人在对方不履行或者履行不符合约定时，依法对抗对方的请求或者否认对方权利主张的权利。当事人行使的抗辩权包括：同时履行抗辩权、后履行抗辩权和先履行抗辩权。

第一，同时履行抗辩权。同时履行抗辩权，其含义是指当事人互负债务，没有先后履行顺序的，应当同时履行。一方在对方履行之前有权拒绝其履行请求。一方在对方履行债务不符合约定时，有权拒绝其相应的履行请求。

实施同时履行抗辩权必须符合下列条件：一是须由同一双务合同互负债务，没有约定由哪一方先履行义务；二是须双方互负的债务均已届清偿期；三是须一方未履行或者履行不符合约定。

第二，后履行抗辩权。后履行抗辩权是指当事人互负债务，有先后履行顺序的，先履行一方未履行的，后履行一方有权拒绝其履行要求。先履行一方履行债务不符合约定的，后履行一方有权拒绝其相应的履行要求。

实施后履行抗辩权必须符合下列条件：一是双方当事人的债务因同一个有先后履行顺序的双务合同而产生；二是权利人是负有后履行义务的一方当事人；三是须

先履行一方当事人未履行债务或者履行债务不符合约定。

第三，先履行抗辩权。先履行抗辩权，又称不安抗辩权，其含义是指当事人互负债务，有先后履行顺序的，先履行的一方有确切证据证明另一方丧失或者可能丧失履行债务能力时，有中止合同履行的权利。

实施不安抗辩权必须符合下列条件：一是须双方当事人的债务因同一个有先后履行顺序的双务合同而产生；二是权利人是负有先履行义务的一方当事人；三是须先履行合同义务的一方当事人有确切证据证明后履行当事人丧失或者可能丧失履约能力。

根据民法典第五百二十七条的规定，应当先履行债务的当事人，有确切证据证明对方有下列情形之一的，可以中止履行：一是经营状况严重恶化；二是转移财产、抽逃资金，以逃避债务；三是丧失商业信誉；四是有丧失或者可能丧失履行债务能力的其他情形。

不安抗辩权是先履行义务的一方，由于后履行义务的一方发生法律规定的事由而享有的权利，所以，必须有确凿的证据，否则可能要承担违约责任。当事人中止履行的，应当及时通知对方。对方提供适当担保时，应当恢复履行。中止履行后，对方在合理期限内未恢复履行能力并且提供适当担保的，中止履行的一方可以解除合同。

3. 履行困难、提前履行和部分履行

第一，履行困难。债权人分立、合并或者变更住所没有通知债务人，致使履行债务发生困难的，债务人可以中止履行或者将标的物提存。

第二，提前履行。债权人可以拒绝债务人提前履行债务，但提前履行不损害债权人利益的除外。债务人提前履行债务给债权人增加的费用，由债务人负担。

第三，部分履行。债权人可以拒绝债务人部分履行债务，但部分履行不损害债权人利益的除外。债务人部分履行债务给债权人增加的费用，由债务人负担。

4. 合同的保全

虽然大部分合同主体能够按照诚信原则履行自己的义务，但实践中也不乏债务人故意或无法正常履行合同的情形，比如三角债问题，一直困扰着合同的实践，零售商不能给批发商付款，批发商无法向厂家付款，厂家不能向原料提供者付款，导致一系列的恶性循环。或者有的债务人为了逃避债务，恶意转让财产，降低了履行债务的能力。为了有效保护债权人利益，解决实务中恶意规避债务的状况，民法典中规定了合同的保全制度，即代位权制度和撤销权制度，是企业保护自己债权的有力手段。

合同保全，是指法律为防止因债务人的财产不当减少而给债权人的债权带来危害，允许债权人对债务人或第三人的行为行使撤销权或代位权，以保护其债权。我国民法典对债权人的代位权、撤销权做了相应的规定。

第一，债权人的代位权。债权人的代位权是指债务人怠于行使其到期债权，对债权人造成损害的，债权人为保护自己的债权，以自己的名义向人民法院请求代位行使债务人的债权。但该债权专属于债务人自身的除外。

代位权的行使范围以债权为限。债权人行使代位权的费用由债务人负担。

第二，债权人的撤销权。债权人的撤销权是指债务人放弃债权，以无偿或明显不合理的价格转让财产（并且受让人知道该情形的），对债权人造成损害的，债权人可以请求人民法院撤销债务人的行为。

撤销权行使范围以债权人的债权为限。债权人行使撤销权的必要费用，由债务人负担。撤销权自债权人知道或应当知道撤销事由之日起1年内行使。自债务人的行为发生之日起5年内没有行使撤销权的，该撤销权消灭。

四、合同变更、转让与终止中的法律风险防控

（一）谨慎对待合同的变更规定

合同一经签订就具有法律上的约束力，任何一方不得擅自变更或者解除。但这并不意味着合同签订后就是绝对不可以变更的，合同当事人在合同成立以后，尚未履行或者尚未完全履行以前，可以通过平等协商，就合同的内容如标的、质量、交货期限、争议解决方式等达成修改和补充的协议。

一般情况下，合同内容的变更只需当事人协商一致即可，但法律规定了一些特殊的合同类型需要履行一定的程序，那么对这类合同进行变更就必须履行相应的程序，这一类合同大体包括专利、商标、不动产等需要公告或登记备案的合同。如果合同当事人对民法典以及其他法律涉及变更的规则缺乏了解，擅自变更合同，那么就可能承担相应的法律风险。

要防控此类法律风险，就必须正确把握和适用涉及合同变更的相关法律规定。

（1）合同变更需要当事人达成一致意见。为了避免出现纠纷，建议尽量采用书面形式，即签订变更协议，宣布原协议作废；或在原协议有效的基础上签订补充协议。

（2）法律、行政法规规定变更合同应当办理批准、登记手续的，应当履行相关程序或手续。这主要包括不动产、专利、商标等领域内的合同变更。

（3）合同当事人虽经协商但未就合同变更达成一致意见时，原合同依然具有法律上的约束力。

(4) 当事人对合同变更的内容约定不明确的，推定为未变更。

(二) 正确把握合同的转让规定

合同的转让可以分为合同权利的转让、合同义务的转移、合同权利义务转让三种情况。民法典对各种转让都做了具体的规定。在合同转让的具体事务中，债权转让不通知债务人、债务转让未经债权人同意是最常见的合同转让纠纷。当事人往往对相关转让及其法律规定了解不够，如合同权利的转让（债权转让）一般不需要经过债务人的同意，只需要债权人通知债务人即可，但合同义务的转让（债务转让）则必须经过债权人同意等，盲目实施转让行为，最终可能发生转让纠纷。

要防控此类法律风险，就必须正确把握和适用涉及合同转让的相关法律规定。

(1) 正确把握合同转让的法律规定。第一，合同权利的转让。合同权利的转让是指不改变合同权利内容，由债权人将权利全部或部分转让给第三人。但有以下情况的，合同权利不得转让：一是根据合同性质不得转让，二是按照当事人约定不得转让，三是依照法律规定不得转让。

债权人转让权利的，应当通知债务人，未经通知，该转让不发生效力。债权人转让权利的通知不得撤销，但经受让人同意的除外。

合同权利转让的效力。对受让人而言，其成为新债权人或与转让人一起成为债权人。受让人除取得主债权以外，还取得从权利，但该权利专属债权人的除外。对债务人而言，在接到债权转让的通知后，对转让人的抗辩权可以向受让人主张；债务人接到转让通知时，债务人对转让人享有债权，并且债务人的债权先于转让的债权到期或者同时到期的，债务人可以向受让人主张抵销。

第二，合同义务的转移。合同义务转移是指债务人经债权人同意，将合同的义务全部或者部分地转让给第三人。债务人将合同的义务全部或部分转移给第三人的，应当经债权人同意。未经债权人同意，转移行为无效。法律、行政法规规定转移权利或者义务应当办理批准、登记等手续的，依照其规定。

债务人转移义务的，新债务人可以主张原债务人对债权人的抗辩。债务人转移义务的，新债务人应当承担与主债务有关的从债务，但该从债务专属于原债务人的除外。

第三，合同权利义务的概括转让。合同权利义务的概括转让是指合同当事人将合同的权利和义务一并转移给第三人的行为。合同权利义务概括转让的后果是原合同关系消灭，第三人取代了转让方的地位，产生出一种新的合同关系。

按照民法典的要求，合同概括转让时，当事人一方须经对方的同意。概括转让要适用合同权利转让和合同义务转移的有关规定，但不适用“债务人将合同的义务全部或部分转移给第三人的，应当经债权人同意”的规定。

第四，当事人合并与分立后权利义务的转移。当事人订立合同后合并的，由合并后的法人或者其他组织行使合同权利，履行合同义务。当事人订立合同后分立的，除债权人和债务人另有约定的以外，由分立的法人或者其他组织对合同的权利和义务享有连带债权，承担连带债务。

(2) 为了尽可能避免合同转让纠纷的发生，一定要注意以下几方面的问题：第一，债务转移中，受让人的偿付能力问题直接影响债权人债权的实现，因此，债务转移时，债权人应对受让人的偿付能力进行细致的考察，避免债务转移后债权无法实现。第二，债务人转移债务必须经债权人同意，不经债权人同意进行的所谓债务转移不具有法律效力。第三，债权的转让虽然不需经过债务人的同意，但也有通知债务人的法定程序，不通知债务人，债权的转让也是不发生法律效力的。第四，债权债务一并转让的时候，应同时满足债权人同意以及通知债务人的法定条件。第五，为了避免纠纷的发生，明确合同转让各方的权利义务关系，应当签订规范的合同转让协议。

(三) 认真处理合同的终止规定

合同终止是指合同当事人双方终止合同关系，合同确立的权利义务关系消灭。民法典第五百五十七条规定，有下列情形之一的，债权债务终止：第一，债务已经履行；第二，债务相互抵销；第三，债务人依法将标的物提存；第四，债权人免除债务；第五，债权、债务同归于一人；第六，法律规定或者当事人约定终止的其他情形。由于有些当事人对合同终止原因和情形缺乏全面、深入的了解，特别是有的当事人把合同终止和合同解除混为一谈，容易产生合同终止方面的法律纠纷，发生法律风险。

要防控此类法律风险，就必须正确把握和使用涉及合同终止的相关法律规定。

(1) 合同因债务已按照约定履行而终止。合同的债务人依照合同的约定，全面正确地履行了合同约定的各项债务，使债权人的利益得到了实现，合同自然终止。

合同债务的履行相当于合同的清偿。履行是就合同的效力而言，清偿主要是针对结果而言。债务按照合同约定得到履行，一方面可使合同债权得到满足，另一方面也使得合同债务归于消灭，产生终止合同的效果。

(2) 合同因解除而终止。合同的解除，指合同有效成立后，当具备合同解除条件时，因当事人一方的意思表示或者由当事人双方协议，使合同关系归于消灭的行为。

第一，合同解除的条件。一是约定解除。根据合同自愿原则，合同当事人在不违背法律和社会利益的条件下，可以在合同订立之前或订立之后，通过约定或协议使合同解除。民法典规定，经当事人协商一致，可以解除合同。当事人可以约定一方解除合同的事由。解除合同的事由发生时，解除权人可以解除合同。因此，可以把约定解除分为协商解除和约定合同解除权。所谓协商解除，是指合同生效后，未履行或未完全履行之前，当事人以解除合同为目的，经协商一致，订立解除原来合同的协议。所谓约定合同解除权，是指当事人在合同中约定，合同履行过程中出现某种情况，当事人一方或者双方有解除合同的权利。二是法定解除。法定解除，是指合同生效后，没有履行或未履行完毕前，当事人在法律规定的解除条件出现时，行使解除权而使合同关系消灭。根据民法典第五百六十三条的规定，有下列情形之一的，当事人可以解除合同：因不可抗力致使不能实现合同目的；在履行期限届满之前，当事人一方明确表示或者以自己的行为表明不履行主要债务；当事人一方迟延履行主要债务，经催告后在合理期限内仍未履行；当事人一方迟延履行债务或者其他违约行为致使不能实现合同目的；法律规定的其他情形。

第二，合同解除的程序。合同解除的程序，是指当事人解除合同的方法步骤。法定解除和约定解除权的解除合同应遵循以下程序：一是解除合同要符合法律规定的解除条件。二是按照法律规定进行催告。三是一方主张解除合同时，必须通知对方，而且一般应采取书面的形式通知对方。合同自通知到达对方时解除。四是在法律规定或者当事人约定解除权期限内行使解除权，否则，该权利消灭。另外，法律没有规定或者当事人没有约定解除权的行使期限，经对方催告后在合理期限内不行使的，解除权消灭。五是依法办理批准登记手续。法律、行政法规规定解除合同应当办理指令、登记手续的，未办理有关手续，合同关系不能终止。六是当事人行使解除权时，如果对方有异议，可以请求人民法院或者仲裁机构确认合同效力。

第三，合同解除的法律后果。按照民法典第五百六十六条、第五百六十七条的规定，合同解除后，尚未履行的，终止履行；已经履行的，根据履行情况和合同性质，当事人可以要求恢复原状或者采取其他补救措施，并有权请求赔偿损失。但合同的权利义务终止，不影响合同中结算和清理条款的效力。

（3）合同因抵销而终止。合同的抵销，是指当事人互负债务，彼此债务在对等数额内相互清偿，致使双方债权同时消灭的法律行为。抵销因其产生的根据不同，可分为法定抵销和约定抵销。第一，法定抵销。是指由法律规定抵销条件，当具备条件时，依当事人一方的意思表示即发生抵销的行为。民法典第五百六十八条规定，当事人互负债务，该债务的标的物种类、品质相同的，任何一方可以将自己的债务与对方的到期债务抵销，但是，根据债务性质、按照当事人约定或者不得抵销的除外。当事人主张抵销的，应当通知对方。通知自到达对方时生效。抵销通知不得附条件或者附期限。第二，约定抵销。是指依当事人的协议将相互的债务抵销。民法典第五百六十九条规定，当事人互负债务，标的物种类、品质不相同的，经双方协商一致，也可以抵销。

(4) 合同因提存而终止。提存是指由于债权人的原因，债务人在无法向其交付合同标的物时，债务人将该标的物交给提存部门而消灭债务的法律行为。

第一，提存的条件和程序。根据民法典的规定，有下列情形之一，难以履行债务的，债务人可以将标的物提存：一是债权人无正当理由拒绝受领；二是债权人下落不明；三是债权人死亡未确定继承人、遗产管理人，或者丧失民事行为能力未确定监护人；四是法律规定的其他情形。

标的物不适于提存或者提存费用过高的，债务人依法可以拍卖或变卖标的物，然后将所得的价款进行提存。标的物提存后，债务人应当及时通知债权人或者债权人的继承人、遗产管理人、监护人、财产代管人。

第二，提存的效力与后果。一是标的物提存后，毁损、灭失的风险由债权人承担。提存期间，标的物的孳息归债权人所有。提存费用由债权人负担。二是债权人可以随时领取提存物，但债权人对债务人负有到期债务的，在债权人未履行债务或者提供担保之前，提存部门根据债务人的要求应当拒绝其领取提存物。三是债权人领取提存物的权利，自提存之日起五年内不行使而消灭，提存物扣除提存费用后归国家所有。但是债权人未履行对债务人的到期债务，或者债权人向提存部门书面表示放弃领取提存的权利的，债务人负担提存费用后有权取回提存物。

(5) 合同因免除或混同而终止。具体内容如下。

第一，合同的免除。合同免除是指债权人向债务人做出免去债务责任的意思表示，债务人表示接受，致使合同权利义务终止的双方法律行为。民法典规定，债权人免除债务人部分或者全部债务的，合同的权利义务部分或者全部终止，但是债务人在合理期限内拒绝的除外。

第二，合同的混同。合同混同是指债权与债务同归于一人，致使合同权利义务关系及其他债务关系消灭的事实。民法典规定，债权和债务同归于一人的，合同的权利义务终止，但涉及第三人利益的除外。

第三节　企业知识产权法律风险防控

知识产权是智力成果的创造人依法所享有的权利和生产经营活动中标记所有人

依法所享有的权利的总称，包括著作权和工业产权。随着社会的发展和法律调整范围的扩大，知识产权的范围呈现出扩大趋势，如企业商誉、网络域名、商业秘密等。与传统的有形财产权相比，知识产权属于无形财产权，是随着商品经济的发展和人类科学技术的进步而出现的新的财产形态，在现代商品经济和企业运营过程中发挥着越来越重要的作用。

一、专利法律风险防控

(一) 专利对企业的意义

"专利"一词在我国最早见于《国语》，当时的西周大夫芮良夫提出："匹夫专利，犹谓之盗，王而行之，其归鲜矣。"这里的"专利"指的是通过垄断而牟取暴利的行为。在英语中，专利称为"patent"，具有公开和垄断的意思。现代意义上的专利虽然沿用"专利"一词，但其含义已经与古代完全不同，其指通过法律保护的权利人对发明创造的独占性权利，即专利权，具体指国家专利主管机关依法授予专利申请人及其继受人在一定期间内实施其发明创造的独占性权利。作为知识产权的一部分，专利权具有无形性、公开性、法定性、独占性、时间性、地域性等特征。

在实务层面，拥有智力思维的人是科学技术的具体创造者，而企业是科学技术的承载者和具体应用者。知识经济的到来要求企业不断提升自身科学技术含量，走在世界经济前沿的企业也无不重视科学技术在企业中的作用，并且通过法律来保护对科学技术的有效使用。专利法律制度就是确认、保护、维持企业技术的有效制度。可以说，拥有专利技术可以使企业在市场竞争中具有持续的生存和发展力，要想在日趋激烈的竞争中取得优势地位，每个企业都应当拥有自己的自主知识产权，专利权就是其中一种。

(二) 专利权使用法律风险防控

当申请专利的发明创造经专利局审查，被批准授予专利权后，申请人成为专利权人，在法律层面上取得了专利权。专利权的内容在于专利权人可以依法对自己的专利独占性使用而排除任何人的干涉。对于专利权人来说，可以自己使用专利，如制造、使用、销售专利产品。同时，专利权也可以通过许可他人实施专利，实现专利的资本价值，也可以将专利权转让给他人变现实现，专利权的财产价值。

1. 专利权转让法律风险防控

专利权转让是专利权人将其获得的专利权全部转让（出售）给他人的行为。在专利权转让中，转让专利权的一方为"转让方"，接受专利权的一方为"受让方"。一旦发生专利权的转让，转让方就不再对该专利拥有任何权利；受让方即成为该专利的新的所有者，有权行使专利权的所有权利。在专利权转让时应当注意以下问题：第一，专利权转让应当订立书面的转让合同，并且向国家专利局登记并公告，专利权转让合同自公告之日起生效。第二，专利权转让与已经实施的专利关系协调，如果专利权人自己已经实施专利的，除了合同另有约定外，专利权转让后专利权人应当停止该专利的实施；如果是第三人实施该专利的，新的专利权人继受先前许可实施合同的权利义务。第三，在以专利权出资的情况下，股权转让并不必然导致专利权的转让，如果甲以自己的专利权作价出资投资到公司后，该专利权就作为公司的资产，甲基于自己的出资行为取得了股权，现在甲将自己的公司股权转让给乙，该专利权并不发生转移。

2. 专利实施许可法律风险防控

专利权本身具有无形性，专利权必须在生产领域中运用才能转化为现实的生产力，权利人才能获得经济回报。专利权人自己可以实施专利，也可以通过许可他人实施达到科技成果的转化和运用，同时获得一定的经济收益。专利实施许可的特殊性在于，许可人的利益需要被许可人的实施行为保障，许可人的报酬一般是被许可人支付的实施费用或者专利产品的销售提成。

专利实施通过许可合同实现，许可方式一般有三种，即独占实施许可、排他实施许可和普通实施许可。在独占实施许可时，只有受让人可以实施该专利，即使许可人也不可以实施。在排他实施许可时，除了受让人可以实施外，许可人也可以自行实施。在普通实施许可中，受让人可以实施，许可人自己可以实施，也可以再许可第三人实施。对专利实施许可的风险预防，要求双方订立的许可合同尽量周详，对许可方式、许可内容、期限、费用支付、保密条款等进行明确的约定，防止由于合同约定不周详而引发纠纷。

（三）专利侵权法律风险防控

专利权获得后，企业需要利用其进行生产经营，在专利权使用过程中，最大的法律风险是专利侵权。实践中不仅有专利权人遭到他人侵权的可能，也存在专利权人不当使用专利时侵犯其他人专利的情形。依照法律规定和实践，侵犯专利权的表现有以下几种：第一，擅自实施他人专利；第二，假冒他人专利，即未经许可，在其制造或销售的产品、产品包装上标注他人的专利号，在广告、合同或其他宣传材料中使用他人的专利号等；第三，冒充专利产品，即以非专利产品冒充专利产品；第四，擅自转让、许可他人实施专利的行为，即未经专利权人同意，擅自将专利权转让或许可他人使用，一般发生在共同专利权人之间；等等。

发生专利侵权时，对于当事人各方都处于不利的境地，专利被侵权后，专利权人的独占性权利遭到破坏，对专利技术的投入、市场的开发势必造成影响；对于侵权人来说，一旦认定侵权，不仅要承担赔偿责任，而且其商业信誉也会降低。所以，对于任何企业在产品上市前一定要进行防御性专利检索，避免对他人专利的侵犯。专利权人也要及时关注市场状况，及时发现专利被侵犯情形，并随时进行保护。

二、商标法律风险及防控

(一) 商标对企业的意义

“商标”一词为外来语。英文为“trade mark”，在我国译为“商品牌子”“牌号”“货牌”等，是区别不同商品或者服务的标志。在欧洲，商品上使用标记起源于古代西班牙游牧部落打印在牲畜上的烙印，这种标记既表示牲畜归谁所有，也便于交换时区别。汉代时我国在铁器上已经使用产地标志，唐宋时候已经非常普遍。

现代意义的商标随着商品经济的发展完善而逐渐制度化、法治化、完善化。《中华人民共和国商标法》(以下简称商标法) 规定：商标是生产经营者在其生产、制造、加工、拣选或者经销的商品或者服务上采用的，区别商品或者服务来源的，由文字、图形或者其组合构成的，具有显著特征的标志。从功能上看，商标是适用于商品或者服务的标志，用以区别商品或者服务的来源，不同的商品使用不同的标志。消费者凭商标选购商品，经营者凭商标树立信誉，争夺客户，占领市场。任何企业都希望自己得到持久的发展和永续的竞争优势，所以对于一个企业来说，商标不仅仅是一张图、一幅画、几个字，也不是美术作品和艺术品，而是企业生产经营状况的象征，是企业生产管理、经营管理、产品质量、服务效果等方面综合素质的反映，更是一种企业信誉的体现。拥有良好信誉，就能够吸引消费者，占领市场，从而为企业带来经济利益。因此，商标权是企业无形财产权之一，是企业不可忽视的重要资源。

在知识经济时代，商标对于企业具有非常重大的意义。其一，商标作为无形资产，具有财产价值，许多商标甚至“价值连城”。其二，利用商标进行资产运营，具有增值价值；商标作为投资手段，具有产业资本价值。公司法规定可以以知识产权出资，而且取消了出资比例的限制。其三，商标是企业商誉的载体，当代的商标不仅是区别商品或服务来源的标志，而且还能凭借商标树立起的商品信誉，沟通消费渠道、占领市场、扩大销路。另外，商标还是企业重要的生产要素，可以说，有时候一个好商标可以拯救一个企业。

（二）商标注册法律风险防控

在我国现行的商标法律体制中，是否申请商标注册采用自愿原则，企业开发了自己的商标后，可以向商标局申请成为注册商标，也可以不申请，即非注册商标。在法律意义上，只有经过法定程序注册的商标，才具备商标权的法律特征，具有专有性、独占性、排他性，才能为权利人独占性地享有，而排除任何人的干预。实践中，有些企业由于商标法律意识淡薄，辛辛苦苦开发了自己的商标，并且已经占有了部分市场，但由于没有及时申请商标注册，自己开发的商标被他人抢注，自己反而成了侵权人，有苦无处诉说。之所以存在商标抢注现象，是因为商标本身有经济、信誉、产权、艺术等多重价值，是产品通向广阔市场的通行证。当企业创立自己的品牌，有了名气，有了市场后，如果不及时申请商标注册，就会被他人捷足先登，抢先注册了自己的商标，一旦注册成功，自己就不得不把打下的“江山”拱手让给他人。因此，商标注册是企业经营必须进行的法律程序，也是企业保护自己的有效途径。

1. 及时进行商标注册申请，防止他人恶意抢注

根据我国商标法第十八条的规定，我国商标注册实行先申请原则，即“两个或者两个以上的申请人，在同一种商品或者类似商品上，以相同或者近似的商标申请注册的，初步审定并公告申请在先的商标”。与申请在先原则对应的是使用在先的原则，由于究竟谁首先使用是非常难判断的事情，我国立法上采取申请在先的原则，这样就使恶意抢注他人的商标有了可钻的空子。对于商标权利人来说，应当加强商标法律意识，及时进行商标注册申请，防止他人恶意抢注。

2. 进行防御商标和联合商标注册，构建商标防御体系

防御商标是指同一商标所有人把自己的商标同时注册在其他非同种或非类似的商品上的商标，以阻止别人为借用自己的商誉，而在其他商品上使用、注册与自己相同的商标。防御性商标一般在驰名商标上才可以使用。联合商标是指同一个企业在同一商品或类似商品上申请注册两个或两个以上的近似商标，其中一个指定为正商标，与其他近似的商标一起构成具有防卫性质的联合商标。联合商标中任一商标的使用视为其他商标也在使用。由于著名商标影响大、信誉高，其他企业则可能在不同商品上使用或注册该著名商标，从而造成消费者误认，混淆商品来源。注册防御商标，可防止他人在其他商品上使用自己的著名商标，以维护自己的商标权益。例如，日本索尼公司将“索尼”电器商标注册在其他不同的商品上，这些商标即具防御性。防御商标与联合商标一样，也不能分别转让。我国商标法虽然对防御性商标没有明确规定，但是在商标注册实务中也许可同一商标在非同种商标上的注册。

（三）商标运营法律风险防控

商标作为区别商品或者服务的显著标志，具有独特的功能和价值，在树立企业品牌和形象，赢得市场优势方面具有特殊意义。同时，商标也是一种重要的无形资产，企业可以通过转让、许可使用等方式进行商标的运营，以实现商标利益的最大化。当然，在商标运营过程中也需要注意法律风险的防范。

1. 注册商标转让法律风险防控

注册商标转让是注册商标专用权人对其商标权的一种处分方式，是指商标权利人按照法律规定的程序，将其所有的商标专用权转移给他人的法律行为。注册商标的转让，应当具备几个要件：其一，要求转让人拥有合法完整的商标权；其二，注册商标转让人和受让人达成书面的转让协议；其三，双方共同向国家商标局提出转让申请，商标局核准后，发给受让人相应证明，并予以公告。受让人自转让公告之日起享有商标专用权。未经商标局核准并公告，当事人自行转让商标的，不发生转让的效力。商标转让之所以必须经商标局核准，是因为商标权是一种对世权，不仅涉及转让、受让当事人的利益，而且还涉及其他利害关系人及广大社会消费者的利益，为了维护交易的安全性和消费者的消费选择，有必要通过公权力手段进行适度的管理。一般认为，注册商标转让的法律风险主要是考虑商标局是否核准可能带来的当事人双方的纠纷。在转让过程中，一旦未被核准，可能涉及当事人之间合同的效力及衍生的其他利益关系的协调。

2. 注册商标许可使用法律风险防控

注册商标许可是指注册商标所有人将注册商标通过许可形式允许他人在一定范围、一定期限内使用，收取一定使用费的市场行为。其包含以下要素：注册商标许可要求许可人对商标拥有合法的所有权，并且在许可使用期限内保有该权利；被许可使用对象必须明确具体许可方式，包括普通许可、独占许可和排他许可三种；许可期限不得超过商标本身的使用期限；许可时应当明确许可使用的商品或者服务的范围；被许可人应当保证商品或者服务的质量；许可合同应当采取书面形式订立，而且应当向商标局备案。因为注册商标许可涉及上述诸多要素，所以是企业在商标法律风险防范方面更需要注重的问题，为避免许可他人使用而使自己陷入被动或者不利局面，在注册商标许可时对每一个要素都要谨慎审查，以防范风险。

（四）商标侵权法律风险防控

商标具有无形的品牌价值，可以将企业的商品或者服务推向市场，形成持久的市场占有率，就因为如此，商标极易造成侵权或者受到侵权，如果某个没有市场影响的商品使用了市场占有率高的商标，就有可能获得巨大的经济价值。所以，对于企业来说，要谨慎防范他人侵犯自己注册商标专用权的行为，当然也要保证不因侵犯他人商标权而承担不必要的法律责任。

1. 商标侵权行为表现

对于拥有商标的企业来说，只有知晓法律关于商标侵权的规定，才能运用法律武器有效保护自己的权利。我国商标法明确规定了商标侵权行为：其一，假冒或者仿冒他人注册商标，即未经注册商标权利人许可，在同一种商品或者类似商品上使用与其注册商标相同或者近似的商标的行为；其二，销售侵犯注册商标专用权商标的商品，即明知是侵犯他人注册商标专用权的商品仍销售；其三，伪造、擅自制造他人注册商标标志或者销售伪造、擅自制造的注册商标标志；其四，反向假冒行为。即未经商标注册人同意，更换其注册商标并将该商品投入市场的行为；其五，在同一种商品或者类似商品上，将与他人注册商标相同或者近似的标志作为商品名称或者商品装潢使用，误导公众；其六，将与他人注册商标相同或者近似的文字作为企业字号在相同或者近似的商品上突出使用，容易使相关公众产生误认的；其七，将与他人注册商标相同或者近似的文字注册为网络域名，并且通过该域名进行相关商品交易的电子商务，容易使相关公众产生误认的；等等。

上述的商标侵权行为，无论哪一种，其结果都是侵犯了注册商标权利人商标专用权，导致消费者对商标权利提供的产品或者服务产生误解，甚至排斥，降低了商标权利人的商业信誉，影响了市场占有率，破坏了正常的市场秩序。在生产经营管理过程中，商标权利人应当加强商标保护意识，及时发现市场中存在的商标侵权行为，并通过法律的手段进行保护和救济，以切实保护自己的合法权益。

2. 企业应当避免侵犯他人商标权

常见的侵权行为是企业自己的商标权被他人侵犯，但实践中也不乏存在由于商标法律意识不强侵犯他人商标被他人起诉成为被告的案例。这种情况下，一旦侵权成立，侵权者不仅要承担停止侵权的法律责任，还要赔偿权利人一方的损失，更会导致自己市场声誉的降低。

第四节　企业劳动用工法律风险防控

“劳动用工是指用人单位和劳动者个人签订劳动合同，使劳动者成为用人单位的成员，在用人单位的管理下提供有偿劳动。”① 作为现代企业，其从成立、日常经济管理到解散终止，在劳动用工方面都离不开法律规范的保障与约束。如果不了解或违反有关劳动和人事制度保障等各方面的法律和法规，势必将会产生不利的后果，这就是企业在用工方面可能遇到的法律层面的风险。而劳动用工风险是指用人单位在与劳动者签订劳动合同和对劳动者进行管理过程中存在的各类风险。

随着我国经济体制改革不断深入，社会主义市场经济体制以及劳动法律法规的日趋完善，公司所面临的劳动用工环境也在不断发生变化，如何有效应对劳动用工过程中的风险问题，对于企业显得十分重要。

一、企业员工入职管理的法律风险防控

在企业劳动用工管理中，员工入职管理是关键的一个环节，它包括员工招聘管理与员工签订劳动合同管理两个环节。员工招聘包括招聘广告的设计、资格审查、面试应聘人员、发放录用通知书等具体环节。招聘人员确定后，用人单位就要与劳动者签订劳动合同，实践中，相当一部分劳动争议都是在入职管理环节埋下的祸根。因此，企业要防控用工风险，就必须把好员工的入职关。

（一）企业招聘员工中的法律风险及防控

1. 企业招聘员工中的法律风险

结合一些企业招聘员工的实践来看，该环节存在的法律风险主要有以下几种。

（1）因企业招聘广告设计不明确、不具体，在试用期解除不适合岗位需求的员工会加大企业辞退员工成本。根据《中华人民共和国劳动合同法》(以下简称劳动合同法）的规定，在试用期间劳动者被证明不符合录用条件的，用人单位可以解除劳动合同。具体到劳动者不符合哪一条录用条件，则由用人单位负举证责任，而最有力的证据之一就是招聘广告。实践中，用人单位在试用期辞退劳动者时，经常面临的问题是录用条件欠缺或设计存在瑕疵，结果在辞退问题上碰壁，为此付出不必要的辞退成本。

（2）对应聘人员资格审查不全面导致劳动合同无效甚至赔偿损失的法律风险。根据劳动合同法的有关规定，劳动者故意隐瞒情况甚至提供不实证明的，劳动合同无效，但是企业需重新招用员工，加大了招聘员工的成本；用人单位招用与其他用人单位尚未解除或者终止劳动合同的劳动者，给其他用人单位造成损失的，该用人单位还将与劳动者承担连带赔偿责任。

① 闫少奇．浅述企业劳动用工风险防控体系的建立 [J]. 法制博览（中旬刊)，2012（03)：107-109.

(3) 发放录用通知书不慎重导致承担缔约过失责任。录用通知书是重要的法律文书，一旦发出后将受到约束，没有法律规定的情况出现则不得任意反悔，企业如擅自撤销，则要承担缔约过失责任。

2. 企业招聘员工中的法律风险防控

企业防控招聘员工中法律风险的措施有以下几项。

(1) 要对“录用条件”事先进行明确界定。前面已经提到，试用期解除劳动合同的条件是员工在试用期内被证明不符合录用条件。因此，企业要想利用这一法律规定来保护自己的权益，就必须在招聘时对录用条件作出具体明确的规定。录用的条件一定要明确化、具体化。切忌“一刀切”以及将录用条件空泛、抽象化，比如符合岗位要求时，就不能仅仅说符合岗位要求，而应该把岗位要求是什么、怎么衡量、是否符合岗位要求固定下来。录用条件应该是共性和个性的结合。所谓“共性”即大部分企业和岗位的员工都应该具备的基本条件。比如，诚实守信，在应聘的时候如实告知自己与工作相关的信息，包括自己的教育背景、身体状况、工作经历等。所谓“个性”，即每个企业、每个岗位或者职位都有自己的特殊要求。有的有学历要求，要求获得相应学位证书，有的有技术要求，比如，能符合企业招聘时对岗位职责的描述，等等。“录用条件”的共性可以通过规章制度进行明确。“录用条件”的个性可以通过将招聘公告、劳动合同等和规章制度结合起来进行明确。

(2) 要对“录用条件”事先公示。简单来说，公示就是要让员工知道用人单位的录用条件；从法律的角度来说，就是用人单位有证据证明员工知道了本单位的录用条件。

“录用条件”事先公示的方法有：第一，通过招聘公告公示，并采取一定方式予以固定，以给诉讼保留证据；第二，招聘员工时向其明示录用条件，并要求员工签字确认；第三，劳动关系建立以前，通过发送聘用函的方式向员工明示录用条件，并要求其签字确认；第四，在劳动合同中明确约定录用条件或者不符合录用条件的情形；第五，规章制度中对录用条件进行详细约定，并将该规章制度在劳动合同签订前进行公示，如作为劳动合同的附件。如果把岗位职责等要求作为“录用条件”，还必须完善自己的考核制度，明确界定什么是符合岗位职责、什么是不符合要求，有一个可固化、可量化、可操作的标准。

(3) 严格审查应聘人员的有关证件和材料。严格审查应聘人员的有关证件和材料，具体如下：第一，基本信息是否真实。即用人单位在与劳动者签订劳动合同时，着重了解劳动者与订立和履行劳动合同直接相关的年龄、身体状况、工作经历、知识技能以及就业现状等情况。第二，是否有潜在疾病、职业病等，并要求应聘人员做入职健康检查。第三，年龄是否达到16周岁。第四，是否与其他企业存在未到期的劳动合同。企业在招聘员工时，除新参加工作的劳动者外，一定要查验其与先前单位解除、终止劳动合同的证明，以及其他能够证明该劳动者与任何单位不存在劳动关系的证据后，方可与其签订劳动合同。第五，是否与其他单位存在竞业限制协议。可以审阅员工与原单位签订的劳动合同，或向原单位致电、致函进行调查；也可以让拟招聘的员工写下保证书，保证其在原用人单位工作期间无保密和竞业限制的约定，否则责任自负。第六，如果招用外国人，是否有办理外国人就业手续。

（4）慎重发放录用通知书。用人单位在发出录用通知书时一定要慎重，一旦发出就要受其约束，擅自撤销，将惹来麻烦。

（二）企业在签订劳动合同时的法律风险及其防控

1. 企业在签订劳动合同时的法律风险

企业在招聘员工工作完成之后，接下来就到了劳动合同签订阶段，这是比较重要的阶段，也是员工入职管理中的关键一环。企业在同劳动者签订劳动合同时也存在很多法律风险。

（1）不按照法定形式在法定时间内签订劳动合同可能导致的法律风险。实践中，很多用人单位管理人员存在这样一种认识，即不与员工签订劳动合同不但可以规避法律的规定，自由处置员工的录用与辞退，而且还可以不缴、少缴税款和社会保险，即使员工起诉，也会因缺乏证据而不了了之。其实不然，劳动合同法实施后，用人单位不按照法定形式在法定时间内与劳动者签订书面劳动合同的，不仅不能规避法律风险，还会增加法律风险。具体而言，企业不在法定时间内签订劳动合同将会面临以下法律风险。

第一，支付双倍劳动报酬的风险。用人单位用工故意不订立书面劳动合同，给劳动者造成损失的要承担赔偿责任。劳动合同法对于用人单位不与劳动者订立书面劳动合同的行为规定了更为严格的制约措施，其第八十二条规定，用人单位自用工之日起超过 1 个月但不满 1 年不与劳动者订立书面劳动合同的，应当向劳动者每月支付 2 倍的工资。

第二，自身利益无法得到保护的风险。随着劳动法律制度的不断完善，劳动合同已成了一把双刃剑，它维护的是劳资双方的利益，也是对双方的法律约束。不签劳动合同，劳动者可以不受约束，增加了随意流动性，这种流动对企业劳动管理是致命的，对企业成长与发展更是不利。更为重要的是，有些用人单位尤其需要用劳动合同来保护自己的利益，一是涉及商业秘密或竞业限制的劳动者，企业通过劳动合同（包括专项协议）的相关条款对其进行约束比较有效；二是用人单位出资培训劳动者，也只有在劳动合同中约定服务期或者签订专项的培训协议，才可以预防和控制劳动者提前离职，防止给企业带来损失。

第三，导致无固定期限劳动合同条件成立的风险。劳动合同法第十四条第三款规定，用人单位自用工之日起满 1 年不与劳动者订立书面劳动合同的，视为用人单位与劳动者订立无固定期限劳动合同。

（2）签订劳动合同时收取押金、保证金可能招致行政罚款，甚至经济赔偿。在实践中，有些企业以防偷、防跑、防犯规等为由，在与劳动者签订劳动合同时以担保或者其他名义向劳动者收取“押金”“保证金”等，如果没有押金，就扣下工资作为押金，或扣押劳动者身份证等证件。收取押金和身份证证件的做法是违反法律的，一旦劳动者向劳动部门投诉，由劳动行政部门责令企业限期退还劳动者本人，并以每人 500 元以上 2000 元以下的标准处以罚款；给劳动者造成损害的，应当承担赔偿责任。

（3）违反法律、行政法规有关规定订立的劳动合同可能导致无效的法律后果。劳动法和劳动合同法均规定了劳动合同无效的情形，用人单位违反有关规定订立无效劳动合同，将招致支付工资、赔偿损失，甚至行政处罚的法律后果。

第一，支付劳动者工资。劳动合同法第二十八条规定，劳动合同被确认无效，劳动者已付出劳动的，用人单位应当向劳动者支付劳动报酬。劳动报酬的数额，参照本单位相同或者相近岗位劳动者的劳动报酬确定。《最高人民法院关于审理劳动争议案件适用法律若干问题的解释》中也有相应的规定：“劳动合同被确认为无效后，用人单位对劳动者付出的劳动，一般可参照本单位同期、同工种、同岗位的工资标准支付劳动报酬。”由此可见，在劳动合同被确认无效的情况下，如果劳动者付出劳动后，劳动报酬还没有支付的，企业应参照用人单位同类岗位劳动者的劳动报酬标准支付给劳动者。

第二，赔偿劳动者损失。根据《违反〈劳动法〉有关劳动合同规定的赔偿办法》第二条和第三条的规定，由于用人单位的原因订立无效劳动合同，或订立部分无效劳动合同，对劳动者造成损害的，应按下列规定进行赔偿：一是造成劳动者工资收入损失的，按劳动者本人应得工资收入支付给劳动者，并加付应得工资收入 25% 的赔偿费用；二是造成劳动者劳动保护待遇损失的，应按国家规定补足劳动者的劳动保护津贴和用品；三是造成劳动者工伤、医疗待遇损失的，除按国家规定为劳动者提供工伤、医疗待遇外，还应支付劳动者相当于医疗费用 25% 的赔偿费用；四是造成女职工和未成年工身体健康损害的，除按国家规定提供治疗期间的医疗待遇外，还应支付劳动者相当于医疗费用 25% 的赔偿费用；五是劳动合同约定的其他赔偿费用。

（4）劳动合同约定不明将导致劳动争议。实践中，许多用人单位制定劳动合同文本，不是从自己单位的实际出发，而是习惯于照搬网上或其他单位的劳动合同，导致劳动合同条款约定不明，一旦发生争议将后患无穷。据统计，劳动合同条款约定不明已成为引发劳动争议的重要原因之一。

2. 企业在签订劳动合同时的法律风险防控

(1) 在规定时间内以书面形式与劳动者签订劳动合同。劳动合同法规定，建立劳动关系，应当订立书面劳动合同。已建立劳动关系，未同时订立书面劳动合同的，应当自用工之日起1个月内订立书面劳动合同。用人单位与劳动者在用工前订立劳动合同的，劳动关系自用工之日起建立。

(2) 不可以收取押金、扣押证件。劳动法律、行政法规以及司法解释都明确禁止企业向劳动者收取押金、扣押证件，企业可以通过在劳动合同中约定劳动时间、期限、违约责任、制定劳动规章等方式来防偷、防跑、防盗，切不可收取押金、扣押证件，否则轻则影响企业社会形象，重则面临罚款、赔偿劳动者损失的风险。

(3) 避免签订无效劳动合同。具体内容如下。

第一，了解劳动合同的特殊性，走出认识上的误区。不少企业认为，劳动合同的条款只要经劳资双方协商一致、签字认可就具有法律效力，如实践中出现的“高薪代替社会保险”“员工自愿超时加班”等条款。其实这是一种误区，当事人混淆了一般民事合同与劳动合同的界限。就一般民事合同而言，强调当事人的意思自治，但是劳动合同具有特殊性，当事人的意思自治受到劳动基准法规和政策的限制。劳动基准是为了保障劳动者最起码的劳动报酬、劳动条件而对用人单位劳动义务所作的最低标准的要求。用人单位对劳动者提供的劳动报酬、劳动条件可以高于但不能低于劳动基准所规定的标准。凡劳动合同所确定的标准未达到国家规定的劳动基准的，均无法律效力。

第二，了解相关法律知识和政策，坚持合法原则。要避免签订无效劳动合同，最根本的还是了解相关法规和政策，掌握相关的知识，在协商确定劳动合同内容的条款时，要严格遵守法律、行政法规的规定。如在合同中约定“工伤概不负责”条款就违反了《工伤保险条例》的规定；在合同里约定女职工不得结婚、生育，就违反了《中华人民共和国妇女权益保障法》、民法典等法律的规定。

第三，坚持平等自愿、协商一致原则。签订劳动合同一定要坚持平等自愿、协商一致的原则。合同内各项条款的确定，都要经过双方协商并达成一致意见，任何一方不得使用强加于人和采取欺诈、威胁等手段签订劳动合同。

第四，借助外力，寻求指导。订立劳动合同时，为预防效力风险，企业可以寻求专业的企业管理咨询机构、律师事务所等专业机构和人士的帮助。有专门从事劳动保障法规政策研究的机构和人士作指导可以有效地防止劳动合同无效的情况出现。

(4) 明确劳动合同条款内容。具体内容如下。

第一，合同的制定要结合实际。公司的人力资源管理人员在借鉴其他单位劳动合同文本或者在当地人力资源和社会保障网站上下载合同范本时，一定要结合自己单位的实际情况，对合同条款进行修改，切忌照抄照搬。

第二，合同内容要详略得当。劳动合同签订时要因人、因地、因事而异。对于法律、行政法规规定的一些没有变通余地的内容，可以只写明按照某项规定执行；对于法律、行政法规没有具体规定或者允许当事人变通的内容，特别是容易产生争议的地方，应当规定得详细一些。

第三，合同的语言表达要明确易懂。依法签订的劳动合同是具有法律效力并受法律保护的，它涉及当事人的权利、责任和利益，因此签订劳动合同时，在语言表达和用词上必须通俗易懂，尽量写明确，以免发生争议。

二、企业在对员工试用期管理中的法律风险及防控

(一) 企业在对员工试用期管理中的法律风险

(1) 试用期内拒绝与劳动者订立劳动合同，可能导致双倍用工。实践中，用人单位经常与劳动者口头约定，试用期间不签订劳动合同，待试用期结束之后再签订正式的劳动合同，一些劳动者由于法律知识的相对欠缺，也纵容了用人单位的这一做法。实际上，根据劳动合同法第十条的规定，建立劳动关系，应当订立书面劳动合同。对于用人单位而言，订立劳动合同应该是从劳动关系建立之日即实际用工之日起订立书面合同，并不能因为在试用期内而拒绝同劳动者订立劳动合同，且试用期应该是劳动合同期限的一部分。劳动合同法第八十二条规定，用人单位自用工之日起超过一个月不满一年未与劳动者订立书面劳动合同的，应当向劳动者支付二倍的工资。

(2) 约定试用期将使劳动者获得提前通知解除劳动合同权，加大用人单位招聘员工的成本。实践中，有的用工单位为了少支付工资报酬对每一个招聘的员工都约定试用期。诚然，这在一定程度上减少了工资的支出，降低了用工单位的用人成本，但根据劳动合同法的规定，在试用期内，劳动者享有提前3日通知解除劳动合同的权利。实际上，一旦劳动者解除劳动合同，用人单位必将重新招聘新的员工，反而加大了人力成本。因此，用人单位应根据不同的岗位和人员来选择决定是否与劳动者约定试用期。

(3) 与劳动者订立试用期合同将导致试用期不成立，且试用期限即为劳动合同期限。在实践中，有些用工单位与新招聘的员工签订劳动合同时会拿出两份合同来签，一份是试用期合同，一份是劳动合同。只有新员工通过了试用期检验，企业才与其签订正式的劳动合同。其实用人单位的这一做法是错误的。根据劳动合同法第

十九条的规定，试用期包含在劳动合同期限内。劳动合同仅约定试用期的，试用期不成立，该期限为劳动合同期限。这一规定意味着所有单独的试用期合同都被视为正式合同，也就是说如果只约定试用期的，该试用期就是劳动合同的期限，视为用人单位放弃对被录用的人员试用的权利。

(4) 多次约定试用期将导致用人单位支付赔偿金。目前，劳动合同短期化是一个非常普遍的现象，很多用人单位同劳动者是每年签订一次劳动合同，但是有些单位每次签订劳动合同的时候要重新约定一次劳动试用期。约定劳动合同试用期的目的是劳动者和用人单位之间相互考察，如果试用期结束，用人单位和劳动者均没有解除劳动合同，那么试用期的使命就完成了。在劳动合同期限结束之后，如果双方还需要续订合同，那么这时的试用期就已经完全没有必要了，如果再次规定试用期，就同设立试用期的目的相违背，其目的是少支付工资并尽可能少地承担责任。劳动合同法第十九条规定，同一用人单位与同一劳动者只能约定一次试用期。第八十三条规定，用人单位违反本法规定与劳动者约定试用期的，由劳动行政部门责令改正；违法约定的试用期已经履行的，由用人单位以劳动者试用期满月工资为标准，按已经履行的超过法定试用期的期间向劳动者支付赔偿金。

(二) 企业在对员工试用期管理中的法律风险防控

(1) 企业应全面分析，根据不同岗位和人员需求，选择是否与劳动者约定试用期。

(2) 企业用工就要与劳动者签订劳动合同，不能因在试用期内而拒绝与劳动者订立劳动合同。

(3) 对有机会接触到用人单位商业秘密的劳动者，应考虑签订保密条款，由于劳动者在试用期内可以解除劳动合同，又不承担违约责任，如果劳动者将接触到的商业机密等泄露出去，必将给企业带来巨大的损失。因此，应该在劳动合同中约定，如果劳动者在试用期内解除劳动合同，那么劳动者不得泄露用人单位的商业秘密，否则就要承担相关的法律责任。

(4) 在试用期给予对员工的培训费用应适当。有些用人单位需要对新进员工进行培训，甚至会支付高昂的培训费用，如果劳动者在试用期内解除劳动合同，无须承担违约责任，那么这部分的培训费用就必将由用人单位来承担，会给用人单位带来损失。

三、企业在对员工劳动合同履行管理中的法律风险及防控

（一）企业在对员工劳动合同履行管理中的法律风险

劳动合同签订后，即具有法律效力，对双方当事人具有法律约束力，双方都必须履行劳动合同中约定的义务，任何一方不得违反合同，否则将要承担相应的法律责任。

（1）拖欠或未足额支付员工劳动报酬将导致支付赔偿金。实践中，用人单位经常通过迟延或不足额支付职工工资的方式解决流动资金暂时周转困难的问题，根劳动合同法第八十五条的规定，未按照劳动合同的约定或者国家规定及时足额支付劳动者劳动报酬的；低于当地最低工资标准支付劳动者工资的；安排加班不支付加班费的等，由劳动行政部门责令支付，逾期不支付的，责令用人单位按应付金额50%以上100%以下的标准向劳动者加付赔偿金。

（2）以用人单位发生合并、分立以及用人单位名称、法定代表人等发生变化为由主张原劳动合同无效，将构成违法。用人单位在实际经营过程中会发生合并、分立以及用人单位名称、法定代表人、负责人等变化，这些变化都不能使原有劳动合同无效，劳动合同由承继其权利和义务的用人单位继续履行。用人单位擅自解除劳动合同的行为无效。

（二）企业在对员工劳动合同履行管理中的法律风险防控

（1）劳动合同履行中主体不得变更。这是劳动合同亲自履行原则的体现，即用人单位和劳动者都必须亲自履行合同，不得通过第三人代为履行。企业不得将基于劳动合同而获得的劳动义务请求权随意交给第三人行使，也就是不可随意支配劳动者到本单位以外的地方或单位工作；而劳动者必须亲自完成自己的劳动定额和工作任务，不得让第三人代为履行其劳动义务。

（2）劳动合同的当事人不得任意缩短或者延长劳动合同期限。劳动合同的期限除了法律、法规规定可以提前终止合同关系和因不可抗力使合同无法继续履行需要终止合同之外，不得延长或者缩短劳动合同期限。如果需要延长，劳动合同双方当事人应该重新签订合同；否则就会形成事实劳动关系，对劳动者的权益保护不利。劳动合同的期限是劳动者自由择业权利实现的重要保证。

（3）劳动合同的履行方式不得变更。劳动合同的履行方式是劳动合同当事人双方完成合同约定的劳动任务的具体方法和享有劳动权利的具体方式。就劳动者来说，履行劳动合同是以提供自己的劳动力的方式来实现的，不能以提供实物或者其他行

为的方式来履行，即劳动者提供的劳动力是其他方式所不可代替的。就用人单位来说，劳动者付出劳动之后，用人单位需要给付劳动者劳动报酬，而这一劳动报酬只能以法定货币的方式来支付，而不能以其他实物或其他货币形式替代，用人单位的这一履行方式也是不可代替的。用人单位同时也不能要求劳动者从事合同约定以外的其他工作。用人单位按合同约定需为劳动者提供的劳动保险和福利报酬形式，也不得用其他方式代替。

四、企业员工离职管理中的法律风险及防控

在劳动过程中，劳动者从企业获得的利益主要包括工作机会、薪酬福利、发展空间等，如果用人单位解雇了劳动者，则会从根本上剥夺劳动者获得这些利益的可能性，因此产生争议的概率较高。但出于持续发展的客观需要，用人单位往往又不得不解聘不再需要的员工，为保证解聘这一高风险活动的顺利进行，用人单位往往会建立一套解聘机制，包括对员工进行解聘评估、解雇通知、离职管理等。用人单位完善解聘机制是为了保证解聘活动能够顺利地进行，而其能真正发挥作用的基础在于解聘机制符合劳动法律的规定。

我国的劳动法律对于解雇奉行解雇保护原则，实行解雇理由法定，对用人单位单方结束劳动合同予以严格限制。我国将劳动合同的结束分为解除和终止两种类型，其中对用人单位单方解除劳动合同的行为又分为因劳动者过失解除和非因劳动者过失解除，在解雇条件、解雇通知、经济补偿等多方面均有着特殊的规定。用人单位的离职管理机制必须符合国家法律的规定，不同的劳动法律造就不同的离职管理机制。劳动合同法在劳动法的基础上对劳动合同的解除终止作了更严格的限制，用人单位的离职管理机制必须根据法律做出相应的调整。

（一）企业员工离职管理中的法律风险

我国的解雇制度是解除较严、终止较宽，两者相互作用达到平衡，使企业保持一定的解雇权利。劳动合同法以稳定劳动关系为目标，对解除和终止制度在解雇条件、经济补偿等问题上实行双向收紧，从而使两套制度逐渐趋同，解雇保护大大加强，企业的解雇压力和解雇成本大为提高，企业在员工离职管理中的法律风险也大大增加。

1. 终止制度予以收紧

劳动法的终止制度中解雇保护较为宽松，在解雇理由上对终止条件允许当事人约定，在解雇程序上不需要提前通知，在解雇待遇上不需要经济补偿。劳动合同法对劳动法的终止制度予以收紧，使终止制度与解雇制度趋同。

（1）期满终止使用范围受到限制。劳动合同可以分为固定期限劳动合同、无固定期限劳动合同和以完成一定工作任务为期限的劳动合同。劳动合同到期终止是指劳动合同在合同到期日自然终止，只适用于固定期限劳动合同和以完成一定工作任务为期限的劳动合同，不适用于无固定期限劳动合同。对于固定期限劳动合同，劳动法规定可以到期终止，无须提前通知，也无须支付经济补偿金。由于解雇条件宽松、解雇程序简便、没有解雇成本，期满终止是企业最常用的离职类型。

劳动合同法仍然保留了期满终止这一离职类型，但其使用范围却被大大缩小。劳动合同法在用工上的最大特点就是强制推行无固定期限合同，规定在同一企业连续工作满 10 年的、连续订立二次固定期限劳动合同后续订劳动合同的，都要签订无固定期限劳动合同。此规定使得企业的绝大多数劳动者都将签订无固定期限劳动合同。无固定期限劳动合同没有期限届满时间，自然也无法使用期满终止。按此规定，期满终止只适用于在企业工作时间不长的新员工，适用范围大大缩小。如果企业不愿同连续订立二次固定期限劳动合同后的劳动者续订无固定期限劳动合同，则需要证明劳动者严重违纪、严重失职等过错，或满足医疗期满不能从事原工作及另行安排的工作、不能胜任等可以非过失解除的条件。职工如果出现这些情况，企业已经完全可以解除劳动合同，又何谈续订呢？实际上这是解除条件代替终止条件，对企业的期满终止权利进一步予以压缩。

劳动法规定了特殊情形下的解除限制，规定四种情形下企业不得解除劳动合同：劳动者患职业病或者因工负伤并被确认丧失或者部分丧失劳动能力的；患病或者负伤，在规定医疗期内的；女职工在孕期、产期、哺乳期内的；法律、行政法规规定的其他情形，但劳动法对劳动合同终止未加以限制。原劳动部在解除限制基础上进一步将其扩大到终止限制，规定劳动者在医疗期内及女职工在孕期、产期、哺乳期内的，用人单位不得到期终止劳动合同，劳动合同期限应予以顺延。劳动合同法在大大扩大解除限制的同时，明确规定除了工伤部分丧失劳动能力在劳动合同到期时可以终止劳动合同外，劳动合同期满终止和劳动合同非过失解除适用同样的解除限制，解除和终止限制予以趋同，使期满终止的适用范围进一步缩小。

（2）约定终止条件被取消。劳动法在劳动合同到期终止之外还允许企业和劳动者自行约定终止条件，将终止条件作为劳动合同的必备条款。固定期限劳动合同、无固定期限劳动合同和以完成一定工作任务为期限的劳动合同都可以在合同中约定终止条件。当劳动合同约定的终止条件出现时，任何期限的劳动合同均自行终止。劳动法未对如何约定终止条件作具体规定，企业和劳动者可以按自己的意志平等协商约定。终止条件通常具备以下特点：第一，终止条件是尚未发生的客观不确定的事实；第二，终止条件的事实是当事人任意选择的；第三，终止条件的事实必须合法。关于劳动合同约定终止，劳动法未规定需要给予提前通知和经济补偿，原劳动部《关于贯彻执行〈中华人民共和国劳动法〉若干问题的意见》中规定，合同约定终止不需要支付经济补偿。约定终止尊重当事人的自由协商，有助于用工的灵活性，因此，许多企业根据自身特点，与职工在劳动合同中约定了终止条件，尤其是无固定期限劳动合同中往往约定了大量终止条件，以保证用工的灵活性。

劳动合同法以劳动关系稳定为立法目标，在劳动合同必备条款中取消了约定终止条件这一条款，在合同终止情形中也取消了约定终止，从而使劳动合同终止丧失了自由约定这一基本特点。

(3) 法定终止条件趋严。劳动合同的法定终止是指在劳动合同到期终止和约定终止之外的一种终止方式，劳动合同因为某些法律规定的情形出现而自然终止。劳动法并未对法定终止作出规定，而劳动合同法则将企业或者劳动者一方丧失劳动合同主体资格作为终止情形予以规定。按照劳动合同法的规定，劳动合同法定终止包括：劳动者开始依法享受基本养老保险待遇的；劳动者死亡，或者被人民法院宣告死亡或者宣告失踪的；企业被依法宣告破产的；企业被吊销营业执照、责令关闭、撤销或者企业决定提前解散的；有法律、行政法规规定的其他情形的。其中最大的变化就是，劳动合同法将各地原规定劳动者退休的，劳动合同终止，改成为依法享受基本养老保险待遇的，劳动合同可以终止。我国现行社会养老保险制度，在企业和劳动者建立劳动关系期间，企业和劳动者需要按国家规定共同向社会保险机构缴纳包括养老保险费在内的社会保险费用。在劳动者达到法定退休年龄并且符合法定缴费年限的，可以享受基本养老保险待遇。劳动者达到退休年龄，无法享受基本养老保险待遇的，一般包括三种情形。第一，企业建立劳动关系期间未依法为劳动者缴纳养老保险的，劳动者无法享受基本养老保险待遇。第二，劳动者因自身原因无法享受基本养老保险待遇的，如达到法定退休年龄时虽然依法缴费但缴费年限不足，也无法享受基本养老保险待遇的。第三，劳动者因法律法规原因无法参加养老保险或享受基本养老保险待遇的。我国现在的养老保险缴纳与职工户籍相联系，部分地区社会保险制度只允许为本地城镇户籍职工缴纳养老保险，农业户籍和异地户籍职工无法参加社会保险。按照劳动合同法的规定，只要劳动者无法享受基本养老保险待遇，即使劳动者达到退休年龄，企业也不得终止合同。由此造成企业必须一直雇用这批员工直到其享受基本养老保险待遇，如其始终无法享受基本养老保险待遇，则可能要一直雇用到劳动者自然死亡。当劳动者是由于法律法规原因无法参加养老保险或享受基本养老保险待遇时，这种规定实际上是将政府应当承担的养老责任转嫁给企业承担，企业成为政府的养老安置部门。

(4) 期满终止支付经济补偿金。企业在协商解除时和非过失解除劳动合同时需要支付经济补偿金，对于劳动合同到期终止的经济补偿，劳动法并没有作出规定，原劳动部《关于贯彻执行〈中华人民共和国劳动法〉若干问题的意见》中规定，合同到期终止不需要支付经济补偿。劳动合同法则对劳动合同期满终止设立了经济补偿金制度。

通过限制期满终止、取消约定终止、改变法定终止，劳动合同的终止条件已经被大大收紧，劳动合同终止限制较宽的特性已经不复存在。随着规定终止也要支付经济补偿金，劳动合同终止和劳动合同解除已几乎没有区别。

2. 解除制度予以收紧

对于企业单方解除劳动合同，劳动法实行严格的解雇保护，在解雇理由上分为过失性解除和非过失性解除，必须满足法定条件才可以解除合同；在解雇程序上要求事先通知工会，非过失性解除需要提前 30 日通知劳动者，在解雇待遇上要求非过失性解除需要支付劳动者经济补偿金。在劳动法已经实行严格的解雇保护情况下，劳动合同法的解除制度仍然较劳动法收紧。

（1）解除理由受限。劳动合同法与劳动法相比，新增了多条解雇理由。劳动合同法将劳动者同时与其他企业建立劳动关系，对完成本单位的工作任务造成严重影响，或者经企业提出，拒不改正的；劳动者以欺诈、胁迫的手段或者乘人之危，使对方在违背真实意思的情况下订立或者变更劳动合同，致使劳动合同无效的列为过失性解除理由。同时将企业转产、重大技术革新或者经营方式调整，经变更劳动合同后，仍需裁减人员的新增为裁员情形。这些体现出立法者有放宽解除的意图。

但劳动合同法同时又对解除理由予以收紧。第一，对客观情况发生重大变化解除的使用予以限制，只准用于 20 人和职工总数 10% 以下的合同解除，使其丧失了集体解除劳动合同的功能，集体解除行为受到限制。第二，劳动合同法增加了非过失性解除禁止条件，对在本单位连续工作满 15 年，且距法定退休年龄不足 5 年的人员不得非过失解除，裁减人员时应当优先留用订立较长期限的固定期限劳动合同的；订立无固定期限劳动合同的；家庭无其他就业人员，有需要扶养的老人或者未成年人的。

（2）解除待遇变化。劳动合同法规定期满终止应当支付经济补偿金，在提高了终止成本的同时，为了避免企业负担过重，对经济补偿金标准实行封顶控制，从而使解除待遇下降，这是劳动合同法的一个突出变化。

劳动法对经济补偿金标准未作规定，原劳动部对经济补偿金标准按解除类型予以区分。第一类是封顶标准，协商解除合同和因劳动者不能胜任解除劳动合同的经济补偿金为按在本单位工作年限，每满 1 年发给相当于 1 个月工资的经济补偿金，最多不超过 12 个月。第二类是不封顶标准，因客观情况发生重大变化和经济性裁员解除合同，经济补偿金为按在本单位工作年限，每满1年发给相当于1个月工资的经济补偿金，上不封顶。第三类为双标准，企业因劳动者医疗期满解除劳动合同时，既需要按在本单位工作年限，每满1年发给相当于1个月工资的经济补偿金，又需要支付不少于6个月的医疗补助费。

劳动合同法则按劳动者工资收入水平对经济补偿金标准予以区分。工资水平超过社会平均工资3倍的人员，其经济补偿金标准实行双封顶，经济补偿金基数按职工月平均工资3倍的数额计算，经济补偿金年限最高不超过12年。工资水平在社会平均工资三倍以内的人员，其经济补偿金标准实行不封顶，经济补偿金基数按本人前12个月的平均月工资计算，经济补偿金年限按实际工作年限计算。这种变化使得企业解雇工资水平较低人员时解雇成本增加，在解雇工资水平较高人员时解雇成本降低。

（3）非法解雇责任加大。劳动合同法在对企业解除、终止劳动合同予以严格限制的同时，对企业非法解除终止的行为也规定了严厉的法律责任。劳动法对终止限制较少，其规制重点在劳动合同解除上，企业违法解除劳动合同的，可以由劳动行政部门责令改正。企业违法解除劳动合同对劳动者造成损害的，应当承担赔偿责任。劳动合同法则对终止和解除均予以严格的限制，主要体现在以下三点。

第一，企业解除、终止劳动合同的行为均属于劳动监察范围。对用人违法解除、终止劳动合同的行为，劳动者可以选择通过劳动仲裁、诉讼途径解决，也可以向劳动监察部门投诉，由劳动监察部门处理。

第二，明确规定劳动者有权选择恢复劳动关系或赔偿金。劳动合同法规定，对企业违法解除、终止劳动合同的行为，劳动者可以选择恢复劳动关系，也可以选择不恢复劳动关系，但企业应支付赔偿金。在劳动合同已经不能继续履行的情况下，争议处理机构或者劳动行政部门也可以直接决定不恢复劳动关系，要求企业支付赔偿金。

第三，对企业违法解除、终止劳动合同引入了赔偿金制度。劳动合同法规定，对企业违法解除、终止劳动合同的行为，劳动者选择不恢复劳动关系的，企业应支付赔偿金，赔偿金的标准为经济补偿金标准的2倍。赔偿金从法律性质而言是一种法律责任，是由于企业的违法行为而产生的责任，经济补偿金是一种法律义务，企业在合法解除时也应当承担，所以法律责任不免除法律义务，如果用人解除、终止劳动合同的行为属于应当支付经济补偿金的情形，那么企业应当同时承担经济补偿金和赔偿金。此项规定使企业的解雇成本大大提高。

总体而言，劳动合同法对解除制度增加了解除理由、降低了解除成本，但解除制度的严格的解雇保护并未发生实质性改变。反而随着解除理由对集体解除的限制，非法解雇责任的加重，解除制度实际上予以收紧。

3. 解雇制度产生解雇性离职和辞职性离职分化

尽管劳动合同法依然沿用了劳动法终止与解除这两个概念，但实际上这两个概念已经基本趋同。在劳动合同法终止与解除背后的隐性概念，开始变得更为重要。除了一些因生理原因，如劳动者死亡或退休，导致劳动关系的权利义务消灭外，劳动合同法实际上确立了两个隐性概念：一是劳动者采取主动行为的辞职，二是企业采取主动行为的解雇。在劳动合同法的解雇制度体系中，随着解除制度和终止制度的趋同，逐渐产生两套新的离职类型，即解雇性离职和辞职性离职。解雇性离职是指劳动者离职是企业的解雇行为导致，劳动合同法对其实行解雇保护，设立严格的解雇条件、要求提前通知、支付经济补偿金；辞职性离职指劳动者的离职是劳动者的主动辞职行为导致，劳动合同法对其实行解雇自由，限制较少。

劳动合同法规定的各种解雇条件都体现出解雇性离职和辞职性离职的分化。协商解除是一种双方行为，劳动合同法将其分为企业提出解除动议和劳动者提出解除动议两类。企业提出解除动议属于解雇性离职，劳动合同法要求企业支付经济补偿金，劳动者提出解除动议属于辞职性离职，企业无须支付经济补偿。劳动者在合同期或试用期内任意辞职，属于辞职性离职，法律对其限制较少，只要求其提前通知，再无其他义务。企业的过失性解雇和非过失性解雇行为属于解雇性离职，法律规定了严格的解雇条件，如不符合法定解雇条件将构成非法解雇，同时非过失性解雇还需要提前通知、支付经济补偿金。

合同到期终止也分为企业终止和劳动者终止，企业终止属于解雇性离职，需要支付经济补偿；劳动者终止属于辞职性离职，不需要支付经济补偿。企业主体消灭终止属于解雇性离职，法律规定了严格的终止条件，在部分情况下还需要支付经济补偿。

需要注意的是部分解雇行为看似辞职性离职，实为解雇性离职。例如，劳动者因企业过错离职，属于被动离职，形式上是由劳动者提出辞职而实际上是企业解雇的一种行为。此时企业仍然应当支付经济补偿。又如劳动合同到期续签时，如果企业同意续订合同，但新劳动合同约定的条件低于原合同的，导致劳动者不同意续订的，虽然其表面上是劳动者拒绝延续劳动关系，但实际上是企业的行为导致被动拒绝，故仍按解雇性离职处理，企业需要支付经济补偿金。

面对解雇性离职和辞职性离职这两种新的离职类型，企业需要予以区别应对。

(二) 企业员工离职管理中的法律风险防控

劳动合同法的变化使企业的解雇难度加大、解雇成本提高，离职管理中的法律风险大大增加，企业必须对员工离职管理全过程予以审视，重构自己的离职管理体系。

1. 解雇理由管理

劳动合同法的规定大大提高了企业违法解雇的成本，企业必须充分评估解雇法律风险。解雇理由是解雇保护中最严格的部分，也是离职管理最重要的部分。在具体操作上要对辞职性离职和解雇性离职加以区别管理。

（1）辞职性离职要注意保留书面文件。在辞职性离职中，由于劳动者主动提出结束劳动关系，企业一般法律风险较小，不需要提前通知，也不需要支付经济补偿金。此时企业应当注意保留劳动者辞职的证据，以避免发生争议。

（2）解雇性离职需加强证据管理。对于解雇性离职，法律设立了严格的解雇条件，企业解除终止劳动合同前应当根据所掌握的证据进行解雇评估。对行为符合解除终止法定条件，但证据不足的，应按不符合解雇条件处理。此时企业应当继续收集证据或者仅就证据可以证明的事实进行处理。为降低解雇风险，企业可以适当采取变通措施，尽可能采用协商解除、劝说员工辞职等方式与职工结束劳动关系。

（3）尽量签订固定期限合同。虽然劳动合同法中的解除和终止已经趋同，都要支付经济补偿金，但由于期满终止具有容易认定、易于操作、争议较少的特点，仍应当是企业解雇理由的首选。因此企业应当尽可能地与员工签订固定期限合同，以保留期满终止的权利。

（4）避免非法解雇。由于劳动合同法加大了非法解雇责任，企业在解除劳动合同时应当更加谨慎。对离职条件应当严格评估，解除、终止劳动合同时应严格按法定程序操作，及时依法支付经济补偿金并办理离职交接。发生劳动争议后由专业人员处理，对难以胜诉的案件应及时息讼。

2. 离职程序管理

企业和劳动者在离职时都应当遵守法律规定的程序。企业应当分析不同离职类型对离职程序的不同要求，灵活加以运用。

（1）企业在非过失解除劳动合同时可以选择提前通知或者代通金。劳动合同法规定企业在非过失解除劳动合同时应当提前30日通知，也可以额外支付一个月工资代替提前通知，两种程序各有利弊。提前30日通知的，在最后30日内，劳动者仍然要为企业工作，有利于工作平稳过渡，其弊端在于如果劳动者存在抵触心理，可能会给工作带来不良影响。如果劳动者在合同解除前患病的，企业还需要给予其法定的医疗期。如果使用代通金，则劳动者虽然没有为企业工作，企业仍需要多支付劳动者一个月工资，成本略有增加，但其优点在于劳动合同立即解除，不会产生后续纠纷。至于企业过失性解除或终止劳动合同的，劳动合同法无提前通知要求。企业对有严重过失的劳动者可以立即解除劳动合同。对劳动合同期满终止的，企业最迟可以在劳动合同到期日通知员工。企业也可以在期限届满前通知员工，但如果劳动者在企业通知后、合同终止前患病的，企业还需要给予其法定的医疗期。

（2）企业解除、终止通知文本要求劳动者签收。解除、终止通知是企业用于解除和终止与劳动者的劳动合同的法律文件，可以用于判断双方劳动关系的解除时间。企业在单方解除或终止劳动合同时应当要求员工签收，以证明企业履行了通知义务以及通知的时间。实践中常常出现劳动者拒绝签收的现象，用人单位应当加以预防，企业可以与劳动者在劳动合同中预先约定通信地址和通知方式。如劳动者拒绝签收的，企业可以通过邮寄方式发出通知。此时企业应当注意保留邮寄凭证等。

3. 离职待遇管理

劳动合同法关于离职待遇最大的变化就在于劳动合同终止经济补偿金的规定。在离职管理中，由于解除风险较高，出现概率较小，解除补偿金属于偶然性成本。而合同到期终止由于风险较低，企业经常使用，出现概率较高。劳动合同法规定企业期满终止支付经济补偿金，使经济补偿金成为企业的一种经常性成本，企业需要予以相应管理，对此可以有三种方式选择。

（1）财务预算中考虑经济补偿金因素。劳动合同到期终止经济补偿金虽然增加了解雇成本，但由于到期终止不再需要其他解雇理由，发生劳动争议的风险较小，所以仍然是企业解雇员工的首选方式。为此，企业有必要分析自身的人员流动率水平，对每年可能产生的经济补偿金进行测算并列入财务预算，做到未雨绸缪。

（2）劳动者待遇中考虑经济补偿金因素。企业可以自行承担合同到期终止经济补偿金，也可以考虑在员工待遇的增量部分中予以解决。如将原有的年终奖金、工资上涨等待遇转用于经济补偿金；对新招用的员工在确定劳动报酬时也适当考虑经济补偿金因素。

（3）通过终止劳动合同或者改变劳动合同主体减少存量经济补偿金。劳动合同到期终止经济补偿金是由于法律变化新增加的成本，对于成立时间较长的单位影响较大。此类单位由于雇用的员工工作时间相对较长，经济补偿金相对较高，负担较重。企业如果确实无力负担，如劳动合同到期终止对部分员工确实需要留用的，可以由派遣机构与其签订劳动合同，派遣到原单位工作。

4. 离职交接管理

企业和劳动者结束劳动关系时，需要对劳动者的工作进行交接，劳动者应将已完成和正常进行的工作向企业报告，并将有关文件资料、物品设备移交给企业。工作交接有利于劳动者原工作的顺利进行，有利于发现劳动者原工作中的问题和过失。在实践中存在着劳动者拒绝进行工作交接的情况，劳动法对因劳动合同的解除、终止而产生的离职交接没有做任何的规定，一般认为，在离职交接阶段企业和劳动者有着大量的附随义务。附随义务是相对于法定义务和约定义务而言的。法定义务是法律规定当事人应当履行的义务，约定义务是当事人通过合同约定而产生的义务。附随义务一般认为是在合同约定及法律规定当事人所负有的义务之外，当事人基于诚实信用原则应负有的义务。由于附随义务的从属性和不确定性的特点，附随义务是不可能一一被法定化的。但没有法定，也没有约定，劳动合同附随义务很容易被劳动合同当事人所忽视。我国劳动法实行倾斜立法，对于企业的保护义务予以强制规定，多数予以法定化，而对于劳动者负有的忠诚义务没有足够的重视。表现在法律规定上，即很多劳动者义务本应从法律的角度予以规定，却没有法定化。离职阶段又恰恰属于劳动争议的多发阶段，在法律无明文规定的情况下，劳动仲裁和司法部门有较大的裁量空间。

劳动合同法则将企业和劳动者在离职阶段的义务予以法定化，明确了当事人双方的义务。劳动者的义务为按照双方约定办理工作交接，如不履行则无法获得经济补偿金。企业的义务为出具解除、终止劳动合同的证明，办理档案和社会保险关系转移手续，保存合同至少二年备查。劳动合同法的规定对企业的离职交接管理产生影响是，一方面，有助于企业防止劳动者不办理工作交接，避免出现工作脱节，减少经济损失；另一方面，对企业的离职管理提出更高要求。

（1）细化工作交接管理。针对实践中存在劳动者拒绝进行工作交接的情况，企业应当从两方面着手予以管理。第一，在劳动合同中对工作交接进行约定。劳动合同法规定劳动者应当按照双方约定，履行工作交接义务。对劳动者工作交接未达到双方约定标准或未履行双方约定程序的，可以认定为未如约履行；同样，在工作交接中，企业对劳动者提出超出双方约定要求的，劳动者也可以拒绝办理。企业应当在劳动合同中设计工作交接条款，与劳动者对工作交接和离职程序进行约定。如果劳动合同对工作交接的内容和程序约定不清，将有可能导致劳动者拒绝工作交接。故应对劳动合同的工作交接条款予以细化，并制定配套文件。第二，经济补偿金在劳动者办结工作交接时支付。劳动合同法将经济补偿金与办理工作交接相联系，如企业须因劳动合同解除、终止而向劳动者支付经济补偿的，应当在办结工作交接手续时向劳动者支付。按此理解，如劳动者未如约履行工作交接义务的，企业可暂不支付经济补偿金。

（2）及时办理档案和社会保险转移手续。我国实行企业管理职工档案制度，原劳动部国家档案局印发的《企业职工档案管理工作规定》中规定，企业应在职工结束劳动关系后一个月内办理档案转移手续。企业和劳动者结束劳动关系时，常常出现企业拒绝办理档案和社会保险转移手续的情况。由于劳动法对此未作规定，各地对是否将此种争议作为劳动争议处理、如何处理均有不同做法，后《最高人民法院关于审理劳动争议案件适用法律若干问题的解释（二）》中予以明确，将劳动者与企业解除或者终止劳动关系后，请求企业返还其收取的劳动合同定金、保证金、抵押金、抵押物产生的争议，或者办理劳动者的人事档案、社会保险关系等移转手续产生的争议，作为劳动争议处理，但并未规定企业的法律责任。

对此，劳动合同法规定企业有办理档案和社会保险转移手续的义务。劳动合同解除或者终止之日起 15 日内，企业应当为劳动者办理档案和社会保险转移手续。劳动合同法规定了企业扣押档案的法律责任，规定企业扣押劳动者档案或者其他物品的属于劳动监察范围。如果劳动者依法解除劳动合同，企业扣押劳动者档案或者其他物品的，劳动者可以向劳动行政部门举报投诉，劳动部门有权责令企业限期办理，并按每名劳动者 500 元以上 2000 元以下的标准处以罚款。企业扣押劳动者档案或者其他物品的行为对劳动者造成损害的，企业应当承担赔偿责任。由于工作交接与社保和档案转移手续并无关系，只要劳动关系结束，企业就应当及时办理社保和档案转移手续，不能因为劳动者工作交接没有完成或有其他未履行义务而拖延办理。同时，劳动合同法还规定了企业的劳动合同文本保管义务，即使企业已经与劳动者解除、终止劳动合同，但对该劳动者的劳动合同文本，企业仍然应当保存 2 年以上备查。

（3）及时出具离职证明。企业在解除和终止劳动合同时一般会涉及解除、终止通知和离职证明两份文件。解除、终止通知是企业用于解除和终止劳动者劳动合同的法律文件，可以用于判断双方劳动关系的解除时间。

结束语

对于企业发展而言，合规管理是至关重要的。合规管理能够帮助企业肩负起相应的责任，并切实履行自身的义务，保障企业自身权益。首先，在企业发展与管理过程中，通过合规管理能够促进企业稳定发展，并在最大程度上提升企业的经济效益和社会效益。其次，企业进行合规管理，能够严格按照法律法规及国家相关方针政策等内容，规范企业自身的经营管理及行为，提高企业经营的合法性、规范性和有效性，及时避免内外部因素对企业运行产生的负面影响。最后，企业的发展与进步，能够为社会稳定提供有力支撑。企业发展需要以合规体系作为基础内容，并加强对我国相关法律的维护，为预防违法犯罪行为等起到一定的作用。在企业发展过程中，需要加强对合规管理的认识和了解，并及时优化和完善合规管理制度及体系的相关内容，充分发挥合规管理的重要作用和价值，促进我国社会的和谐发展。另外，保证资产完好性是要对现有资产进行维护、修理，以保持或延长资产经济寿命。

因此，企业需要根据自身发展的实际情况，制定合理有效的管理制度和管理体系，明确企业发展目标，合理规避企业法律风险问题，全面落实监督工作，发挥合规管理的作用和价值，从根本上提高企业合规经营水平，促进企业平稳健康发展。

参考文献

一、著作类

[1] 高志宏，党存红．企业法律风险管理导论[M]. 南京：东南大学出版社，2014.

[2] 郭青红．企业合规管理体系实务指南[M]. 北京：人民法院出版社，2019.

[3] 江泽利，姜河．企业法律风险管理体系研究[M]. 北京：北京交通大学出版社，2017.

[4] 李敏．企业内部控制规范[M]. 上海：上海财经大学出版社，2016.

[5] 求嫣红．企业内部控制[M]. 杭州：浙江大学出版社，2013.

[6] 王志乐．企业合规管理操作指南[M]. 北京：中国法制出版社，2017.

[7] 朱忠良，牛振宇．企业法律风险防范与控制[M]. 太原：山西人民出版社，2015.

二、期刊类

[1] 陈瑞华．论企业合规的基本价值[J]. 法学论坛，2021，36(06)：5-20.

[2] 陈瑞华．有效合规管理的两种模式[J]. 法制与社会发展，2022，28(01)：5-24.

[3] 崔德国．企业知识产权法律风险与防范的研究[J]. 中小企业管理与科技(上旬刊)，2014(01)：171-172.

[4] 崔倩．企业劳动用工法律风险防范探讨[J]. 化工管理，2015(35)：71.

[5] 范辉．合规管理融入企业管理体系探析[J]. 石油化工管理干部学院学报，2020，22(05)：30-34.

[6] 高航，高爽．基于企业知识产权法律风险管理体系研究[J]. 法制博览，2016(03)：207.

[7] 郭宏丽．企业合同法律风险及防范措施[J]. 财经界，2021(05)：189-190.

[8] 韩伟．企业法律风险管理实践及完善建议[J]. 法制博览，2021(35)：134-136.

[9] 汉井文．浅析我国企业法律风险管理与体系构建[J]. 公关世界，2020(10)：91-92.

[10] 黄胜忠，刘清．企业内部控制与合规管理的整合 [J]. 财会通讯，2019（17）：105-108.

[11] 纪留利．企业知识产权法律风险及防范 [J]. 法制与经济（中旬刊），2012(10)：23+25.

[12] 李璐．企业法律风险管理体系构建论析 [J]. 财经界，2011(22)：107.

[13] 李青．新时代下企业法律风险与企业合规管理 [J]. 法制博览，2021（30）：169-170.

[14] 林君寿．对企业合规管理与内部控制建设整合的思考 [J]. 中外企业家，2020(17)：47.

[15] 刘爽．合规管理助力企业提质增效 [J]. 柴达木开发研究，2021(05)：26-28.

[16] 刘伟业．企业合同法律风险管理与控制策略 [J]. 法制博览，2021（16）：84-85.

[17] 罗晓萌．我国企业法律风险管理及其体系构建 [J]. 法制博览，2018（04）：192.

[18] 马增彩．探讨企业内部控制与合规管理整合 [J]. 全国流通经济，2020（14）：61-62.

[19] 潘红英．企业风险管理体系的合规性审计探究 [J]. 中国市场，2020（05）：135-138.

[20] 彭子沐，韩晓峰．企业合规风险防控体系研究 [J]. 中国管理信息化，2021，24(20)：133-135.

[21] 冉国平．企业合同法律风险分析及防控思路 [J]. 现代营销（下旬刊），2014（07）：79-80.

[22] 沈益，陈征宇，沈敏，徐玉燕．企业法律风险防控管理的研究和应用 [J]. 法制与社会，2018(29)：177-178+195.

[23] 王彪．企业知识产权法律风险管理体系现状探析 [J]. 法制博览，2021（06）：93-94.

[24] 王承铭．企业经济合同中的法律风险及防范措施 [J]. 企业改革与管理，2021(13)：36-37.

[25] 王艳萍．企业劳动用工合同的法律风险防范分析 [J]. 东方企业文化，2013（07）：87.

[26] 王月美．企业劳动用工法律风险防范浅析 [J]. 现代工业经济和信息化，2014，4(19)：32-34.

[27] 王珍．企业合规管理运行机制建设研究 [J]. 会计师，2021(18)：92-93.

[28] 许会斌 . 企业知识产权法律风险防范 [J]. 金融博览，2021(03)：32-34.
[29] 闫少奇 . 浅述企业劳动用工风险防控体系的建立 [J]. 法制博览 (中旬刊)，2012(03)：107-109.
[30] 颜景瑞 . 如何有效地开展企业的合规培训 [J]. 法制博览，2017(18)：298.
[31] 袁帅 . 企业法律风险管理研究 [J]. 经济研究导刊，2011(25)：127-129.
[32] 张宝增 . 企业合规管理体系的建设探究 [J]. 中外企业家，2020(10)：41-42.
[33] 张小尘 . 企业法律风险管理问题的分析及对策 [J]. 管理观察，2019 (03)：27-28.
[34] 赵伟 . 浅谈企业劳动用工风险防范 [J]. 金融经济，2017(20)：121-122.
[35] 赵瑜 . 合规管理：现代公司治理内在需求 [J]. 法人，2021(04)：74-76.
[36] 郑泳福 . 企业内部控制与合规管理的整合 [J]. 商讯，2021(13)：133-134.